滄海叢刊

薝蔔林·外集

陳慧劍 著

1988

東大圖書公司印行

作者 陳慧劍
發行人 劉仲文
出版者 東大圖書股份有限公司
總經銷 三民書局股份有限公司
印刷所 東大圖書股份有限公司
地址／臺北市重慶南路一段六十一號二樓
郵撥／〇一〇七一七五—〇號
初版 中華民國七十七年五月
編號 E 22015
基本定價 陸元
行政院新聞局登記證局版臺業字第〇一九七號

滄海叢刊

薝蔔林·外集

陳慧劍　著

1988

東大圖書公司印行

© 薝蔔林・外集

作　者　陳慧劍
發行人　劉仲文
出版者　東大圖書股份有限公司
總經銷　三民書局股份有限公司
印刷所　東大圖書股份有限公司
地址／臺北市重慶南路一段六十一號二樓
郵撥／〇一〇七一七五一〇號
初　版　中華民國七十七年五月
編　號　E 22015
基本定價　陸　元
行政院新聞局登記證局版臺業字第〇一九七號

自序

瞻博迦—梵語 Campaka，也簡譯為「瞻波、瞻婆、睒婆、瞻匐、薝蔔……」是古印度佛典中記載的一種花樹，意思是「金色花樹」，香芬襲人，經典中每以之比喻佛法功德，能解除衆生煩惱，清淨心靈。

〈維摩詰經・觀衆生品〉說：「——如人入瞻匐（薝蔔），唯齅瞻匐，不齅餘香；如是若入此室，但聞佛功德之香，不樂聞『聲聞』、『辟支佛』功德香也。」

〈玄應音義・二十一〉說：「瞻博花（薝蔔花），此云金色花。〈大論〉云：黃花樹也。樹形高大，花亦甚香，其氣逐風彌遠也。」

唐人盧綸，有〈送靜居法師〉句云：

「薝蔔名花飄不斷，醍醐法味灑何濃！」

李時珍〈本草綱目〉說：梔子花就是天竺的薝蔔。看來頗不類似，因為梔子開的是白色小花，而不是金色花。如果是同科異色，那就非植物學家莫辨了。

經中有關「瞻博迦」（薝蔔花）的記錄，隨處可見。不管天女散花，還是衆生以花獻佛，薝蔔花都是一種虔誠、香潔的象徵，都是佛法消除眾生熱惱的功德。

薝蔔林，自然就是「薝蔔樹林」。

古印度不僅有此種香花，也許今天還有。經中不僅記錄此香潔美麗的花，也有以此花為國名的「瞻婆國」，以此花為河名的「瞻婆怛伽」（怛伽可能是「河」的音譯），以此花為人名的「瞻婆比丘」，以此花為佛經名的「瞻波經」（薝蔔經）；今人廣洽法師，則以此花命其精舍名為「薝蔔院」。

因此，這本書命其名曰「薝蔔林外集」。

襲古人之餘香，拾今人之雅唾，那就以書中八十四篇十年成果，當作零花散蕊來供佛吧！

薝蔔林外，有淡淡的幽香，幽幽的遠香，輕輕的餘香，迎風飄泊在有緣人的靈魂的一呼一吸之間，願大家結一個佛法的緣！

陳慧劍　一九八七年十一月廿一日

薝蔔林・外集 目次

自序……一

〈淨意品〉

一、論「迦羅鉢底」……三
二、論「凡夫相」……六
三、惜福論……九
四、隨緣論死生……一一
五、大死小死論……一五
六、了緣論……一七
七、毀譽兩戒論……一九
八、論修道……二一

九、論病緣……………………………………………………二三
十、論情慾之轉化（一）……………………………………二五
十一、論情慾之轉化（二）…………………………………二七
十二、論情慾之轉化（三）…………………………………三〇
十三、一門深入論……………………………………………三三
十四、念佛論…………………………………………………三四
十五、論情根…………………………………………………三八
十六、論三昧境界……………………………………………四二
十七、論三昧眞火……………………………………………四五
十八、論「大悲咒」…………………………………………四九
十九、論「往生咒」…………………………………………五二
二十、論「虛空藏菩薩咒」…………………………………五五
二十一、素食門論……………………………………………五九
二十二、論「十纏與八風」…………………………………六五
二十三、一朝春盡論紅顏……………………………………七〇

〈抉目品〉

一、論佛門無忌……七五
二、論佛法與人情……七八
三、論「佛門澹泊，收拾不住」……八〇
四、論歷史上層結構……八三
五、論歷史人物興替……八五
六、論儒家意識形態……八八
七、論宗教上層結構……九一
八、論「自由、平等、人權」……九四
九、天機論……九七
十、論江湖人與江湖意識……九九
十一、論「大乘經非佛說」說……一〇一
十二、情理法三分論……一〇四
十三、論意識決定存在……一〇八
十四、論下層結構（一）……一一一

十五、論下層結構（二）……一一三
十六、「南宗定是非」論……一一七
十七、論中華「白蓮」聖教……一二〇
十八、無鬼論……一二四
十九、神滅論……一三〇
二十、論「愛的形下學」……一四一
二十一、論「佛門宗法主義」……一四五
二十二、論「寬厚」……一四九
二十三、論「痛」……一五二
二十四、論「中國人」……一五五
二十五、論「斯人獨顦顇」……一五九
二十六、論「大衞・考白非的鴨子」……一六三

〈證知品〉

一、英雄寂寞論頌……一六九
二、佛門如海論……一七一

三、論「偶然」……一七三
四、論信仰落實……一七五
五、論思想落實……一七七
六、論悲情……一七九
七、空色各論……一八一
八、母難日餘論……一八四
九、論聖賢分際……一八六
十、論聖賢的模擬形象……一九〇
十一、論神秘現象的眞象……一九三
十二、「懷疑」論……一九六
十三、「經驗」論……一九八
十四、論佛法三印……二〇一
十五、論「潮打空城寂寞回」……二〇五
十六、絕情論……二〇八
十七、絕俗論……二一一
十八、絕世論……二一六

十九、論「念珠經」……二一九
二十、論「出家」……二三〇
二十一、論「死亡」……二三八
二十二、「戲」論……二四一
二十三、論「天不生仲尼，萬古如長夜」……二四六
二十四、論「法」義……二四九

〈觀量品〉

一、論「彌天釋道安」……二五七
二、論馬　謖……二五九
三、論熊十力……二六一
四、論李　敖……二六七
五、論李卓吾……三〇三
六、論杜工部懷古詩……三四九
七、論寒山子思想詩……三六一
八、論蘇曼殊本事詩……三六九

〔正法品〕

一、論佛家思想與世情的衝突……三八一
二、論佛家思想對世緣的批判……四一四
三　論佛典的翻譯與佛理的評議——兼評「佛心流泉」……四五三

淨意品

[illegible]意品

論「迦羅鉢底」

「居士」（Kulapati）音譯是「迦羅鉢底」；又譯爲「迦羅越」。意謂「居家學佛的人」，以有別於出家的沙門。

同時如將「居士」以性別來二分，則「男居士」譯爲優婆塞（Upāsaka）；女居士爲優婆夷（Upāsika）。或可解爲「近事男」、「近事女」。總之，凡在家學佛的人，不分男女老幼，概可稱之爲「居士」。

我們非常榮幸，由於學佛的緣故，而成了在家的居士。我們也有緣與歷史一些美名芬芳的人物，像維摩居士——王維；樂天居士——白居易；東坡居士——蘇軾；六如居士——唐寅，同列於居士之林。

不過歷史上有許多人物，本身並不是「居士」，爲了「附庸風雅」，而僭稱了居士的美名，以遂行其「高蹈」的意識，像歐陽修的「六一居士」。由於歷代詩人、墨客，乃至江湖客，雖無居士之身，卻自封爲「居士」，無非自負其高潔而已。

「居士」之名，應該超越了一切名利酒肉徵逐之上；而今之蘭臺走馬之士，商肆競逐之徒，如循名坐實，實不足以語居士；居士——必須是學佛辦道、齋戒佛子，才能實至名歸。「居士」，是一個莊嚴、聖潔、芬芳的美稱，它底本體不容爲世俗所踐踏，如果有人肆越於居士之林，也不過見其城狐社鼠，心理上缺少一份空靈，藉此來塡補其貧乏；否則便是譁衆邀寵，以俗亂眞，水墨加上一層油彩，此畫是何畫？

我們稱某人一聲「居士」，是對他高貴的靈魂的一項崇敬，這份美名，決不等於「部長」、「董事長」之富貴滿堂。你如果眞是一位剔透玲瓏之人，你便知道，你的庸俗，是在你低估了居士的價位，而過份高估了你自己的判斷。

世情常常使「眞金誤爲糞土」，而使「糞土昇騰爲眞金」；如果我們願爲一個俗夫，我們便無法擺脫迎逢一切名聞利養的意願，我們如願做一位高潔淡泊的居士，則不妨甘於誤爲糞土的眞金；人生的價值在乎自己來肯定，白蓮出污泥而不染，明鏡除塵土而鑑人，你不必附和一切觀念、一切行爲。

做居士，要做「龐居士」。（龐蘊，舉家成道。）

做居士，要放棄世俗一切的浮華。放下一切的濁累。放不下，最好你不要做居士。

有人稱我一聲「居士」，我深心無限地欣喜！

王摩詰居士、龐蘊居士，都是火裏紅蓮，歷史上極其少有；我們要做就做這種居士。

居士——是學佛者一生最美的標幟，如有人覺得「居士」羞於見人，那就不該學佛。他不知

學佛所為何事?

——一九七九年八月十八日

論「凡夫相」

「看得破，忍不過」；「想得開，放不下」；是凡夫俗子陷入「人天交戰」的通病。有很多看來可以做「教主」的人們，講經論道、著書立說，簡直比釋迦、孔子，都差不了多少，但是一朝走下講壇，回到寢室，則「猢猻相」畢露，其面目可憎，貪婪齷齪，令人驚詫地懷疑自己的理智，是否混亂。

倒是有些老實漢，看似木訥，形似枯槁，面對生死，倒也淡然；其所知固少，所欲亦不多，祇知老實念佛，死心修道，看似凡夫，實具法相。

佛法上大事，是「了生脫死」，除生死而外，均爲葛藤，況是妻財外物；學佛者，如「生死相」都捨不了，那又如何「了生死」；即使讀通「三藏十二部」，亦不如一念佛老嫗。

吾佛界兩衆，凡稍具佛理基本概念的人，都知道去「纏」解「縛」這回事，可是生死瀑流太厲害，道心一尺，不敵魔心一丈；總是自我慰藉，「我們是凡夫嘛，成佛是三大阿僧祇刼的事，慢慢來！」人性之不可救藥，一至於此。實行是一回事，理論又是一回事，難乎歷史上高僧大德太少，而現在的「高僧大德」卻特多。

古昔的高僧大德，惟恐盛名如螯，避猶不爲；今之「凡夫」佛子，趨之則如蛆如鶩，大家不管僧俗，人人忙於「衣食榮辱」，「經懺佛事」，「紅樓綠瓦」，所缺乏者，就是「修道」。於是娑婆世界，成佛悟道者尠，披毛戴角者衆。

大家忙這忙那，無非是「凡夫俗子事」；迎來送往，亦不離「凡夫面目」。彼此見面，「大德、大菩薩、大法師、大居士」，讓局外人聽起來都感覺有點摸不着頭腦——這是那一個「大人國」裏的角色，想不到佛教徒對恭維人，竟是如此「高桿」。

我們從常識上看，「法師、居士」是美稱；「上人、仁者」是令譽；佛子們不能循名務實；一個喜歡「擡轎子」，另一個喜愛「被人擡」，還夸夸其談，甚麼「衆生無邊誓願度，佛道無上誓願成」，自已帶着滿頭綠毛，又怎麼敎人參「本地風光」？

現在一些傳敎的刊物上，流行一片謊言，「未證言證，未得言得」，連釋迦牟尼講的那國話，他都聽得明明白白，而「舍利弗」的梵文，他就更精通了；於是乎，居士分等級，法師論層次，凡夫僭爲聖賢，一隻蘿蔔，成爲擎天玉柱，泡沫浮漚，都是渡海慈航，這些子末法時代的混世魔王，楞嚴經上都有他們的原始尊容。

世俗之人，吹牛——老子是天下第一——混碗飯吃，不得已也，慈悲他吧！而學佛之人，一頭霧水，反過頭來要別人慈悲，寧非可悲？

我們學佛之人，這種高貴的心靈，已足珍惜，如果任憑凡俗來汚染，實在有負已衷，我看，剝了這層「人造假皮」也罷！

——一九七九年九月十九日

惜福論

弘一大師在他的「青年佛徒應注意的四項」一文中，第一項要談的就是「惜福」。這一古典的概念，在今天繁華的社會裏，一定有人要笑它很「土」，惜什麼福嘛！

現在，我願意再加以引申：

弘一大師告訴我們的「惜福」，要「惜衣、惜食、惜財、惜物」，一個人不要把福「享」盡，等將來赤光光地走。要把「福」與衆生同享，那就更美。

很可惜的是「現代人」，把「好衣穿盡，美食享盡，錢財花盡，東西費盡」，一副王孫公子的模樣兒。非常遺憾，今天在臺北街走的男女老幼，那一個不是「王孫公子」？在茶樓酒肆、舞榭商場，那一個又不是「公卿國戚」呢？我們中國人的「窮日子」剛過去還不久，現在比那些美國鄉下的土佬，不知要跋扈多少！

彷彿我們活在地球的末日，一窩蜂要把自己一生所有，透過「一件衣服、一席菜飯、一輛車、一間房子」展露出來，報紙上那些官話，籲請人們節約，成了多麼陳腐的謊言？

我們除了自己這具「皮囊」，儘情地塞滿它，塗抹它，不知有沒有想到世界上還有苦人。

每個人都要把未來的「歲月」，通通地集中在「現在」這一個點上來擁有，來滿足自己的貪狂！我們平日放言高論——救世救民，爲君爲師，不知從何說起！所謂「冠蓋滿京華」，觸目如蟻；而「斯人獨憔悴」，則付之闕如。我們當眞「福」已享盡，根存何處？

——一九七九年十月十二日

隨緣論死生

因緣所生法，
我說卽是空；
亦名為假名，
一名中道義。

——中論

佛家的意理之所以高深、精微，但不礙其普遍性，則在它對人生每一角度，都能切入生命問題的核心，而對世俗現象的剖析、解釋、歸納，尤能綜理全局，圓融精密。

它對生命最大的問題——死的現象之處理，更非任何哲學所能侷限。

現在撇開它底高超的思想系式不說，而就它對人事的處理方式來講，可以用「隨緣」兩個字，便能納盡人間離合悲歡。

隨緣是藝術境界

所謂「隨緣」，便是一種有原則的非泛應的人生處事哲學；「隨緣」，彷彿是一個三百六十度的圓週，凡是人生的任何遭遇，皆在這一個圓週線上推動，而不作扭曲、跳越、切割的損害自己軌道的行徑。

隨緣的運用是一種高級的人事藝術，但是它不作對自己人格的破壞，它「順其成而不強勉其成」；它有一個形似命運而非執着命運的「動力核心」，便是「因緣所生法，我說卽是空」——以這種「無常」的理念來指導世情的發展；對生，對死，對成功與失敗；對禍與福；對美與醜……凡世間「相對」的衝突，都任其自然而不介入加以干涉。

「隨緣」的立場是一種形上的超越兼備形下的指導；使人生一切的絢麗與紛亂，都變成了「清淨感」。能獲得這種「三昧」的人，無疑地，他已能指導現象社會，而不入流於現象社會。

或許有人誤解「隨緣」這兩個字，以爲隨緣是「隨波入流」、「隨風轉舵」、「隨遇而安」。現在我們了解，「隨緣」的理論核心建立在佛家對「因緣法」的解釋；「因緣法」的本身，是一種「流動」的抽象觀念，但應用在人事上，卻是熙熙攘攘，忩煞情多的樣子。

時空是生滅相續

佛家認爲空間乘時間的一切動作，都是生滅相續的，在生滅相續的過程中，一切的遇合與廢，是千載難逢，又是一瞬卽滅的；它値得珍視，但也缺乏永恒的意義。因此，「人」在這條網狀的歧路上，你得把握着自己，至於怎麼樣浮與沉，就不必再去計較。因此，你對世事，要冷觀而不要過份情緒化。甚至對生死大事，也該如此。

如果你面對一件覿面而來的難題，照佛家說，你該怎樣辦？那麼它告訴你：「隨緣！」但不是撒手不管；我們是說隨力而爲，成就多少，失敗多少，不要去爲它跺腳搥胸，欲生欲死。一切現象都要變的，你愁個什麼呢？你不是永久失敗定了；也不是永久勝利定了！大江東去，千古風流人物，都要「灰飛煙滅」，你何必如此傷痛自虐呢？

那麼，有一天你面對死亡——死的方式不管——一種可以預期的死亡，你將如何應付這種場面呢？是留遺書嗎？整天以淚洗面嗎？還是痛吃痛喝，死後落個痛快？你該怎麼辦呢？

它告訴我們，仍然是——「隨緣！」

你照着一個即將死亡者，應該處理身後事那種方式來辦。沒有固定的統一方式。你可以到廟裏燒一次「香」，求你的靈魂上升；你可以多做一點善事，爲社會留點去思；你可以對兒孫留點值得追念的遺言；你可以把財產捐助出來，成立個基金會；但是，不要怕……一切，都是你自己的事。

隱峯禪師立化而亡

唐代高僧——隱峯禪師有一天問同參：「古來大德，有人『坐化』，也有人『立化』；除此而外，可見還有什麼樣子走的？」一僧說：「未見有人倒立而脫！」

隱峯說：「我來試試。」

語畢，雙手按地，作中國工夫式，雙腳倒立，彷彿蜻蜓點水，豎在地上，過一會兒，再看看，他已經氣絕而亡。

這便是一個大禪家的「死法」——以及他對死亡的挑戰。

——一九八〇年三月五日午時

大死小死論

禪宗古德說：「大死大活，小死小活。」有許多結文字緣的人，常引爲牙慧，但不知大死如何死、小活怎樣活？

所謂「小死」，卽是「小悟」；小死是「身死」，身上的一切痛癢刺激，參禪參到一概不覺，與一個活死人差不多，身雖死，心沒有死，心還是活潑潑地，就是「小死」，這是禪客天光乍明前的情境——這是小死小活。

所謂「大死」，便是「大悟」；大死便是「身心俱死」；心死了，祇許「念佛是誰」在——如死人尙未斷氣，尙有點點滴滴呼吸串連，其他一概打死，雖然留下這麼一串連緜不斷的呼吸，而不許知道這一呼吸在，若要知道這一連緜不斷的呼吸——念佛是誰在，「心」還沒有死。那麼，心怎麼死法？來果老和尙說：「你眞的大死了——我要問你：『你叫什麼名字？你能答我，你就沒有死；你要答不出名字，不知道叫什麼名字，才證明你心是死了！』」

禪客的「大死」，不是槁木死灰；在「死」上，是了斷一切言句百非，門頭光影。小死了「身」，大死了「心」；在「懸崖撒手，絕後再蘇」，是「大死大活」。

古人大死一番，在「梅花雪月交䲨處」；是「春在枝頭已十分」；今人動輒「大死一番」，不過是「筆下超生」，省卻也罷。

——一九八〇年三月十日

了緣論

緣須了日終須了，
莫讓來生再結緣。

多年前聽一位老法師講經，他說他一生處處與人結緣，現在他要「了緣」啦。來日無多，再不了緣，只有「變驢變馬」去。

我們平日在社會上做人做事，耳朵塞的盡是「功利、善惡、人我、是非、婚姻……」一類結緣之論，這一天忽然鑽進一聲「了緣」這麼陌生的字眼，心靈未免一震。「我也要了緣麼?」自己難免也要這樣想了。

老法師的話，我想有兩層意思：一層是針對他的年齡來說。他已七十歲了，每天講經說法，固然是「功不唐捐」，就諸法空相言，那畢竟「枝葉」之事，講經說法，對自己，只是「爲道」的助緣；對世人說，是結了善緣。那麼如再不息心修道，無常一來，對生死事，依然罣礙。另一層，是針對廣泛的世情而言，「緣」是不能隨便「結」的，老法師的話，有他的深意在。

人，自娘胎落地，就註定了與世間「結緣」的命運，你今天幫了人家一筆錢，算結了「善緣」；明天你狐狸尾巴一露，搶了人家的老婆，又結了「惡緣」。你說法講經收弟子是善緣；但是你講錯了經，說溜了法，收錯了弟子，便是惡緣。人生，不管你在世俗，還在空門，你的緣是結不完的。如果你再不收心的話——發訃聞啊，造墓地啊，留傳家格言啊——到死後還結不完哩。

我想，了緣之論，與生命過程無必然關連，當你「與人結緣」之際，便該想到「了緣」那檔子的事了。「緣」也是「生死簿」一帖，爲善爲惡，都爲不得；善惡是鏡裏的花，水中的月。緣須了日終須了，何妨在沉思返照時，從了緣際，尋個入處！

——一九八〇年五月十三日

毀譽兩戒論

弘一大師在日，嘗告戒學人，處人際關係，對「小是小非，未經定論」之事，切忌「過毀」或「過讚」。

做人，不僅無遮攔地批判他人，是一種「口業」——極可能，你是道聽塗說，人云亦云；卽使你能了解局部現象，也不一定能洞察全面的是非功過——結果，時過境遷，弄反了，會使得你因輕毀別人，而背上終身道德的悔恨！

試問：對一件與「春秋責備賢者」無關的張長李短，你有什麼權利去搞縐別人「一池春水」呢？

復次，毀，固不可輕於動口動筆；而「譽」尤不可廉價拋售，濫施人情；一個人做點小功小德，甚至連動機是甚麼，影子還分不清他是魔是佛，便奉之若神明，視之若聖賢；筆之於書，讚之於口，輾轉相推，如滾雪球，頃刻之間，使一個走火入魔的平凡之夫，受寵於九天之上，果然自視爲當世聖哲，菩薩再來——人家都是這麼說嘛！

這種一股腦、一廂情願的「謬讚」，慣壞了一個魔佛混淆的迷途旅人。其業力後果，可不是你這個「信口雌黃」的鄉愿靈魂，所能承擔的了。

我們遍讀一部論語，找不到一句孔子承允誰是「仁者」的輕許。我們的佛經，也從不見把那一道衆生，貶爲罪惡滔天，永難成佛的蕉芽敗種！

凡人格心理極左的人，也常常會翻爲極端的右傾；那些「成也蕭何，敗也蕭何」，有激烈恭維別人傾向之人，也就是他——會反過來，極端撻伐別人！

我們讚美別人，本是一項美德，無奈一超過了尺寸，便成了「煙幕」，今天誰是佛菩薩示現到娑婆世界上來，憑我們的肉眼，還看不到，那麼對於你的「老婆心」，還是收斂一些爲妙！

至於夾着某種心態的輕毀驟譽，亦復如是！

——一九八〇年五月十三日

論修道

「修道」，對俗人而言，就是斷了活路；天掉下來，與大爺何干？了生脫死，對他們彷彿一場麻將，輸贏都是那回事。

而修道，對一個學佛人而言，就不是「那回事」了。「道」要去修的，彷彿鏡子要天天拂拭，劍要天天磨一樣。

一個信佛人，一旦海派起來，認爲只要信了佛，就是修了道，那眞笑死了人。信佛不等於修道，研究佛學也不是學佛；正如一個「醜女」在畫廊欣賞一幅美女的畫，她不能因欣賞名畫而成爲美女。

嚴格地說，一個信佛的人，一朝宣誓入佛門，便與修道結了不解緣，而不是他有朝信了佛，他就成了佛，得了道。學佛人可以兼而宏道，但是單純地宏道，只是說食數寶，那抵不了自家的餓。整天聖賢仙佛，臺禪淨密，陳腔濫調，與修道風馬牛。

喜歡狂吠的狗不咬人（恕我比喻不類），學佛人還是少開幾句荒腔，多唸幾聲佛，多讀幾卷經，一心斷你的習氣；能有「秘行」，這是你的了不起處；明處修道，也是正途；要把自己打入販夫走卒的腳皮下，去做幾天「飯頭、菜頭、香燈」的活計，不要把自己懸在天上，那才勉強稱一聲「修道」。否則，你整天棲棲遑遑，販賣如來，修的是那一門的道呢？

古德說：「道在日用間。」「修道是吃飯、睡覺、拉屎、屙尿間的事。」會得這個，你算是明眼人。除了這個，你得了神通，透出天眼，依然是飯桶。一個雜毛老道，經不住八風五蓋的糾纏，只要戲着他的毛一摸，他就跟着了火一般，這算啥？

有人說東坡「廬山烟雨浙江潮」這首詩，在禪裏得個入處，眞是眼睛，試問「八風吹不動，一屁過江來。」道在何處？

——一九八〇年八月七日

論病緣

生命是一團「無明」。

生亦難明，死亦難明，病亦難明。

人之患病，患的是有眉有目、有迹有象的病，有醫可循；最難纏的，是有形無迹的病，追索無痕，彷彿一張虛無飄渺的魔網，窒息着你的身心，控攫着你的靈魂，醫藥罔效，有天而不可呼，有地而不可應。

此時，你面對美景良辰，佳餚盛饌，雖有妻兒之慰藉，友朋之存問，生徒之嘘候，而此「病」未除，內心之空幻寂寞，是欲訴無門的。疾病纏綿之人，其內心感觸最爲尖銳，而主意全失，身外之物，皆成泡影，眼前所念，無非死絕空亡；最堪其痛者，是與身俱存之世俗葛藤，不及措置，任令你死也死得灰頭灰臉，天道之無情，寧過於是？

學佛功深之人，到此時該知道把得住自己，病爲積業所現，但也是體悟生命最切之鞭痕，轉病緣爲入道之手，未嘗一無是處！學道之可貴，在乎平日不離正念，病時不失正念；工夫之踏實，端在生死存亡之際，烈火燒身之時，而心中佛號朗然，憶佛念佛，心繫一境；走也由他，住也由他，而此工夫說來容易，但如非平日實踐得痛切，斷無要緊時現量之理。所謂「萬般皆不去，唯有業隨身」，足爲悠悠忽忽者誡！

余學佛三十年，而半個「佛」字未得，人間空手，慧業徒然，近罹艱病，落得一腔狼狽，有愧生平，合自白如上。

——一九八〇年十二月十三日病中

論情慾之轉化〔一〕

「情慾」，原是「天性」，是生命附以傳續的原質；儒經所謂「飲食男女，人之大欲存焉」，是十分倫理的事。不過這東西，彷彿是一柄塗上蜜糖的雙刃的刀，當你用舌頭舐糖的時候，就不能不小心你的舌頭。但是儒家的論調，在思想上對「情慾」的保護實在多於批判，因此，它正好爲歷代崇拜「唯性主義」者找到一項藉口。

事實也是，如果沒有情慾這東西，就像有一位「性崇拜」的翻譯家說的——人生無此，那就太慘然無味了。那種意味，就如同說，寧願不要劍也要劍魂似的。

透過一種非「世俗」的角度看情慾，而產生的觀點就完全不同了。在佛法而言，佛法與「世間法」（不僅包括儒家、唯性主義，還有其他宗教理論在內），其最大的分野，便是對情慾立場的判定問題。

佛家認爲——人，如果要通過漫長、艱苦的薰修歷程而淨化道德意識到達「成佛」，情慾就必須洗清鍊盡。佛家認爲情慾本身的倫理條件，只能提供「生死輪廻」的一項依絆，而這種依絆，是與淨化生命的要素絕對違反的。而情慾，對於「佛道」而言，又是修行過程中的絕大障礙；何況，這種東西，其「惡性」傾向的比較，遠超過於「善性」；因此，弄得很多聖人在陽溝裏翻船，都是這種東西作的怪。

我們坐而論道，可以輕而鬆之地「天理人欲」，中國儒學發展到朱程陸王，由孔孟的活的儒學，到清初的死的儒學，無論那一位先生，那一種學案，都還無法邁過情慾這一關而談「無善無惡」，而他們強調的，也不過是「順理適性」、「懲忿窒欲」，依然在「倫理」上打圈圈。

我們必須認清一項事實，卽是儒家也好，佛家也好，如果像孔夫子所說「朝聞道，夕死可矣」，得到那種令人死而無憾的道的時候，如果不能夠擺脫「情慾」的陰影，那個道恐怕無論如何是建立不起來的。我們套一句現代一點的語氣說：一種道德素質如果要昇騰到聖潔的純境，而附以「性」存在，那是不可能的。這正是儒家思想無法出世、儒佛內涵所以不同、佛儒對於「內聖」解釋全異的最大關鍵！

佛家戒律之製訂，以針對情慾爲目標的份量上，其比重遠超過殺生、偸盜以及其他項目。原因是一個人在「修行道」上沒有突破「生之枷鎖」——情慾之瀑以前，誰也無法心如止水。所以「戒律」便成了一項重要的防線。佛家在許多論點裏，施設了許多「分析情愛」、「轉化情愛」的理念，讓人們認識清楚，這項支配生命的「無明力量」，依靠「野火燒春草」的方法，「兵來將擋」，其效果是微乎其微的。

——一九八一年七月六日

論情慾之轉化〔二〕

情慾之難以尅除，不像某一種東西往某處移動之單純；亦不似割除身體一粒痣疣，而永不復發。

情慾，可以是這麼說，它是動物生命過程中一連串的生化反應，從生至死，潛伏與萌動交替，而修道人竟然要以這樣的對象，作爲生死搏鬪的對手。

我們須知，凡以實踐禪定爲入道之門的宗教，情慾必然是它要泯除的第一對象。世俗觀念——包括一些所謂科學上的心理以及生物學觀念，之無論如何強調「情慾」之理性化，也永遠無法從修道者的眼中剔除其「反動」的糾結。

出世的佛法，只要你是一個佛道的實踐者，這一點你必須弄清。情慾與生命的覺醒，是一種衝突與矛盾。

我們面臨這樣一種貼身的戰鬪，在修道途中，常常使我們一敗塗地，不堪一擊，在情慾之前，我們不經意地如泥入水，瞬息沉淪。

從現象上觀察，彷彿宗教的世界，風平浪靜，其實，在布景之後，情況也是至慘至烈的。惟其是如此，才提出這樣一個論點，來正視千古以來只有極少數人解決的問題。

情慾無法全然地「壓制」，但必得「轉化」。它須要一個更爲高級的情境，超越於那種「生死纏綿」的殺戮之境去代替。你能走入這一種超越的情境，把你現實的經驗打翻，便會放下「情慾」的「黏著」之境了。

修道者必須要建立這樣的一種超越凡情的情境才成，而這樣的情境，又不能憑空可得，得到它還是要從「道」的實踐深度中去獲取。換句話說，要解除情慾的殺戮，你必先從「道」上得到什麼，然後才能面對情慾，強大幾分。而後，逐漸以全部道心，代替全部情慾經驗。

一旦有了實踐的堅實基礎，可以掌握自己的時候，才可以眞正地自由宏道。

在「道」還沒有奠基以前，我們能做些什麼呢？我們是否可以面對情愛，兵不血刃？其答案自必是否定的。

除了「道」之外，人，依然有良知，有理性；質而言之，毋寧說，我們總是聰明一世，糊塗一時的；那麼我們要防衞的，便是一時的糊塗！

因此，「強烈的道心」，便成了我們入道以前的重要憑藉。而道念的強烈程度與情慾的潛伏率成正比。無論如何，堅強的道心，是一項武器，一項誓言。

所謂「強烈的道心」是甚麼呢？——它是「信仰的虔誠、謹嚴的戒律，加上強靭的實踐精神」。凡是在情慾之前的弱者，都是由於道心檢修不愼，才功敗垂成。

一個人之立志修道而失敗，敗於「情慾」之手；那麼，世間誰是「強者」？

——一九八一年八月十二日

論情慾之轉化（三）

對「修道者」言，「情慾之轉化」，爲「成道」之絕大關鍵。換句話說，凡修行佛道之人，你必須「灰身滅智」，來斷情息愛，昇華、轉化這種流轉的生命。

而修道之人，當道根未固以前，切忌「無男女相，無衆生相」，自視爲聖賢胚胎，大開方便之門。「未令入佛智」，便「先以欲勾牽」，是何其危險、又何其狂悖之事？

古來高僧大德，對「愛欲」可能發生的因緣情況，沒有一個不防之若水火、若寇仇；對「淫戒」之執持，沒有一個不惶恐惴慄、臨深履薄；甚至以犧牲生命，也不越此方寸淨地。蓋因凡夫俗子，極難跳出此「男女混雜，昕夕相依」所引起的愛慾漩渦；而毀佛隳戒者，尤以人生中間之三十年，最爲危險；爲道學佛者，能不深引爲鑑？

所謂「一失足成千古恨，再回頭已百年身！」棄俗修道，已是難能可貴的冰雪節操，而投身於此一途程之人，如果不能珍惜羽毛，把生命隨手拋擲，是何其可惜？

而我們遍觀今日佛門行動語默，則對「夷夏之防」視爲無睹，而男女分際，尤如具文；視戒律之莊嚴，如同草芥糞土。因此，有許多爲師爲上者，在暗室陰影之下，終至演變爲社會「聊齋」，令佛門蒙羞；此釋迦之敗子劣行，又何其令人痛心！

須知佛門之戒，一有縫隙，則難免遇緣分崩離析，永難再圓。職此之故，「戒」不能輕受，尤不可妄開；而「淫戒」足為佛門四衆修道成道之憑藉，更何況，以一俗人而言，能「守身如玉」，已足以清芬足式，令人起敬。

我們莫以為破戒之事，天地不知，鬼神不覺，而自身一旦習於狃行，也無慚無愧，只要紙仍能包得住火，千夫未指，就可以安於枕席了。

一個修道之人，一旦謗讟隨身，除了嚴檢慎修、痛切懺悔之外，千萬不可以「沒有證據」、「天下人未見」為藉口來搪塞自己招謗之門。試問牆壁如沒有裂縫，水從何處滲來？

佛門的「行者」與儒門的「書生」不同，他們的聖賢標準尺度與我們不一樣，他們沒有「淫戒、殺戒」？他們成就的不過是人際倫理間事，說不上「了生脫死、斷惑證眞」！

近代禪門大德來果老和尚曾授人斷「淫念」方法，當淫起時，急念「特」字，「特特特特……」慾心當下卽可清淨，殊為靈驗。惟方法離不開實踐，法門千萬，對不肯一「特」之人，也是絕症。

我們所期於修道之人，人人皆有誓證佛道的勇氣與決心。因此，凡夫能嚴行淨戒，亦可成聖成賢；佛說：「我滅之後，以戒為師」，徵之當今佛門大德，是否以斯言為河漢？

一九八一年九月六日臺北杜魚庵

一門深入論

貪多、求全、愛美、喜新厭舊、忘恩負義、崇神拜奇、爭權奪利、稱師作祖、是人類普遍性的根性，是人類庸俗性的鎖枷；其實，天地間沒有一種生物會得到他所想要得到的一切東西。人，這種渺小的動物，過份地誇大自己，已是犯了天忌；而過份地貪得無饜，更會活活地脹死自己，連學佛人也無例外。法門千萬，樣樣都想沾一沾，便會成了江湖上的先知——天下事，事事皆有「先見」之明，唯獨不知自己。

楞嚴經數說「二十五種圓通」的途徑：彌勒菩薩，以「觀心圓通」，親證唯識之理；觀世音菩薩，以「耳根圓通」，入三摩地；大勢至菩薩，以「念佛圓通」，都淨六根。因此，我們還沒有看到那一位菩薩同時證得兩種以上的「圓通」而得入佛道。

可是現代人就是不一樣，既參禪，又要念佛；念佛不滿足，再兼學密。佛法不夠，加一點神道設教；仙而不成，再來一段先天八卦，後天讖緯。歸根結底，這都是庸俗的求全、好奇、貪多的心理作祟。總希望自己變爲太上的唯一寵兒！僅僅這種心理，入道的門，就被你關死了，你還學什麼道？做一個堂堂正正的鬼，還不夠格呢。

古德先賢，學道都是一門深入，門風嚴峻，念佛人，持名到底，不假觀想；參禪人，生死契濶，地覆天翻，一句疑情；持咒者，終身孵抱，心與咒合，終成佛道。老實說，周利槃陀伽，念「掃帚」都能得「阿羅漢果」，而我們這些自命不凡的喜新厭舊之徒，卻「佛、道、耶、回、統一教」，混元一炁，猛趕熱鬧，越走離道越遠，這那裏是學道，這簡直是老頑童辦家家酒，香灰、樹葉、火柴棒都要來一份，才入土爲安，眞是人之爲人，原來如此這般！人，越老越幼稚；學問越多越糊塗；而且至死不悟。這眞難壞人了！

——一九八二年元月五日

念佛論

淨土法門的理論，在全部佛學體系中，佔的份量最輕，而它底實踐過程，卻最爲簡潔，最爲方便。

有關淨土的重要經典，不過是「觀無量壽、無量壽、阿彌陀、法華普門品、普賢行願品、楞嚴大勢至菩薩圓通章」數帙。如擴大眼界來研究，則淨土法門，又貫通於「空有」兩系佛法。所謂「淨土法門」，不過是「念佛」而已。談「念佛」二字，看似容易，實不簡單。這一法門，通其理論不難，實行起來卻要有大死一番的魄力。試問，今天「念佛人」多如過江之鯽，有幾個人證得「念佛三昧」？

佛經語法之精鍊，文字組織之嚴謹，遣詞用字之優美，逈非一般世俗浮文可比。

「大勢至菩薩圓通章」，足可代表佛經文字的典型與念佛法門的奧妙，錄文如次：

「——大勢至法王子，與其同倫五十二菩薩，卽從座起，頂禮佛足，而白佛言：『我憶往昔恒河沙刼，有佛出世，名《無量光》，十二如來，相繼一刼，其最後佛，名超日月光，彼佛敎我念佛三昧；譬如有人：一專爲憶，一人專忘，如是二人，若逢不逢，或見不見。二人相憶，二憶念深。如是乃至從生至生，同於形影，不相乖異。十方如來，憐念衆生，如母憶子，若子逃逝，雖憶何爲？子若憶母，如母憶時，母子歷生，不相違遠。若衆生心，憶佛念佛，現前當來，必定見佛，去佛不遠，不假方便，自得心開；如染香人，身有香氣，此則名曰：『香光莊嚴』。我本因地，以念佛心，入《無生忍》，今於此界，攝念佛人，歸於淨土。佛問圓通，我無選擇，都攝六根，淨念相繼，得三摩地Samadhi是指心定一處而不動，透過念佛方法，入於定境。，斯爲第一！』」

復次，謹再語譯，以供同流，實踐力行：

「——〔深入佛法的〕大勢至菩薩，和他的同修道友五十二位菩薩們，這時從座位上站起來，向佛陀俯伏頂禮之後，禀告〔釋迦〕佛陀道：『——我回想到過去極久遠極久遠的時間以前，有一位聖號叫做《無量光》的佛陀出現世間，在這一綿長時間過程中，有十二位《佛》如來相續地住世，渡救衆生；最後一位佛陀，聖名叫《超日月光》，這位佛陀教導我《念佛三昧》法門。〔念佛三昧怎麼樣修呢？〕譬如有〔兩個〕人，一個人整天對另一個人思念不已，而另一個人卻把他忘得一乾二淨，像這兩個人〔一個熱、一個冷〕，卽使久別相逢，常處一起，也等於沒有見到一樣。〔念佛，就不能這樣。〕念佛——必須要彼此兩個人都有深切的懷念，這兩個人的心靈才會永遠相守在一起——時間越久，懷念之情越深。像這樣彼此思念得透心入骨，不僅一生一世，而且生生世世經過無數次生死流轉，也如同形影一般，不相分離。——而宇宙間所有的佛如來，對於世間一切生命的憐憫之心，猶如母親思念她的孩子一樣，如果孩子不愛母親，遠走他方，就是母親想死了，又有什麼用呢？——如果這個孩子想念母親，也如同他的母親想念他的情形一樣，這一對母子，就是經歷多生多刼，也不會分離失散了。——衆生的心，能夠（像那位想念母親的孩子一樣）深切地、無限哀戀地想着佛如來、念着佛如來，在今生，或者來世，就一定會與佛會面了。當然也不必再憑藉其他的方法，自然（功夫到了）就能夠心地純一，大開大悟，顯露自己本來面目了。這種方法，就如同一位以『染香料』作爲職業的工人，他因爲日常天天做染香料的事，身上也就浸染了很多香氣，因此，這種方式，就叫做《香光莊嚴》。（世尊啊！當我在最初修習佛法的時候，便是用『一心念佛』的法門，獲得了《無生法忍》（卽佛境）。現在，我輾轉來到這個世界上，敎化有情生命，來普遍地攝受念佛的修行人，使他們也一同皈投到莊嚴的淨土世界。世尊——您問我用甚麼方法圓滿順利地到達佛菩薩境界。我對於（以上各位菩薩的）每種圓通法門並沒有『利、頓、優、劣』的挑剔，只要一個人能把他的六根——眼、耳、鼻、舌、身、意，全部投入念佛聲中，使念佛的心，純一而不雜，不管何時、何地、何種情況下，心與佛交融密合，使這種純淨無染的念佛之心，繼續無間，便會直入《念佛三昧》，這就是我認爲學佛的第一個——最好的方法！』」

我的譯文，很繁瑣，但算周密，「大勢至圓通章」，是值得「念佛人」用深心去體悟與實踐的。它包括了念佛法門的全部實踐理論與過程，法外求法，對一個普通人似無必要。身體健康的人可以多出聲念，易於攝持六根，反聞自性。身體較弱的，不妨以「默念、憶想」爲主，問題是，一定要「憶念深切」，透心入骨，亙久不斷，才能「淨念相繼，入三摩地」！

——一九八二年二月二日

論情根

人間，只因爲多了個「羅蜜歐與朱麗葉」、「賈寶玉與林黛玉」的故事，這枯燥的世界，就突然變得「天亦有情、地亦有意，男爲情生、女爲情死」起來了。

在情人的眸子裏，天地間實在沒有美醜可言，只要中意，無鹽也可變成西施，醜女可以匹配美夫，土鷄可以生金蛋，所以價値觀端在主人的「怪癖」；男女之情，沒有什麼好講的。年輕人要「愛」，難道老夫要恨麼？中年人喪妻可續弦，老夫子死了伴，就該枯守殘年了？不同的性別，在不同的種族、年齡差距之間，導致血肉的人身，生光發亮。產生安慰與關懷。

春心，不只是活在青年人的靈魂裏，七十歲的蔣夢麟，八十歲的毛子水，九十歲的丁似庵，也都是「春心欲共花爭發」的。

中國的舊時代，有一首嘲笑老夫娶少妻的打油詩，詩云：

「二八佳人七九郎，偏偏白髮對紅顏；杖藜扶入銷金帳，滿樹梨花壓海棠。」

六十三歲的「年輕人」，娶了個「十六歲的小丫頭」，使凡夫俗子恥笑到今天，算是壽終正寢了。

年輕人對老頭子——快入墳墓，還要打著燈籠找太太，認爲是晚節不保，亂了宇宙的秩序。——好笑，「特權」難道由年輕人專用？

人只要活著一天，他就得與「情」難斷難了；就像貓一樣，不管老貓小貓，只要到臘盡春來，總該要嚎春的。

情之一字，大概不一定爲了生兒育女吧！

情，積在動物心裏，使他們煩惱、涕泣、歡欣；不然，宇宙是淸一色傳敎士，連貓都要傳敎，就有的瞧了。天可憐，僧侶就不會像蝗蟲一般滿天亂飛，否則，恐怕連他們那顆接近上帝的心，見美女也要茶不思飯不想的。爲了生怕衆生絕了種，我們多情的「唯物論」者，不必憂心，天坍下來，大地依然會一片春色。

情，這是一條沒有盡頭的根吧！

動物用性交換其柔情蜜意。人，除了性之外，還有烘托在它底周圍的情詩、綺詞、悲劇的小說、殉情的戲劇，和缺乏詩情畫意的武鬪。

情，製作了人的世界，美化同時醜化了人性的莊嚴。

「我本是多愁多病身，怎當你傾國傾城貌。」賈寶玉如是說。——但是世間又滋生這麼多的怨偶！

世間，沒有比「情」這種最壞、最流動的東西了。水手只要出一趟海，他的妻子就可能琵琶別抱。如果沒有婚姻這把鎖——誰又會永遠抓住它呢？終身廝守，恐怕是夢話。喜新厭舊，才是人之常情。好花看一千遍，成了糞土；壞話說一千遍，成了眞理；兩個活著的人，朝夕相覷，忽然會魔鬼以對。

因此，在情場肯定道德，能令流體的情愛，產生「天荒地老」的神話。但是佛家不從「情」的流動面去決定其善惡是非。

佛陀說：「衆生以淫慾而正性命」。

欲界衆生，以淫慾爲實踐「情」的手段；

色界衆生，以情爲淫，沒有實質的男女親膚。

無色界衆生，以情爲情，他們眞正是空靈之愛。

情根落實在三界之內。超出三界，位出四禪，才能斷情絕念。

情的根苗與衆生生命纏綿糾結，而允始允終。

如果佛法也肯定「情愛」，寬容「食色」；與世俗的知識，唯神的宗教何異？佛法挖掘到生命之大患，卽在情爲「衆生煩惱」之根本，情念不除，淫欲不淨，欲證清淨本體，則何其幻想？

佛法以精邃之「般若」，化有情爲大悲，成爲世間的絕情主義，當非哲學家，與淡薄儒門所深會。

佛法對生命現象作多角面接觸，同時解除生命眞正的障礙，非實踐此道之人，何能切入生命之堂奧？

——一九八二年六月九日

論三昧境界

在基本定義上，「三昧」，是一種精神訓練，或者說是一種道德基礎訓練。

現在，知識的領域擴大了，卽使是學術界，討論「三昧」的文字也越來越多了。推延到神父參禪，牧師打坐，在中國已不是新聞。

西方學界最常見的，便是以「神秘經驗」、「神秘學」來代替「三昧情境」的研究。「三昧」(Samādhi)這個字，在研究宗教、哲學、心理學的範疇，已成爲一項常識用語，雖然不一定有人得到它，但通過人間各種「宗教現象」，它已不再成爲一項不可理解的東西。

爲甚麼，「三昧」境界，能使某一些知識份子們陷入「狂熱」呢？原因是，目前的科學儀器對於腦波的控制研究，已使「三昧」的境相得以顯現，露出驚人的曙光。

我們要知道，佛家各種「實踐」的方法，包括「念佛、坐禪、持咒、修觀」(打坐的一種)甚至「虔誦經文」，都可以使「意念集中」成一束凝固的「點」，使意識流不再成爲沒有收攔的亂流，到最後納入一個斷然「無物」的假設空間。就念佛說，你集中精神念佛，用佛號消滅混亂的意識流，直到「有佛無流」，就面臨三昧現前的緊要關鍵了。佛門有兩句話說：「打得念頭死，許你法身活。」就是形容這種功力。

簡而言之，一個人在任何狀況之下，「意識」都是亂走亂流的，即使睡眠時也不例外（此時它潛伏地活動）；如果你「靜坐」在那裏三分鐘，反照一下你自己的意識，逐漸便沉入萬馬奔騰狀態，無法「定於一處」。

因此，訓練（修道）便成爲唯一的途徑。

佛法，便是要把那一股「亂流」集中，成點，截斷，使它「前際已斷（意識活動到此爲止），後際不生（意識活動不再新生）」，在這「初生已滅，未生已斷」的空檔，意識流（妄念）已被逼死，彷彿一把手術刀從中切掉一節，這一段過程，便稱之爲「三昧境」，通俗地說，便是「入定」。

定境，是什麼樣子呢？

現實的經驗到這裏，完全「天翻地覆」，宇宙彷彿開了一個大口，「你」不再是「你」，「你」是一切。一切現象都到這裏終止，也到這裏湧現，你的「鏡」中，驚喜交逆，生死至此，復無憾事。

初步三昧境相，可能一瞬即滅，使你終身難忘，這種「斷層」，如果裂得愈大，你的「定境」愈厚，這種火燒紅蓮功夫，直到你隨時隨地與它相融，意識流不再成爲你的「障礙」，你便可以在天地間自由往來。

一般來說，「靈魂出竅」，是情境的錯置，「靈魂」無須出竅，而是時空的縮小。三昧境相，所反應的「神通」，只由於感官能力（眼、耳、鼻、舌、身、意）範疇已完全粉碎，形成一片，到此時任何事物，都可以隨意呈現。

「神通」，是三昧的附帶條件。

「三昧境界，並非刹那初現，便可以永恆久住，你必須千錘百鍊，把它打成精鋼，昇騰到極層，不再消失才成。

在這種成果之前，善惡都成渣滓，一切的行為意識，都不再受到亂流支配，反應在你的情境裏的事物，全是鏡花水月。

佛家修道者，就是追求這種目標，不修今生修來世，那已是刼後餘灰。——人，為什麼要追求這種東西？因為生命的本質，原始卽有它的存在，它不過要償還自己的所有。

「三昧」本非神秘的東西世間所有神秘、全是俗人的境界，不是實踐佛道的人專有，凡人皆有這種能力，不過佛家探究得最為周嚴而徹底，同時他們實踐的範疇也大有區別，因此，有些不明其中妙諦的人，誤入桃源，還不知仙境。

如果用一支凡夫的筆，描寫「三昧」是很困難的；千不如，萬不如，不如自己實踐，放下一切，坐到「大夢誰覺，平生我知」的時候。我在這佛頭着糞，恐怕欠讀者一把人情，擱筆也罷！

——一九八三年三月二十九日下午六時

論三昧眞火

在人生的涯際，宗教的經驗，以及神秘哲學範疇裏，有一項使知識走到盡頭的現象，便是「三昧眞火」。

所謂「三昧眞火」，在佛家有些情境高深的禪人，當他離開人世、回歸佛土之時，對他的遺蛻之處理，不採土葬，不採水葬，不採天葬，也不是火葬；而是由他在「定中」引起一把「眞火」把自己化掉，屍骨無存，在人間不留一滴痕跡，眞是「無比清淨」，「無比解脫」。

但是，這一類事，在中國佛教史上，所見的還是極少。這種玄事，如透過科學常識判斷（像馮馮曾在作品中如是說），就是那些聖者，在預知「寂滅」之前，他選擇一個恰當的時間與場所，整衣趺坐，深入禪定，然後發動「眞火」——在自體內引發一場「小型核子爆炸」，使體內原子分裂，製造三千度以上的高熱，在幾分鐘之內，把肉體焚爲一堆白灰。這種強力焚化，使現代化的殯儀館焚屍爐，望塵莫及。

現在，我引述「虛雲和尚年譜」裏一段事實，來確定這件事的可信度。

「民國十三年，雲南昆明，由虛雲老和尚住持的雲棲寺，有一個不識字、面貌奇醜、耳朵聾、在寺做雜役的和尚——具行。此僧白天做工，夜間拜佛，平日打坐、念佛，行住坐臥，不眠不休全力投入佛道。但是很少人注意他。

「在這年三月二十九日，雲棲寺的下院——勝因寺午間靜坐以後，大殿的後面，有一片曬穀場，具行和尚不聲不響地走進去，取幾把稻草，披上自己的袈裟，盤腿入坐，左手執引磬，右手敲木魚，向西念佛。〔在念佛聲中〕，他自己放火來焚燒自己。勝因寺與外面隔著圍牆。牆外的農民看到寺內冒起一片大火光，便衝進去一看，並沒有看到什麼人，等到了大殿後面曬穀場，才看到具行盤坐在一片火灰上紋風不動，衣物如生前，只有木魚和小磬的木柄燒成了灰。寺內工人飛奔到雲棲寺報告虛雲老和尚，老和尚因爲傳戒不能下山，就捎書給當時的雲南省財政廳長王竹村和水利局長張樸（都是虛老弟子），代爲料理後事。王張二人趕到現場，眼見這一奇異景象，又即刻報告督軍唐繼堯（也是虛老弟子），唐馬上帶全家來看，此時具行和尚的『灰相』還巍然如生不倒。等唐走到他身邊，取下引磬，才忽然全身崩坍，成一堆白灰。一切都在那幾秒鐘之間——緊接着到場瞻禮的有幾萬人之多……」（以上都是虛老自記）

問題是，具行和尚已在事先向虛老透露：他要第一個進「海會塔」（是雲棲寺新起的靈骨塔）。另外，他的自焚是按照計劃進行，有沒有用稻草和有沒有自己點火，都沒人見到。等大火一起（一個人坐在幾把草上，點火會造成一場大火嗎?），人們〔從寺外〕見到火光，人已成炭化坐相。根據一般火場經驗，用一堆燃料焚燒一個活人，絕不會那麼簡單，不會那麼自然（活人被燒，會滿地亂滾，燒成一身糜爛，幾把稻草，絕對燒不成灰），不會不冒黑烟，不會不倒，不會衣履如生。如果不是三千度以上高溫的核子爆炸，世間的一把火，能這樣不可思議嗎？

這在佛經上來說，這個和尚，是入了「火定」。那把火是不是一場「小型核子分裂」都不重要，但是它必須有無比的高熱才能造成這種景象。

在經文裏，我找到些解釋，來與這件事印證。

佛經上說：三昧眞火，是透過「火定」發生出來的。一個修道者，在定中引發體內核子分裂，把自己徹底化成灰。（雖然我們還找不到它底引爆過程！）

這種「火定」，又叫「火生三昧」、「火燄三昧」、「火光三昧」。經上說，「羅漢」入滅時，多入火光三昧。

「本行集經」說：「——如來爾時，亦入如是火光三昧，身出大火。」

「西域記」三記阿難入滅時說：「——阿難卽昇虛空，入火光定，身出烟燄，而入寂滅。」

「傳法正宗記」解釋「三昧火」說：「——釋尊以化期將近，乃命迦葉：『——以清淨法眼，及金縷僧伽梨衣付汝……』一旦，往句尸那城，右脇而臥，泊然大寂，內之金棺，待迦葉至，而後三昧火熢然而焚，舍利光燭天地。」（釋迦自焚連灰也不剩，但剩很多舍利，現藏世界各地博物館。）

「悲華經」上說：「——若諸菩薩，命終之時，結跏趺坐，入於『火定』，自燒其身，燒其身已，四方清風，來吹其身，舍利散在諸方無佛世界。……」

由此看來，佛經上一些道行高深的大比丘，入滅之時，都是用體內「核子爆炸」來自焚的，不須再浪費柴草了。

——一九八四年四月五日

論「大悲咒」

「大悲咒」，是初入佛門、日常行持表上必經的一堂課。它底全名，是「千手千眼無礙大悲心陀羅尼」；它出自「佛說大悲心陀羅尼經」。

無疑地，這篇咒文，是來自觀世音菩薩的悲懷所付給苦海衆生解厄濟難的一項依怙。

咒的全文，從「南無喝囉怛那，哆囉夜耶」開始，到——「漫多囉、跋陀耶、娑婆訶」爲止，以中國方塊字計算，總共四一六文，八十四句。如果按照梵文原字來計，恐怕不會超過一百五十個字。大悲咒的中國字，是按照唐代中原語音譯成的。因此，它底發音，與今天的國語發音差異很大，但它和閩南、臺灣語音，有極多的同源。例如佛經上最常見的「南無」二字，唐音作「那謨」(namo)，而漢語中的「無」字，便近似臺語中的「mo」。另外，它底咒文字尾，有很多「耶」字，在流行咒文本上讀「ㄧㄝˇ」，但是照梵文原音，應讀如「牙」(ya)字。

佛經上的咒文，本來是不許翻譯的。不准譯的原因，並非它有什麼難言的隱秘，而是譯了之後，便會令持者從知識上反應出一些分別概念，因此，使咒文在修道目的上，打了折扣。像大悲咒，現在已有聖印法師的譯文，其全文除開第四十三句「娑羅娑羅」，是表「五濁惡世」而外，其他八十三句，全是佛菩薩的名號，因此，念大悲咒，也等於念佛菩薩的名號。所以要看咒文的中譯，實在沒有必要。

今天，我們一般人念大悲咒，用國語持，是不合法的。卽使照通行的古音字念，也不算正確。如用國語加注音，誤訛會更多。咒，是佛的心語，本應由「師授」才對。如果能有一位通曉梵藏語的比丘傳授，那就更符原音了。

可是，中國人就是不講究這些，管你古音還是今音，漢音還是梵音，全照自己的母語語音來念。中國人認爲只要心誠，念到八千里外，佛菩薩還是會收到的。既然用這種唯心論持咒，那倒也無話可說。可是，咒，畢竟是梵文寫的，花不應該等於草；能照它底「母語音」來念，我們應該承認，它底音波頻率，才會有接通那八十三位菩薩的可能。照這樣誠心念，感應才更大更速，心咒合一的境界，才有出現的可能。

在目前的自由世界佛門人，念大悲咒，常常是我念的你不懂，你念的我不懂。現在，在臺灣，念大悲咒，最接近梵語音韻的，便是蓮因寺的懺雲老法師。懺公的「大悲咒」，聽起來實在令人感覺他是「念咒」，而不是「念書」，他的咒音，是非常動人、莊嚴、奧秘的一種音聲。

大悲咒，不僅供佛門正課時作爲助道的一環，也不全是你有了苦痛災病疑難，來充作救生圈的。實際上，就有很多修「秘行」的佛門人，是以大悲咒來作爲一門深入的主課，就如淨土宗的「阿彌陀佛」一樣。臺灣地區，像廣欽老和尚、悟明老法師，還有一位無名大德尼，都是專修此咒，而終身不渝。他們的大悲咒，都有極高的境界。

佛門的修道人，我想專修大悲咒者還多，修道的途程，不以多爲勝，而以專爲精，才能由定生慧。

民國四十三年秋天，有一天我在聯合報上看到一篇題名「大悲咒」的散文，它底作者年輕，少不更事；他以一個俗人境界來糟蹋大悲咒，以一個佛法門外漢，枉曲大悲咒。我看到之後，只覺得這孩子太無知、太可悲了。當他迷失在生命的亂流無以自拔時，又痛造口業，強作解人，彷佛他就是理性的代言人，一個眞理的化身。還有更可悲的是，當數年之後，他大學還沒畢業，便以肝癌棄世於臺大醫院。這個人，便是寫「野鴿子的黃昏」、「野百合花」的王尙義。我深深爲這個不幸的青年早凋而悲悼，但我無緣爲一個枉曲高深佛理的無知青年獻上讚禮。

我懇祈佛陀以光加持這些愚痴的靈魂，早出苦海，早成正覺！

——一九八四年四月十四日凌晨一時

論「往生咒」

「往生咒」，是佛門使用最多的一種「秘語」。佛門在「晚課、送亡、超渡……」的法事上，必爲死者、孤魂野鬼，一切亡靈來念誦這一咒文。

咒（Dhārani），又譯作「總持」，因爲它能有「持善法不使散，持惡法不使生」的功能。它底音譯，便是世人熟知的「陀羅尼」。

往生咒，全名「拔一切業障根本得生淨土陀羅尼」，譯者，是南朝——劉宋時代天竺僧求那跋陀羅（三九四—四六八）。簡名「得生淨土神咒」。往生咒，不過是俗名罷了，它通常附在「阿彌陀經」後面，不過獨立使用的機會極多。

「往生咒」，主要是送亡，這是最明確不過的功德。

它底全文一共十五句，五十九個漢字。

文曰：

南無阿彌多婆夜，哆他伽（讀如茄）多夜；

哆地夜他（讀如拖），阿彌利都婆毗；

阿彌利哆，悉耽婆毗，
阿彌利哆，毗迦蘭帝，
阿彌利哆，毗迦蘭多，
伽彌膩，伽伽那，
枳多迦（讀如加）利，娑婆訶！

念咒，要獻出一顆莊嚴至誠的心，不可以「小和尚念經，有口無心」。

念咒，一如念佛，要「口誦心惟」，咒音一出，不令散逸，馬上用兩隻耳朵收回來，納入自己的靈田，自己聽得清清楚楚，沒有一絲雜音，這才功不唐捐。

爲了「送亡」，你必須虔誠用心「觀想」死者的影像，用咒光向他加持布散，心如老僧入定，對方才能得到利益。對孤魂野鬼，對一切有情生命，都要像對待自己親人一樣才成。

同時，你不要爲了念「往生咒」是替別人念的，死者不一定得到助力，就漫不經心。其實，念所有的咒，只要心咒冥合，注力虔念，受益的第一人，便是你自己。佛門的修行，念「一句偈」都能成道。像六字大明咒：「唵　嘛呢　叭彌　吽（Om ma-ni Pad-me Hūm）」，不是一句咒嗎？

只要是正式佛弟子，幾乎沒有不會念「往生咒」的，但是，我們要提醒夢中人的是：往生咒除了定課中規定要念，送亡時要念，助人往生（臨終時）要念，最重要的是，遇緣就要念，例如：你平時不管在何時何地，遇到一切災禍、戰爭場合，見到遇難死者（如車禍、飛機失事、海難、火難、水溺、意外死亡、自殺……一切現場），都要立刻反應，爲那些死者虔念若干遍，直到離開現場。

再者，你平日如看到死豬，死貓，死狗，死老鼠，一切有生命的屍體，都要卽刻湧念往生咒，爲他們超生。

只有如此地悲情湧現，遇緣便念，才能點燃你爲衆生濟度苦難的火種！

天下男子是我父，

天下女子是我母，

一切有情是我的血和肉，

虔誠地爲那些亡者念吧！往生咒！

——一九八四年五月四日完稿

論「虛空藏菩薩咒」

民國四十八年冬末之際，我在花蓮鄉間，定期百天禮佛十萬拜圓滿之後，再發願持「虛空藏菩薩咒」十萬遍，爲時十全天，這是我持誦本咒的開始。

回首前塵，匆匆二十五年，當年三十五歲，而今鬢髮已將全白。

從玆以後，虛空藏菩薩咒，便會從我的意識深處，隨時反應，而不必加以記憶。

爲什麼要持誦「虛空藏菩薩咒」呢？我最簡單的理由，就是頭腦太笨，持誦本咒能「增強智慧與記憶能力」。因爲從那而後，我要爲「沒有根的生活」參加一連串考試。在每次進入考場之時，試卷放在面前，我會默然合掌虔誦咒文十遍，才開始下筆。在平時，我遇到思考上的問題，也會突然反應出「虛空藏菩薩咒」。等到後來我通過了好多次考試，在粉筆與文字慧業因緣之中都與「虛空藏菩薩咒」結不解緣。也因此，虛空藏菩薩咒，成爲我在實踐佛道過程中不定時的輔修功課。

我教學生時，有時也傳授他們念「虛空藏菩薩咒」。但是，這一羣現代人，知識主義的信徒，都像胡適之一樣，誰會相信嚼蛆樣的念咒？

──一種只有佛陀（Buddha）才能究竟本末的神咒力，凡夫俗子會相信嗎？哲學家會相信嗎？搞歷史的人會相信嗎？──彷彿這個世界只有我一個人才持虛空藏菩薩咒，才信仰虛空藏菩薩咒。就是在佛門之內，也沒聽說誰以虛空藏菩薩咒爲功課的修道人。

二十年前，我曾經有過這樣的決定：想把「虛空藏菩薩咒」當作終身行持的主課；雖然到目前我仍以「阿彌陀佛」爲終身以之的歸依之所，而虛空藏菩薩咒，卻成爲支持我思考、記憶以及開發夙慧的奇異力量。

對一種抽象、玄遠而奧秘的事物，長著一雙肉眼的人，是頑石難以點頭的。

「虛空藏菩薩咒」，出自公元四一〇年左右、古罽賓國來的沙門佛陀耶舍翻譯的「佛說虛空藏菩薩經」。

咒語共四十八文，照我的持法，只有八句。

咒文曰：

阿（讀如a短音）禰（讀如女）邏闍（讀如撒）鞞（讀如皮）鈴，
浮娑闍（讀如蛇）鞞耶（讀如牙），
婆奈闍（讀如撒）鞞，
博次娑迷波吒（讀如乍）邏闍（讀如撒）鞞，
他（讀如拖）奈婆邏鞞，

薩多邏伽（讀如茄—gha）邏泥，

休磨（讀如我）休磨，

摩訶伽樓尼迦（讀如加—gā）娑婆訶！

＊　＊

虛空藏菩薩咒持誦的功德，歸納經文所述：

一、勤加持誦，易入一心不亂境界；使獲三昧。

二、勤加持誦，能加強記憶反省能力；增強智慧。

三、勤加持誦，有助觸悟一切高深繁複的知識理念。

持誦本咒方法：能仿照「佛七」方式，誦咒七全天，或十全天，或四十九天，每天不羼他課，專心精持爲前提。平日則每天清晨，起後盥洗畢，恭持七遍。如有早晚定課，可在早課前，先持七遍，再做早課。

至於在日常生活中，不論行住坐臥，有緣卽持，有思考障碍時卽持，此皆不失爲持誦「虛空藏菩薩咒」的要則。

我們須知：

佛家的咒力是透過純誠專意而反應的神秘功能；一個虔誠心無妄念的人，精誠所至，如響斯應；如果一個對佛法如木如石、若信若疑、大膽假設的人，又從何處能產生心靈交感呢？木頭與電絕緣啊！

——一九八四年五月五日恭稿

素食門論

人生如果算作「百年」，我已素食二十五個春秋。

在素食的旅途，我沿途遭遇過坎坷不平的羊腸小徑，也經歷了風光明媚的山青水綠。我明知道，素食對我這個障深業重的人，是一種重如山嶽的負擔，但是在開始時，心裏已有殉道的決心與勇氣，因而能一視無物地通過生活的千枝萬節，才算安定下來。

我素食，爲了抒發胸臆間的「主義」，曾在過去歲月中，寫過「巴巴拉摩爾醫生與素食」、「密勒醫生與素食」、「素食．素食主義者」、「我的素食生活」、「素食寫意」這些極短篇，來爲我的素食生涯「憶芳容」。

其實，我倒是個一生憔悴、滿目蒼涼的生命旅人；對於人生，黃金時代我無緣，但是天賦不屈服於世俗的強烈個性（我外表文弱），使我都能在驚濤駭浪之後，把住了自己最後一關，以釋迦牟尼聖者作爲我的「守護神」。

我素食，絕沒有以此作爲造功作德的意願，我既不求長壽，也不須人憐；我素食，不勉強，不張狂；我是素食道上的自由人。

二十五年之前，我三十六歲，七葷八素什麼都吃。二十年來，透過生活上實踐，感覺素食除了在社會上比較不方便之外，體力、精神與一般人並沒有差別。

我平日工作之後，恢復體力很快。每天回家，休息二十分鐘之後，也不累了。這不是說我無端渲染素食的偉大，而是時間考驗我二十五年了。「可是——素食，除了一般人在『營養』上杯葛佛家之外，在世俗的論調上，有很多宗教這樣講：猪啊，鴨啊，本來就是生給人們吃的，不吃的話，畜生不是遍佈全世界了嗎？我們人都要被牠們淹沒了。這些話，看起來很有道理，但是實實在在很沒有道理。現在，我們的世界——非洲地區沒有佛教，他們被畜生淹沒了嗎？世界上，有許多高度繁殖的生物（像黃鼠狼吧），人類沒有去殺牠、『吃』牠，牠們並未充滿世界。天道很奇怪，有很多族類，常會透過種種方式，轉彎抹角地控制自己份子數量。有些族類，每繁殖到一定的階段，便會自我『緊縮』一次。北歐的一種鼠類、鯨魚，都有這種紀錄。」

素食問題，除開西方宗教鐵定認爲所有家畜，應該被人吃掉，否則猪羊鷄鴨遍布天下。在佛家言，只是在生命價值上，把一切有情，都提到同等的地位，基於此一因素，才告訴我們不要肉食，同時在理論基礎上，「羊死爲人，人死爲羊，人羊互啖」的因果定律，也支持這種素食的地位。老實說，誰不喜歡葷食？葷菜的花樣多，色香味強烈嘛。因此，有些老先生，吃了幾十年的素，到臨死邊緣還要開齋。有些比丘還俗之後，依然大魚大肉，不亦樂乎？況且，你一朝素食，總不能每天上素菜館吧！要上葷菜館，一碗名實不副的清風陽春麵，惹得堂倌們吹鬍子瞪眼，沒有勇氣的素食者，遇到這種景況，連頭都擡不起來。

今天，我們學佛人，要考慮的，不是素食方便不方便、好吃不好吃的問題，而是原則與世俗是否衝突的問題。如堅持原則，就不要考慮世俗之見，以及自己的「口腹」。要素食便素食，不素食便不素食，今天號稱信佛的人上千上萬，素食者卻不足百分之一。這是「意識」決定「存在」，與別人無干。釋迦並未強迫任何人素食。很多老居士學一輩子佛，看起來專一又虔誠，就是離不了葷腥，並且無肉不下飯，但是講起道來，卻天花亂墜。反過來說，大家都素食了，但是你的心比肉食之輩還骯髒，素食又何用？你嘴裏不殺生，心裏殺生，沒有意思。素食不素食，是一種「人格完整」的行徑。如果出家，你沒有選擇。中國佛教原則是如此。佛法到日本、韓國一變；娶妻、食肉，連鈴木大拙禪者，也是。日本的「比丘」、非比丘，住寺作住持，實在是「心淨口不淨，道淨身不淨」。日本佛教的學術夠偉大，豈奈「素食何」？今天「素食的佛教」很可憐。純素食，已經危險到只剩臺灣、香港、星馬、菲律賓，以及美澳等地零星的中國籍法師和在家居士了。可見人類堅持原則是一件多麼「艱難困苦」的事。

「素食」者會短壽嗎？早被醫學家否定了。壽命與素食無關。但是你過份刻苦自己，做「苦行僧」，也許有點影響。可是很奇怪，苦行僧倒是長壽的。

再說回來，原始佛教、南傳佛教、密宗佛教，都是非素食的。佛法到東方來，中國人是第一個佛教的素食主義者。日本人把佛家的獨身、素食主義打消了，穿著出家的僧袍，蓄妻子，但是莊嚴的佛家生活也壽終正寢了，這與高度的學術成就，得失之間，是千秋難定的。不過我覺得：中國佛教已經淪落了。它們已受到日本佛教負面的強烈汚染。以前中國寺院，從無比丘與比丘尼雜居現象，觀之今日中國佛教寺院，只住單一比丘或比丘尼的已經很少？而嚴守比丘不爲比丘尼剃度、比丘不以比丘尼爲灑掃侍護的又幾希？——流風所至，歷史之變轍，能不令人浩歎？

過去，大陸佛教有心理上的約束，比丘只爲比丘剃度；比丘尼由尼師剃度，在戒律上才有「清淨」的憑藉可依，否則，這種隨緣，是否犯戒，已有問題了（經云：釋迦曾爲姨母大愛道等比丘尼剃度，因當時沒有比丘尼，是從權措施，此後，則不容續作規範。）今天，能找一間「清淨」的寺院，已經很難，惟一例外，卽是「一個出家人一個廟」。佛經說：末法時代，就是這個樣子。佛法走下坡，最後連比丘也沒有了。其次是居士傳法，接受弟子，一如出家人建立法系，比丘拜白衣，佛經之寓言，都一一出現在我們眼前。佛陀透過慧眼，親證境界，看到宇宙無限長的未來所發生的事，看得人不寒而慄。釋迦佛能說什麼——法爾如斯。看過許多經典，以及戒律學的書，才覺得人心之可怕！但是，請記住，這是「世間法」的常態。今之僧寶無辜，我們不要以爲某位法師的寺裏住着比丘尼，某位法師爲比丘尼剃度過，某位法師隨侍者是女人，就生輕慢心，要知道，這是形勢，個人在這一末法時空之壓力下，是大海的浮漚，連釋迦佛自己，也要慨歎衆生難以盡渡；如果你眞能力挽狂瀾，重建佛門興廢，那你就是一時之聖了。

信佛的人，尤其我們在家居士，要將「信仰」與眞理活用，而不必以出家或素食問題，作爲一項心理障礙。另一點要知道的是，釋迦牟尼當時在雪山修道，並未以「絕對素食」爲惟一生活方式。因爲印度很熱，當時的比丘們都是過午不食，寺裏也不蓄糧，多是淸晨出門托鉢，乞回來的飯菜，不一定是純齋菜。因此，原始佛教純素食問題並不嚴重，他們只是不殺生，而他們遵守的是「不是我殺，不爲我殺，我不見殺」的三淨原則。佛經上告訴我們，「素食」是一個佛弟子堅持修道的起碼條件；而人心不淨，念頭不斷，卽使勉強素食，要想把自己的境界，提到「佛土淨」的水平，是有問題的。「素食」，是一次「考驗」，一項「水到渠成」的行爲，不是情緒衝動的後果。西藏蒙古「活佛」（當然不一定是得道的「活佛」）牛羊肉什麼都吃，那麼他是不是永絕金剛法界之路呢？這我不知道。我只知道他們的地域難爲純素，等到他們離開那山高冪寒的荒涼之地，也就想不起素食了。卽使他會念咒爲死者（他吃的那些）加持，又何補於物我同悲之理呢？

一個人旣立志學佛，生死都可放下，又何況乎「素食」這點小事。你爲素食而發愁，又偏要脫離苦海去學佛，恐怕也學不出什麼道理來吧！

像西方人——蕭伯納、鄧肯、密勒，甚至甘地們素食，他們另有一番解說，道不同不相爲謀。我們不必去西化自己；一貫道、五斗米敎、同善堂，這些中國雜神敎也素食，他們是撿佛法的牙慧；只有以佛法來「立命」的釋迦牟尼座下善男子善女人，素食對他們是整個佛道上的小事，卻是學佛人的第一關。

我們莊嚴生命，不可隨俗，大道當前，羣魔讓路，還有甚麼比素食更爲嚴肅的事？

——一九八〇年元月十日　成稿

——一九八五年元月二十日修訂

論「十纏與八風」

〔十纏〕

佛學裏，有一種「數字形容詞，加上名詞」結合而成的術語，稱之爲「法數」的這種「專有名詞」很多；多到千萬條，多到能彙集成典。例如「大明三藏法數」、「教乘法數」、「佛學名相彙解」都是，研究佛學，離不了它。

「十纏」，是「佛學海」裏的「法數」之一。「十」加上「纏」，便成一個佛學專詞。「十」，就是十項、或十類；「纏」，是「纏縛」。「十纏」，意思是有「十項能纏縛衆生，使之無法獲得身心自由，難以解脫的心理障礙」。

佛家把一切現象總體裏的每一事物，稱爲「一法」；但統言起來，則稱爲「萬法」；萬法的本體，稱爲「法性」，世間衆生所造作的善惡行爲，善的稱爲「善法」；惡的稱爲「惡法」。十纏，就是屬於「惡法」中的一種，不過它比較消極而已，可是它對衆生控制的力量，卻非常強大。

這「十纒」，就是「無慚、無愧、嫉、慳、悔、睡眠、掉舉、昏沉、瞋忿、覆」，這是「俱舍論」的說法，而「大智度論」則訂爲「瞋、覆罪、睡、眠、戲、掉、無慚、無愧、慳、嫉」等十種。兩論的差異在前者「睡眠、掉舉」爲結合詞，又多了「昏沉」一項；其他各項詞意均大致相同。今按「俱舍論」逐項解說：

一、無慚：就是對「自己已犯的過失沒有懺悔、反省的心」；

二、無愧：就是對「自己犯過、害人，沒有歉意、沒有羞恥心」；

三、嫉：就是「嫉妬」，別人爲善、有成就，不僅不願贊歎，反而忌恨、破壞；

四、慳：就是爲人吝嗇，視財物如命，拔一毛利天下而不爲，吝於布施；

五、悔：就是「自己做了事以後，稍有缺失，便懊惱不已，形成一種病態，自我折磨」；

六、睡眠：就是貪於睡眠，過於懶散，不知振作，時間在貪愛睡眠中流走，不能精進道業；

七、掉舉：就是爲人虛浮不實、坐立難安、難得定下心做好一件事，何況修道？

八、昏沉：就是爲人精神萎頓、昏昏迷迷、失魂落魄，終日彷彿沉入精神不集中狀態；

九、瞋忿：就是瞋恨心重，無明火高，愛之欲其生、惡之欲其死，沒有悲心，是「三毒」之一，墮落的要角；

十、覆：就是「蓋覆、隱瞞」，意謂「掩藏自己的罪失，不能聞過必改，不知祖陳己過，養癰貽患，心地晦闇」。

佛學對人性分析得極爲精細、透徹，「十纏」不過是衆生身心所產生的許多「惡法」之一項。衆生「心」作繭自縛，才產生出這麼多負面的心理現象及行爲動向；在生死瀑流中，一日不得出離，便要不斷地「纏」下去。

生死相纏，男女相纏，人我相纏，冤親相纏，愛恨相纏，是非相纏，善惡相纏，好惡（ㄨˋ）相纏，美醜相纏，色空相纏，心物相纏，天人相纏……這張生命的網，越纏越密，越纏越深，越纏越陷，永無出期！

纏，纏，纏。

〈八風〉

「八風」與「十纏」一樣，都是佛學上的「法數」；所謂「風」，就是形容這八種東西能「煽動人心」，使人迷卻本性，忘失自己面目。

「思益梵天所問經」（卷二）說：「利衰及毀譽，稱譏與苦樂，如此之八法，常率於世間。」

「利、衰、毀、譽、稱、譏、苦、樂」，這八種東西，佛家把它形容爲「風」，眞是形象太「鮮明」了。由它，我們不免想到剛刮過不久的「韋恩颱風」；這八種風，不一定馬上對你造成傷害；可是，它會長期造成禍害，猶如癌症，腐蝕你的靈魂。比起「颱風」焉有遜色？

現在分項加以解析：

一、利：事事處於順境爲「利」；

二、衰：（讀作ㄙㄨㄟ）事事處於逆境爲「衰」；

三、毀：在人後打擊別人、誹謗別人爲「毀」；

四、譽：在人後受他人贊美爲「譽」；

五、稱：在人前贊美他人爲「稱」；

六、譏：在人前爲他人尖刻諷刺爲「譏」；

七、苦：衆生「身心受逼」爲「苦」；

八、樂：衆生「身心愉快」爲「樂」。

這八項能使人樂、使人惱的風，「利、譽、稱、樂」，屬於順心之事；「衰、毀、譏、苦」，屬於違心之事；所以「大智度論」說：「四順四違，能動物情。」

這八件事，說起來雖平平淡淡、沒啥稀奇，但有幾個人面對它能不動心呢？有人贊美我兩句，心裏馬上與奮得六神無主；有人挖苦我兩句，又馬上要豁上老命；心情快樂的時候，認爲人生莫過於此；心情痛苦的時候，又覺得萬事灰心絕望。這八個字，彷彿是衆生心靈上的天平，只要有一項當作「砝碼」放上去，另一端立刻就跳將起來，人心的波濤因之而起伏高低，人，眞是經不起試煉的動物啊！

因此，能經得起「八風」檢驗的，而又能夠「不動心」的人，試問有幾個呢？

由此可見，「聖賢」實在是「難爲」了。

佛家修道，就是要「不動心」的，就是要面對「八風」如老僧入定——你能嗎？

寒山子詩云：「寒山無漏巖，其巖甚濟要；八風吹不動，萬古人傳妙——」這是寒山子的情境，而蘇東坡卻辦不到。

古往今來，能覓得幾個不爲「八風」所動的人？

——一九八六年八月廿三日臺北

一朝春盡論紅顏

昨日，在醫院「心臟血管科」候診。

到這裏，才發覺「老病死」是格外地鮮明、觸目。

一座候診室，坐着幾乎近兩百病人，濟濟一堂「垂危垂老」的生命。沒有人講話，沒有歡顏。環顧四鄰，也竟然沒有青年，每個人都似一包包陳舊的衣飾，萎縮於冷冷的坐椅之上。

一張張漠然無情的臉孔，一頭頭零亂而蒼然的白髮；老婦多於老翁，咳聲偶然刺破沉默的空間，診療室的門上，閃着叫號的「電動指示牌」；出來一個又補入一個，在人生之「病途」交替，其形色在匆忙中帶幾分寒傖，雖然一身虛浮之胖亦無補於健康之沒落；這裏除了閃爍在人們臉上一項面臨死亡之疑畏，所剩只是殘餘的生命價值。

「痛哭六軍俱縞素，冲冠一怒爲紅顏。」（吳梅村詩）

在這裏，沒有這種「紅顏」會驚天動地，有人爲她一怒。

沒有。這裏的女子，已是紅顏之母、之祖、之前身、之殘景、之餘唾……。

爲「我的愛」（楊惠珊主演之電影）「受苦受難」的三位證人（張毅、蕭颯、楊惠珊）如果他們來日有緣到此候診，必然會驚覺於當年的情海而今已成爲冰河。

——在等待護士叫號，百無聊賴之際，人羣中排列着這樣多破破敗敗拖拖沓沓的老年女子，其中有的手上仍然帶着凝碧翠環，頸上掛着了無光澤的黃金項鍊，但卻怎麼也放不出她們「碧姬巴杜」的青春光華。那些金玉珠翠，只能說明的是「一項無奈的添加」。

皮膚鬆散地贅在頷下，欲死的秋波暗淡而迷離，嘴唇嗒然無力地微張，因此經過人工塗抹的那一層薄薄的唇膏，其顯示的如同最後一日之修飾。

「紅顏」。這些女子，當青春意氣風發散佈在她們體內之時，「紅顏」也曾在她們血裏、肉裏留駐——就在昨天。而美的嬌媚，今已無影無踪。

當年她們都曾「愛過」「戀過」「恨過」「糾纏過」，那都已是古井之波瀾，不復再起。

「胡茵夢」「崔苔菁」雖然都曾爲她們生命鍍過光彩；「崔鶯鶯」「林黛玉」也曾在她們身上寫過情愁，但往事那堪回首？

候診室裏不見少年人，紅顏已老。

驀然憶起「黛玉葬花」那最後兩行絕唱：

一朝春盡紅顏老，

花落人亡兩不知。

——一九八六年十一月廿六日

「心臟血管科」，再見！

——一九八六年十一月廿六日

抉目品

論佛門無忌

人生之大忌，與自然生態環境之衝突有極大的關係。凡與自然、戰亂、生態不會發生衝突，因而導致個人災害可能發生的景況時，便不應該再製造「禁忌」。

「禁忌」這種事，每個國家，每個民族，每一地區，古今皆有；「禁忌」亦如「神話」，完全是基於民智未開，對自然現象無法了解，所產生的一種恐懼心理；這種心理一旦「約定成俗」，便成了民間不成文的「心理障礙」。其實，天下的忌諱，有百分之九十以上，是「莫須有」的自我作踐！

西方人忌「十三」、「星期五」，試問這有什麼理論根據？因此，這種「忌諱」到開放的文明展現，現代人已沒有幾個再理會這種「鬼事」。

中國民間最普遍的忌諱，是「出門遇到烏鴉叫」，請問世界上那一種鳥不叫？爲什麼烏鴉叫就晦氣？

再者中國過年，忌諱「打碟子碎碗」，忌「童言婦語」，忌「死」話，忌「白」，而現代人復了古，並發揚之，連「電話、門牌」號碼都忌諱「四、五」，因爲它與「死、無」偕音，我的老天，我們不要活了好不好？做人爲什麼這樣痛苦？

中國文明演變到這種地步，你說可悲不？中國文明難道就是一部「中國歷代禁忌史」？如今天下大行「禁忌」之道，凡與「風水、星相、死、倒霉」有「關連、暗示、偕音」的事物，一概都「忌」，這是中國人的什麼「智慧」？

禁忌的本身，是一種「緊箍咒」，只有棄除「緊箍咒」的人，心靈才能坦然無罣無礙。所謂「萬法唯心」，「壞話說了一千遍」也成了眞理，結果在心理上自己搬磚頭砸自己的腳。可見「禁忌」這種東西，實在是愚昧之花，結的黑暗之果。

「思想開放」，有助於面對現實；彷彿陽光可以消滅黑暗一樣。禁忌越多，引發的「問題」越多，自我「障礙」也越發強固；「心理恐懼面」也就越大；結果弄得疑神疑鬼，直到「Hysteria」而後已。

世間眞正的智慧，偉大的哲理，沒有禁忌。除了抵觸社會道德規範，以及天然災害與戰亂頻仍時爲了安全起見，應該去「趨吉避凶」之外，當文明之光普照之時，我們實在沒有理由把先民的愚昧，延續到現代社會上來。

一切有為法，如夢幻泡影；
如露亦如電，應作如是觀！

「金剛經」之不愧爲「金剛」經，就在於它能在「智慧的層面」上，消滅一切人心之「僵化」，把「死亡」當作「平常法」，作如是觀，還有什麼「忌諱」！

——一九七九年十一月十九日

論佛法與人情

佛法與人情，本是兩相逕庭的東西，如果有人認為「佛法不離人情」，那就是絕大的錯誤。

我們反觀古今高僧大德，無不「門風嚴峻、不假顏色」；遠者不論，試看近代幾位高僧，像印光大師，不管對僧對俗，問學問道，動輒疾言厲色，棒喝交加；甚至對當時去求教的弘一大師，以及初次見面的哲學家李石岑也是如此。他才不管你是那一方的神聖！像弘一大師，律身之密，律己之嚴，不蓄鬚徒，不居住持，不接供養，到處雲水，今天人那裏能及？虛雲老和尚，萬里一衲，大開大闔，落腳便住，放下便走，生平目不視三尺之外，四時如入禪定，今天那裏有這等「老實漢」？太虛大師則另有門風，學者如百川歸海，智慧如長江大河，而終不入流俗，不作應酬，一生以興革佛法為職志，其海濶天空之胸臆，八宗皆收，萬類俱融，終為一代宗師。

古德云：「寧願老僧墮地獄，不將佛法作人情！」

只有此等人，才能在「佛法」與「人情」之間，劃清界限，才不為光影門頭，混作活計；一生特立獨行，光風霽月，來得灑脫，去得自在！

我們環顧今世，欲找一「狷介不取，持身如玉」之俗人，已如龜毛兎角。而佛門之內，以寺廟爲營身之所，以緇裟爲招搖之樹，以佛法爲納垢之衣；佛陀的家當，成爲進退逢迎之階石；繁華的世界，形勢比人強，風氣愈糜濫，而佛門的作爲亦每下愈況。今天拜廟求神者多如過江之鯽，但是人心則愈壞；因爲他們所需求的多爲自家的欲壑，個人的名利；而在人我之間，只見一利，不見生死。今天信佛者亦相對增多，但能不爲己謀、舍身衞道者，更如晨星。

試問臺灣縱有四萬八千神壇，四千八百佛寺，偷還是偷，搶還是搶，賴還是賴，殺還是殺，人人求的是自己「吉凶禍福、妻財子祿」，對家國興亡有何補？與佛法興替又何關？

舉世滔滔，神爲人奴，佛爲人役，上天沒有降之奇殃，已屬倖事，要說是因「求」而能「得福」，眞是天下奇談！世人只知想盡辦法找佛菩薩、神鬼的麻煩，他們沒有想到佛菩薩不是那麼好騙，神鬼也不是你的掃把，任你去掃金掃銀、掃垃圾、掃糞尿。

一個人「無我」才會「有我」；「放下一切」才能「擁有一切」；爲了自身的吉凶禍福，不必向外求，不必問休咎，問你自己那位「靈山寺」裏的小如來好了！佛法裏摻了「人情」的渣滓，就難免老鼠糞搞臭了一鍋粥，大家都別吃了！

——一九八〇年二月十日

論「佛門澹泊，收拾不住」

——一九八〇年二月十日

中國思想史上，自魏晉南北朝以後，玄學之風盛，終致形成「儒門淡泊，收拾不住」的殘破局面；迨至盛唐，韓愈「文起八代之衰」，以孔孟而來，「舍我其誰」的使命，「文以載道」，來收拾儒門的不幸；因此，宋明理學，假隋唐儒學之餘暉，繼韓文公直承孔孟之衣缽，拂衣而起，建立其民族本位的中國儒門模式；忽忽千載，邇來西風破戶，理學家又面臨第二次的覆亡之挑戰；中國知識份子，於深究「儒門敗落」而導致中國情境每下愈況之餘，才導致「新儒家」代之而起，由王船山、顧亭林爲其遠源，有梁漱溟、熊十力、張君勱爲其主流，到最近的唐君毅、牟宗三、徐復觀等護法輩出，在思想上，逐漸與佛門合流，在神州以外的「中國遊子」，彷佛又看到先賢的霞光，來照耀門楣了。

佛門之內，在魏晉南北朝間，正是輝煌的「新生」時代，西來的巨擘，光蓋中天；而中國龍象，則如明珠出海，順勢至隋唐，禪宗崛起，一花五葉，綿衍十州，元明之際，才始見衰相；而「佛門破落」，已見端倪。民國初時，由於高僧輩出，慧燈再舉，誰知中國歷史之積業已深，馬列主義的洪水傾瀉之下，「是儒是道，爲佛爲墨」，瀑流過處，都成枯骨。

而今的中國佛教思想界，彷彿一個人的五臟已挖空，只剩下裝着金的軀殼，長夜闇闇，四顧茫茫，何處是行遍地獄、救渡衆生的「地藏菩薩」呢？又那裏去找一個乘願再來的「曹溪慧能」呢？

「佛門淡泊」，到今天眞正是「收拾不住」了嗎？

儒門的沉疴已經挾佛門的破落，而一同進入中國精神的絕境。這眞是中國歷史的不幸，若果眞如此，那麼世界人類的浩刼，也將迫在眉睫了。

試看流離海外三十年的佛門，在粉飾門楣的工作上，看起來總給人誤解，一種彷彿是百花齊放的景象。其實呢，在整個思想與實踐兩方面，都給人以風燭殘年的暮景之狀。透過緇門來說，年輕的高級知識份子缺乏介入精神，而五十以上的耆宿，在法業方面，都自顧不暇；而本身的主觀因素，也限制了傑出者踴躍投入的勇氣。思想的眞空，則因人爲的條件而形成；而人爲條件，復又造成歷史的「再陷」，最後終致天下緇衣，盡是女性，而比丘之寥落與形單影隻，則使莊嚴的僧界，變成一種世相可憐的象徵；如果任佛法之承傳由比丘轉到白衣手上，恐怕不出半個世紀，佛教便要完全自地球上消滅。

在「思想」之外，更形重要的是「實踐」；我們無法深入每一荒山野寺去參訪沉潛於實踐工夫的世外高僧大德，究竟有多少？我們要知道，實踐佛道的工夫，才是佛法再興的眞正根源；有了一個悟道的高僧，可以抵得上一百個一千個講經論道的法師；一位佛教思想家，超越過一百個一千個佛教的文字禪。

今天，有多少傑出青年立下宏誓悲願，要披剃佛門，渡盡衆生？而佛門之內，又有多少人，閉門大死，步履蕅益智旭大師的後塵，立誓「念佛不成一片」，絕不誤盡蒼生？

唉！要想「佛門收拾得住」，端看我們佛門碩彥，如何來舒展您天空海濶的胸襟，來接納未來的僧寶，成全下一代的思想家了。要想佛門不再「淡泊」，則端看我們佛家兩序，如何放下身外之物，把一切力量投入遠程的佛法的開展了！

人生百年，黃粱一夢。人我之際，放下它罷！一切的恩怨，都讓它灰飛煙滅。

——民國六十九年三月十五日午時

論歷史上層結構

「歷史」是人類生命的痕跡，是無限的「人物經驗」；由這些「經驗」提煉而成的「精品」，則通至「歷史人物」，由這些人物的行爲，構成「歷史建架」。我們稱這些支配歷史的人物爲「歷史上層人物」，稱他們的行爲構架爲「歷史上層結構」，以別於「歷史下層結構」。

而代表「歷史上層結構」的那些人，不分黑白，第一級是「思想家」，如老子、孔子、韓非、莊子、慧能、朱熹、王陽明。第二級是「歷史家」，像左丘明、司馬遷、班固、司馬光。第三級是「政治領袖及政治家」，像管子、秦始皇、董仲舒、漢武帝、王莽、唐太宗、王安石、曾國藩。第四級是「科學前驅」，如墨子、公孫龍子、張仲景、張衡、李之藻、李時珍。（可惜中國沒有伽利略和牛頓、愛因斯坦。）

由這些歷史尖端人物支配的，正是「江山代有人材出，各領風騷數百年」的文化區段。他們帶動了歷史、修正了歷史、改變了歷史。如果歷史上層結構不健全，那麼這條大而無當的時間船，就只好擱淺或搶灘。它底結果是什麼呢？——是使歷史陷入黑暗的泥淖。

中國歷史上層結構到南宋以後，已經脫榫、龜裂、傾圮；光靠理學家朱熹、王陽明是救不過來的。到明末雖有顧亭林、王船山，成爲強弩之末，已無振奮刺激之力。

而歷史下層由於其上層支架已經傾仄，所謂樹倒猢猻散，中國之命運如何，也就可以想像。

歷史上層結構之脫榫，是一項「文化積層」的創傷。西方共產主義能在中國形成浩刼是由於中國本身腐化形成的一種固態心理作祟，靠幾個清教徒派的知識份子來罵陣（像胡適之吧），是產生不了什麼大用的。大家都「恨水不結冰」，而自己卻跟着往洪流裏跳，不歸楊便歸墨。這不是悲劇而何？中國歷史上層結構發生病態是「因」；共產主義的災難，是北宋以後自己點滴培養出來製造的「果」。唐宋以後中國歷史下層再經不起腐爛了，而上層結構無法挽救這種局面，於是一千年後毛澤東主義有可用之機。

毛澤東本身是一個中國知識份子（他參加過「少年中國學會」），他就是一個「恨水不結冰」主義，由於這一點欠悲心，使他由最右邊轉到最左邊，終於使中國歷史沉陷。

歷史上層結構那一環弱，那一期層缺乏活潑潑的生機，其後果便延伸到後幾百年至幾千年。其實孔子精神到韓愈已奄奄一息，代替它底是改形的東西，卒難援救其危機。

歷史的因果問題無法借道，也無法逃避，一切都自作自受，一切宗教神都如同紙人紙馬，愛莫能助（神越多，問題越大）。歷史之再造，惟其該從創造歷史活潑之生機着手；歷史上層結構之僵化，只有使歷史這一層地殼，陸續沉陷。

——一九八〇年十月七日

論歷史人物興替

「江山代有人才出，各領風騷數百年。」是趙翼論詩的名句，也是他「論人事」的名詩。依照趙翼的「人物歷史觀」來看，歷史上就從來沒有過「千軍易得，一將難求」之憾事！其實，從歷史的斷切面觀察，很可能在某一時代無拔俊之材，如從歷史縱切面加以盱衡，則造成歷史的，還是那些「不盡長江滾滾來」的三國周郎。

我們今人每有「前不見古人，後不見來者」之懷舊幽情，而古人又何嘗未曾如是？人在歷史的空間，只是那一點點，用如豆的雙眸，搜尋漫長的歷史上的人傑，又能得幾何？但是如果你將歷史加以濃壓，那麼數千年來的「孔孟朱程、秦皇漢武、諸子百家」，不都是同聚一室了麼？相反地，你如將歷史拉長，從釋迦到六祖慧能，是一千二百年，從六祖到民國的虛雲和尚，又是一個一千三百年，這樣地看來，佛教的禪宗，當眞沒有幾個「龍象」了。其實歷史人物之地位有其層次，而人物之出現，復有其機遇；因此吾人當不可以「天平之砝碼」之手眼，來斷其興替。

我個人深深感覺，就歷史之形勢說，滾滾長江東逝水，英雄自必逃不過被浪花覆滅之運命；如就生生不息之衆生根器而言，「江山代有人才出」，它對眞理的肯定，卻是應毋庸議的。因此，我們毋須對僅僅佔有刹那時間與方寸空間之人物，來承擔超量之憂慼；那是生命因果業緣之大事。

今天我們偏處於海天之一隅，而透過吾人尙未修成正果之肉眼看千百年之歷史，又適逢地球千萬年間難逅之變革，錯歎歷史之無人，得一披雲手之不易，眞是錯怪了「歷史」。

須知從沙裏淘金，無論如何沙與金是無法成正比的；此亦如一千個禪師裏，能有一個禪師悟了道，已是龍天開眼，那麼對那九百九十九個未悟的禪和子而言，也畢竟是他日之佛種，我們身爲這個時代的薄地凡夫，能有此種器度，又夫復何恨！

蘇子瞻的「觀潮詩」描寫得妙：

盧山煙雨浙江潮，
不到千般恨未消；
到得還來無別事，
盧山煙雨浙江潮。

透過歷史的眼光來看這首詩，歷史人物就是如此這般地興替起滅，「起滅興替」是常法，也是「無常」之事。但在「無常」中自有「常」在；常與無常，畢竟同體。

我們之視未來的人物，事實上亦猶古之視今，「後生可畏」，不盡長江滾滾來！

歷史是一股洶湧不絕的漫天浪潮，歷代人物在此中與泡沫共沉浮，前浪接着後浪，白髮漁樵，道不盡逝水之情。

撫今追昔，有情與無情，共此一局，依然耐不住要長歌一嘆——廬山煙雨浙江潮！

——一九八〇年十一月十日

論儒家意識形態

讀牟宗三教授於一九八〇年七月二十六日在韓國漢城「總統飯店」內，由韓國哲學會舉辦的晚餐座談會上的答客問——「文化哲學之承傳與恢弘」一文，對中國新儒家的意識型態，益有所肯定；而牟宗三先生的光明磊落的儒者胸襟，比之韓愈、歐陽修、司馬光等之民族狹隘心性所表現的「護法精神」與誣衊佛法的態度，已不可同日而語，因此，吾人益信新儒家之文化意識，無論如何已修正了「先賢」的心理缺項與界定了中國儒家文化永遠的使命！

牟宗三先生在答覆韓國成均館大學儒學系教授柳承國所問「儒家經典將來之權威性及其注釋之新方向爲何」一段文字裏，有這樣幾句話：「——我們根據儒家傳統從文化生命看，不但（儒家）反對共產主義，同樣反對其他教派來侵奪、篡改中國傳統、文化生命。卽如佛教的力量那麼大，總取代不了儒家之正統主流的地位。佛教比較客氣，它也不要作主流正統，而只作旁支，作個附屬作用就可以了。但現在不僅是佛教的問題，還有天主教、基督教的問題。信仰自由是一回事，固然不能反對，但一個國家總有其文化生命之方向、主向，這又是另一問題。……」

這幾句話，可以代表整個新儒家的「文化宣言」，與從韓愈以來的儒家「意識型態」；然而近代新儒家，尤其到牟宗三教授這一層次，在其思想領域裏，已逐漸接納了佛家，且同時進行「整合」，可是牟先生在引證程明道的文字中又排除了佛家的「倫理」一面：程明道據「敬以直內，義以方外」（坤文言）這兩句話來評判佛家說：「他有一個覺之理，可以『敬以直內』矣，然無『義以方外』，要其本亦不是。」這是程顥順便承認佛家可以有「敬以直內」（清淨內在的工夫），但無「義以方外」，所以其「直內」之本，總歸亦不是。——這說明了儒家承認佛家的實踐——完成自我的內修，但因爲佛家的目標不在「治世」（以性理爲是非標準以方正外部之物），在倫理上找不到註腳，所以它底「直內」也錯誤了。

牟宗三先生是近代新儒家對佛學有深入研究的極少數學者之一，我們相信，他在內心裏，依然走程明道的路子，但是比較圓融一些、開濶一些。我們要了解，程明道說的「直內與方外」，在佛家的實踐生活中是一回事；沒有直內，焉可方外？「義以方外」，必須有「敬以直內」之清淨心，既以「敬」爲體，則以「義」爲用，心物既是同體，就不該有打爲兩橛之說。

儒門以「性理」（宋儒之說）爲是非之標準來方正外部之事事物物，試問這個「性理」是什麼？它落實在何處？儒家的性理與佛家的心性，以何爲分野？雖然儒家之成聖成賢與佛家之成佛在生命意義上，其理境不同，但是指的「光潔心境」（完成人格）上沒有分別。朱子的「使心凝聚不散亂——」就是道德意識中的「敬」，就易於表現「性理」；而佛家的「除妄心證眞性」的「使心純一不亂，當下清淨」，就不是道德中的「敬」麼？它就不能表現「性理」麼？不能「義以方外」麼？

我們總是覺得儒家之排佛，有許多地方太牽強，而無義理上之必然是非，只是「護法」而已。中國須要「儒家文化道統」，佛門自始也沒有取而代之的意思；但是佛典的義理深浩，是儒門也承認的，怕是受不了佛理的沖擊，而使得儒家運用超角度的防衛，這是千年來正統儒生的一貫心態！

我們必須認知的是：儒家與佛家對生命的責任，尺度是有所不同，而且方式也迥乎其異的。但是佛家思想並不妨礙儒道之運行；中國許多高僧大德，也多出身於碩儒；其實出入儒佛，是毋需口誅筆伐的，既然有一個成聖成佛的目標在，而一切的門戶執着也該放下了。

自民國以來，熊十力、梁漱溟、張君勱先生，都是儒佛兼修，他們都從佛家得到好處，但他們不失為新儒家靈魂人物，迨至晚近，錢穆、唐君毅、牟宗三、徐復觀先生宏揚儒學於自由世界，氣度恢弘，亦足為儒家喜！

觀乎近代佛門大德，潛慧韜光，消脫塵迷，開闊眼界，在遮撥葛藤方面，實是新儒家所不能及，但對義理宏揚，與學術闡發，則佛家又瞠乎其後，這難道是末世之哀歟？

——一九八一年元月七日成稿

論宗教上層結構

一種宗教，如果僅僅有了「儀軌、祭典、宗教神、經典、信仰羣」，還是不夠的。這種具備「下層結構」的「神」的崇拜，它底肇始，一是基於原始先民對於「自然」崇拜之遺留，而演化爲「無條件信仰」；一是基於人類對於古聖先賢、英雄俠烈之嚮往而蛻化爲民間之追遠儀式；這兩類低層信仰，都可以從世界各地民間崇拜中找到煙雲。我們展開眼簾，觸目皆是的「媽祖、王母、天兵神將」之崇拜，都跳不出以上兩者的範疇。民間對媽祖的熱烈信仰，毋寧是對林默娘的高度同情以永思。

宗教神之靈與不靈，是完全決定於自己底「心」之裁判，與神之靈與不靈，缺乏絕對之相關。

一切宗教的「技法」，像「讖、符、降神、乩文……」之寓言，其水平是無法通過考驗的。而且它底解釋，則完全決定於解釋人的心態與知識反映。如果讓一位哲學家能輸誠傾服，那等於在石頭上注射血漿，是無處下針的。

一切缺乏上層結構的宗教，只能迷惘缺乏高度思辨力的下根羣衆，而對於智者則是一籌莫展的。此之爲宗教上層結構之重要性與永恒價位！

基督教自中古發展出「神學」，成爲近代耶穌崇拜者的救生圈，他們在思想上得以有所攀附，進而使他們的「聖經」能打入學術園地，建立一種研究系統，其生命也將不因文明光芒愈烈而化爲灰燼。

中國之道教，自魏晉南北朝以後，從老莊「移花接木」，作爲它底上層建築，可是它們底「移接」力量太鬆弛、太薄弱；老莊思想，不論道教的丹士們如何接焊，也無法把道家玄學連根移植過來，而它們到唐以後所遺留的，僅賸下呂純陽一支信仰。中國道士的高髻，而今在中國人的頭上已看不到痕迹了。道士們以他們「三花聚頂、五炁朝元」，「聖嬰出竅」的神話，再也引不起衆生的情味了。中國民間如果沒有呂洞賓，道教恐怕早已灰身滅骨。而張道陵那一「三清系統」，而今亦已問津者尠。

宗教的上層結構，是宗教的神經中樞與生命力素，沒有上層結構的宗教，不能稱之爲宗教，我們只能尊它爲「民間的諸神崇拜」。諸神崇拜，是一切人類的自由意願，而缺乏一種追求眞理的智慧抉擇之精神！

佛家思想演進到今天，它底上層結構已有逐漸轉移爲「純義理」傾向，而撇開它與下層建築接榫的牢固性，這是頗爲令人杞憂的！佛教，自釋迦以來，其上層建築，便發展得極其強韌；其義理思想之綿密，其「苦空無我、緣起業感」之理論體系之森嚴，恐怕絕不是那一種人文科學可以望其項背的。因此，它可以通過任何嚴格的知識考驗、思想抉擇、眞理之洗鍊；也因此，它形成爲一種超乎哲理之哲理，而單獨成爲一門「佛學」。又由於它以「實證」作基礎，得使其上層結構獲得科學上的支持，而在此處，使皈依於它底有情生命與它底上層關係能融爲一體，職是之故，使它與一切「神道設教」，便有絕然的分野了。

在智者眼前，佛光才會照耀；因釋迦拈花，迦葉才會破顏！

——一九八一年二月十日

論「自由、平等、人權」

在這裏，我要說的不是目前國際間「狗皮倒灶」的甚麼「自由、平等、人權」。我要論的是——佛家思想裏悲天憫人的「自由平等與人權」。

佛法，是天生的「自由主義」者，它底最終目標便是要「解放」每一個「人」的「生命」之桎梏。你參禪、修觀、念佛，通通是你走向「自由」的道路。你走上這條路，你將不會再受到世間那些骯髒、邋遢的鬼事所惱；你對「死」將比對「生」還更具逍遙感。你將因此改變了你的心靈所受到肉體支配之壓力。

其次，談平等，佛家是有史以來最公平的平等主義了。在釋迦時代，當時「僧團」便以「會議」方式「羯磨」一切事務；便以羣衆與眞理調和之方式來決定任何問題的爭端。佛法裏，狗子也有佛性，「情（有生命物）與無情（無生命物），同圓佛道」；何況人際的貧富貴賤男女黑白那些可憐的平等概念！

談到人權，別提了，佛陀不但堅持一切人底權利——人人成佛之權，而且堅持一切「物」的權。因爲「人」一旦完成了佛道而附從他的物也一齊進入佛境。佛家自始便否決一切特權、獨裁、自我主義，以及肯定只有自己才是天地之主宰的狂妄絕症。世界上沒有任何一種民主制度對人權比「佛家思想」更爲徹底了。你可以看看一位「部長先生」一朝信佛做了「居士」，依「戒律」他得向一位出了家的乞丐「頂禮」，從這，你便知道，人權底意義、人性的尊嚴，是怎麼一回事！

我信仰佛法，從根沒有外力介入。我是單純地通過「讀書、思考、抉擇」而後投入佛道的。如果有人問：「你信佛，得到的『自由、平等、人權』在那裏？」我可以告訴你：現在人界一切「知名度」絕對支配不了我，「金錢」打不倒我，「吃」沒有任何條件能引誘我垂涎；雖然我素食二十年以上，而我有一個地瓜，足以大快生平。如果遇到一位美麗女生投以青睞，很可能在剎那間動了念頭，但是，我的那支「劍」，出的更快！

我覺得我與一切之一平等。我自認我與我們的總統先生平等，我與「主耶穌」平等，我與釋迦平等，我和我家的「陳貓」（對不起，這一位不是人）平等，我與我家門前的泥土平等。世界上沒有人有權可以剝削我內心的尊嚴，迥異於任何特殊之輩（包括呂洞賓在內）。我的人權，大到宇宙，平於萬物，我是「上帝」，我是「自由的蒼天」。雖然有時我也因工作、生活而發生一些凡俗的惱人事，但是在我的「心光」照耀之下，一閃卽逝。我們要知道，人活在「動物的世界」，誰無生老病死之困擾？想到這些，困擾也就烟消雲散，心鏡也就明潔如洗了。

我這幾百個字「奇文」，並非是出於一個有道德感而無道德勇氣者的手筆，它是我生命的血痕，寫成我的宣言！

一九八一年三月五日

天機論

江湖人好談「天機」，自古皆然，否則其胸臆盡墨，何處去換取一瓢飲？而讀書人則不可譸張為幻，以先知先覺之姿態，裝神擬鬼，製造假象。

所謂「天機」，並沒有甚麼神秘。莊子大宗師說：「其嗜欲深者，其『天機』淺。」天運篇說：「天機不張，而五官皆備。」秋水篇說：「——蚿（謂夔）曰：不然！子不見夫唾者乎？噴則大者如珠，小者如霧，雜而下者，不可勝數也。今予動吾『天機』，而不知其所以然！蚿謂蛇曰：吾以衆足行，而不及子之無足，何也？蛇曰：夫『天機』之所動，何可易耶？吾安用足哉！」（案：蚿是一種多足的蟲，長約不足一寸，觸之便捲成球狀，俗名「香延蟲」。）

列子所謂：「若阜之所觀，天機也。」淮南子則說：「則內有以通於天機——」「天機」是甚麼？就人事言，是一種人類高度智慧對時勢變遷之判斷與預期。就玄學言，則是人類知識範疇無法預知的自然界（天道）之能力。因此，不管是「人事」的，「天道」的，但都不是江湖術士、神道設教之流所能預卜。

等到魏晉以後，「集仙傳」開出「黃帝天機之書，非奇人不可妄傳。」試問：黃帝時代有「

書」嗎?試問：世間誰是「奇人」?我們要知道，殷墟出土的甲骨文時代還談不上「書」哪!何況歷史上無可稽考的文字未形成的洪荒時代?「集仙傳」只是道教徒的杜撰。

世間一切原始信仰，以及一切利用人類低級迷信心理製造自我偶像的狂妄之徒，都無法矇過智者的法眼。

古人所謂「天機」，不過是玄學的概念「天意」罷了。科學化它一點，它是「天道的形勢」，而一個血肉凡夫有甚麼資格侈談「天道」呢?

世間，只有最缺乏知識之人，才以爲天下人都沒有知識，才妄談「天道」。我們遍翻儒門的書，佛家的經典，從沒有這兩個「炫惑」衆生的魔字。

天道無言、無親，滿者抑之，損者充之；智者止之，愚者放之。世俗之人不解「天機」本意，而曲解於罔者之口，支配弱者之命運，其可憐亦復可悲也夫。

一九八一年六月二十一日

論江湖人與江湖意識

在我們常識上所謂「江湖人」，便是五湖四海、頭頂着青天、到處漂泊、走碼頭謀生，靠一張嘴吃飯的「天涯淪落人」。

這些人，包括「走馬賣藝的，彈詞說書的，牽猴子賣野藥的，看相算命的，趕集賣唱的，看陰陽宅的，走方郎中，生旦戲子……」這些人靠嘴過活，背裏頭也有珠淚暗彈的時候，不能光看他們的表面「風花雪月」；他們的內在生活既不足分析，也不足爲訓；他們這一條路，是生活「逼」出來的，其痛苦往往超過快樂。至於有些爲了研究「醫卜星相堪輿技藝」而成爲知識的人，大多不走江湖，而是調劑情緒，也多半藏而不露。

江湖人走江湖久了，順理成章，染了一身「江湖氣」，逢人三聲「大爺」（今個兒多自封「大師」，以見其大）。他們走的地方多，見的人多，摸得透閒散人的心理，所以他們的身家性命都得靠這維持；而最後的歸宿多半是殘缺而落寞的！

而佛門的緇素，儒家的生徒，若一旦染上江湖習氣，開口誰的鼻子扁，閉口誰的眉毛長，天干地支子午卯酉生張熟魏沆瀣一氣，一副跑碼頭狀，這就彷彿邪門了。古聖賢書裏，何曾敎我們這一套；佛經裏嘗言：「無衆生相，無男女相，無壽者相……」我們還落何階級，去研究「壽夭貧富」呢？

古德也有偶涉品器以觀人情的，但他們只是點到爲止，而研究易理那是爲了「趨吉避凶」；說得玄學一點，那是爲了「天人合一」之道而用的。如果爲了沒事嗑牙、賣關子，儼然塑造「小神仙」的形象，那多下乘啊！

一個莊嚴的生命，「如染香人，身有香氣，此名『香光莊嚴』」；而逐臭之夫，生命何來光華？因此，讀書人、傳道士，一朝染上江湖意識，便如同一個美女染上一身狐臭，此人如此糟蹋自己，其行徑就只可遠觀、不足近取，只可聞其聲而不可見其人了。

一九八一年四月三日

論「大乘經非佛說」說

「學術研究工作」，其目的：

第一——弄清歷史眞相，還我本來面目；消除「神化」的烟霧，肯定眞理的地位。

第二——從事文化的創新，指導歷史的發展；擴展人類的視野，肯定人道的尊嚴。

總而言之，「學術研究」並非爲研究而研究，它底目標依然是爲了人類自己。如果「學術研究」在某一環節上走錯了方向，那只是個別的、技術的水平問題，而非它的目標錯誤！

近代由於「學術研究」的高度精密，及其分工的細膩，導致「精神領域」的宗教，也無法倖免於它底巨手。因此，透過這一巨靈之眼，「新舊約」的可信度，已經有了折扣；而耶穌是否爲處女所生，都成了學術的公案。

佛教經典，因爲它底複雜、龐大，面臨的檢驗，同是一樣。「華嚴經」是否由「龍宮」所出？這就是問題。——由於梵巴原典陸續被發現，與佛教歷史以及經典結集的過程之追尋，皆因學術的高度要求，而逐漸與世人所見者，已發生某些程度的差距。

佛典中的「大乘經文」，被近代學者懷疑爲「非佛說」，已不是鮮事。但這一看法，卻遭遇到大乘佛教國家保守派佛徒之強烈抵制。他們認爲凡「如是我聞」，無一而非釋迦金口所宣，如果否定這些大乘經非佛說，便是謗佛謗法，墮無間罪。

然而歷史是冷酷的，在地球的斷層裏，在鋤頭科學下，眞的就是眞的，一分不等於一兩，張冠不容李戴，如果能如此翻弄，同樣難容於佛陀遺教！

如世所週知，小乘阿含部等經典，定爲佛說，差距不大，而大乘經典結集的軌迹不明，據史家研究，大乘思想發生與大乘經之結集，剖析其所佔時間，當在佛滅後三五〇年到七〇〇年（公元前一〇〇到後二〇〇年）之間，如果大乘經在這一段時空出現，而這一漫長時間中，距佛滅時遙，如證明這些經典，全是「佛說」，那麼「誦出者」該由多少人承傳這種「口誦心唯」的強記工夫，而一字不漏把「佛陀心印」紀錄成今天所見的經文，這在人類頭腦的功能上，幾乎是無法完成的。

大乘經之開章「如是我聞」，究竟是「誰」所聞？這些無名大師都無從找到出處。而經文卻活生生地展現在我們的面前，成爲我們皈依、實踐的典範；大乘經——像「華嚴、法華、般若、深密……」這些系統嚴密、思想精深的經文，並且成爲一種統一的製作形式，其內容結構，似乎都與原始佛典的組成方式不同，語法也有異，因此，我們毋寧說大乘經文，是釋尊以後許多無名思想家，以阿難之名，根據佛陀的原始教義，加以衍化、創發、整統而出現的一系列典範；當然也可能是經過某些結集形式而加以定稿。但是這些工作，無疑地，都是人類思想史上，最傑出的人物所完成的最偉大的工作。

這種工作對於聖者——釋迦而言——又何損於毫末？這些大乘經即使「不是佛說」，又何嘗不「等同佛說」？

對於從事佛道修習的人們，我們要鄭重地承諾一件事實：即——歷史這件東西，絕不容虛假，亦如佛戒不容妄言一樣。我們要知道，如果沒有原始的佛陀言教（佛陀本人沒有著作傳世，亦如孔子、老子一樣），就沒有後期出現的大乘佛教，佛法的眞理所展示的，本來就是「法隨緣生」，連佛經也是一樣，歷史向前走一步，那麼「存在」便會有一分變動。

佛法按照衆生根器的需要，該給白的絕不給黑的；該給少的絕不給多的。佛法重的是「隨緣示現」，而不是爲了供養墳墓裏的枯骨！

一九八一年十一月五日晨

情理法三分論

我們的社會，是溫情的、關愛的、鄉土的、文化積層過度沉澱的社會；我們的社會只要有人情，就是山一樣的法律、鐵一般的制度，也會經過人際千絲萬縷的葛藤，纏得寸步難移、迴腸九曲。「法」這種東西，一經到了我們這種「性情中人」之手，都會變形走樣。

我曾沉思三十年，中國社會的貪汚、人情，爲甚麼永難根絕？我們中國的文化，既是如此純厚悠長，爲甚麼不能適應近代的「法治」範式世界，而把中國秩序水平，提撕到整體品質優良的階段？當我少年時，也曾經發生極大懷疑，古老的中國，是否須要透過共產黨的血手，來「快刀斬人頭」，割除中國這條血管中的毒瘤？後來發現，即使絕情寡義如毛澤東，也無能拔除僵死老虎頷下的鬍子。共產社會同樣「無法無天」。

＊　　＊

中國的「情理法三分哲學」，在五千年歷史上形成了臺灣淡水河下游的「關渡瓶頸」，只要有山洪海浪，都會形成一次災禍。

「情、理、法」能不能兼得呢——中國的哲學是——天下所有的事物，都要這隻三腳貓的跛子支持，才算功圓果滿。

情、理、法三分法，照「會意」精神上講，祇是情與法的變態；「理」這個字，根本就是「法」的近親。而中國文化卻把它曲化爲「中介物」。因此，天下事，事事「情、理、法」兼顧，則最後都是弄得「法亡而人情掛帥」。

情理法三分哲學，根本就是中國長期帝王社會的產物，帝王社會最大的惡行，便是一頭矇着眼的怪獸，指揮着一羣狼、狐狸、狗、老鼠、豬的羣體。阿諛、示寵、走後門、唯私利是圖、缺乏之道德勇氣……在這種缺乏任何剛性法治的社會裏，一切要依靠「人情」解決社會問題。所謂它們之中也有「法」，只是情的附屬，它們不得不建立一套軟性的似是而非的法治，來推動國家這部機器，但是在帝王面前，這些東西，都會像鐵遭遇高熱一般，傾刻溶化成煙。

帝王社會積累達四千多年，每一個人物在這種歷史的心態下，都變成爲情而死的懨懨病夫，無此君一日，則椎心泣血。

帝王的社會，透過「情」，可以賣官鬻爵，可以貪汚瀆職，可以篡改歷史，可以大事化小，小事化無。有這種包袱，「法」一千萬年也建立不起來。

* *

情理法的兼修社會，根本就是「情」的社會。情與法，這兩個字，根本就是互不相容的東西。試問，以清高宗乾隆來說，他的寵物和珅，貪汚所得的目錄，黎東方博士在「細說清朝」一書中幾乎列成幾十頁，如果是一個法治的社會，如何能產生這種怪物？——原因，只是乾隆寵愛他——他矇蔽乾隆一人，那麼天下人都要向他屈膝，你道可怕不可怕？

（確實地講：和珅貪汚案可以寫一部「博士論文」。）

當我少年時，爲這個古老而多難的祖國，曾經痛苦地思想，總想不出中國人爲什麼這麼多情，爲什麼政治永難淸明，人民永遠是一羣被愚弄的可憐蟲？爲甚麼貪汚永遠腐蝕着這一個國家，恐怕這都不是「改朝換代」可以解決。惟一解決的方法，就是「法治」，「剛性法治」、「六親不認的法治」，而不是「情治」。「情理法三分世界」，永遠也走不通。

＊　＊

中國民族的先知先覺，如果沒有堅持「法治」的勇氣，執行「法治」的魄力，我們中華民族永遠也不能列爲品質優秀的國家，中國人民生活，則永難達於人民皆是主人之境！實行「三民主義」，豈是「情理法」社會所能兼容並蓄？

活在中國社會裏的人，爲了這一片土，應該洗心革面，只有建立純然法理的社會，火車才不會出軌，我們才有遠景可待。「法治」之可貴，不是口號，它是高於一切落後的實踐行爲。

我們佛教人，與中國意識同舟共難，其下場何能例外？每讀經中所云佛陀逝世時，留言「我滅之後，以戒爲師」，深味其中至理——佛陀遺訓：「不以經爲師，不以論爲師，也不以師爲師，而要以戒爲師」，眞是洞徹千古的敎訓。佛教人不能體會這句話，眞是千古的罪人。原來佛陀本是非常「絕情主義」的先知，他所要建立的，是「律法」的社會，在「戒（律）」社會裏，人際關係才會清醇，人的頭腦才會保持清醒。

所謂「寧願老僧墮地獄，不將佛法作人情。」古德之訓，聲猶在耳，放眼醜陋的中國，眞是令人無限哀傷！

——一九八二年二月五日

論意識決定存在

共產主義思想的歷史觀，寄托於「經濟結構的變遷」，是推動歷史發展的主要動力。因此，由這一史觀之指導，便產生了所謂「機械的唯物論」與馬克斯思想，從而界定了它底反神化的「無產階級專政、階級鬬爭、暴力革命」的一連串發展路線。

機械的唯物主義，亦如機械的唯心主義之可怕，它之可怕處，乃是它底塑造「統於一尊」的統治者的形象，使它的歷代祖師，都成了「萬家白骨成灰土」的製作神祇。

試看一九六六年到一九七六年中國大陸「文化大革命斷層代」所製造的成萬上億册的「毛語錄」，足可爲唯物主義之「唯心傾向」作爲證明。如果說，歷史上的皇帝制度無罪，那麼唯物主義的共產鐵幕也無罪；而事實上，這種思想的執著，導致千千萬萬頁的歷史之重寫。

唯物論者，以「存在決定意識」這塊金牌，打亮了共產主義可以「通靈」的價值觀，使一些沉醉於幻想的知識份子，陷於「名相」而誤入馬克斯的經濟陷阱；現代的唯物論者，慣於以形式創造事物的內容，當它未成基型之前，透過它底精細的辯證邏輯，來轉變一切相反的形勢以擴張自我，結果，完成其「形勢比人強」的心理作戰準備。彷佛一切存在是唯物的，世界就會變得嶄新而榮耀，人類的眼睛也會因之而擦得雪亮一樣。這種意識型態，是當代共產主義，尤其是中國共產主義賴以生存的至高無上的思想鬪爭綱領。

這種上層結構鬪爭，優於一切的上層結構之鬪爭。

事實上，這種機械的唯物論，經過辯證法，已化爲極端唯心主義。而這種由思想轉化爲行動，是須要透過一切設計來執行，才會產生其膨脹效能的。否則它依然是「書生論戰」，一事無成。

反觀，我們這個娑婆世界一般老百姓，其昏瞶猶如黑夜中的蒼蠅，他們是分不清甚麼是唯心甚麼叫唯物的。誰是祖師誰是敎徒也沒有關係。重要的是，「誰賜我以麵包、誰惠我以自由」，就是他娘。自由世界之優勝，竟然是共產國度所憂愁的「唯物」不足；而非常遺憾者，自由世界之墮落，可由充滿著各家各派的新舊敎主、長老、敎士、祭師、活神仙之充斥、橫行與彼此傾軋，而見其端倪！

這種相對的形勢，變得極端古怪而好笑。

共產主義唯物而物質極度困乏，民主國度「精神」可享用不盡卻又「神鬼外溢」。

祇要有一桌豐盛的祭品，一切神祇都會下壇。唯心與唯物這兩道菜統吃。

我們不知道要怎樣才能理清這種世界性的渾濁。我發現有一種方法可以用在較狹窄的「宗教自律」。

——如果能免除法師不爲錢而煩惱，受洗而不依賴紅包，廟祝毋需依賴乩童，道德不借助於名器，那麼今天人們所詬病的精神萎弱便可擺平。

今天不管宗教界還是世俗社會，都是犯了同型的昏睡病，宗教咻咻其吼的是渡人，可是他自已倒先睡著了。

佛門的大師啊！這是「意識決定存在」？還是「存在決定意識」？

——一九八二年四月十一日午時

論下層結構〔一〕

——一九八三年十二月十一日

世界上，有很多偉大的工程——譬如中國的長城，印度的泰姬瑪哈（Tai mahal）陵，埃及的金字塔，都不一定是通過大人物之手來完成的。如果沒有那一羣數以萬計而微不足道的「奴隸」，和歷史上永遠見不到名字的小老百姓，卽使那些權威，有補天之能，也是枉然！

在這裏，我要敍述一件事實，以支持我對「下層結構」份子的尊敬、關懷與血肉一體之情。我的尊敬、關懷與血肉一體的意識，正足以表達我們應該對民主、自由、平等的認同與肯定。歷史的倒車，不能再開向定於一尊的秦皇漢武的覆轍。如果我們對世界上所有共產主義政權及其思想深痛惡絕——對這種新式帝國主義、新的奴隸制度加以唾棄，那麼我們在思想上便不該再有「亞層」的專政意識呈現。「容忍」與「自由」，兩相不可分離；多元的社會必然會產生不同的意見與不同的思想；而「不同於我」的思想，因此，應受到尊重與建立共識。如果把這些現代的「揚朱、墨翟」，當作殺人犯來處理，那麼我們的先烈，爲民主、自由而流的鮮血，豈不是白流？

如果今天的世界可以呈現「戰國時代」的景象，我們是否可以肯定孟軻的憤慨：所謂「天下不歸揚，便歸墨」，把墨子的「非攻、博愛」解釋爲「無父無君」後來的宋代儒家對佛教也有同類論調，誣構爲「洪水猛獸」，非得除之而後快？——原因是他們與孔孟思想迥異。

「異端」，這種事物，我們應該有雅量來涵容。宇宙間充滿着令人驚奇、嘆服、難以置信的千萬種樣態事物，任何人都無權按照自己的意思來鑄造它們——何況無形的思想？民主，就是尊重「異端」，容忍「異端」。

今天，社會上的人際關係「信任度」，已經像「高山滾鼓」——溜到海底，古人所謂「君子一言，駟馬難追」，「重然諾」，都是廢話。人際的疏離感，構成了社會的「安全障礙」。人與人間，沒有互信，沒有道義。一切都是「懷疑掛帥」。在這種情況下，上層建築如果再無法與下層結構建立共識共信，那麼「中國意識的危機」，祇有日益加深，而無須等待共產黨人之手，自己便可扼殺了自己。我們應予珍視索忍尼辛的讜論（給自由中國），也該尊重現代化的民主。

因此，現在的朝與野，無容二分；出世與入世，本是一體。誰是朋友誰是敵人還沒有劃清之前，不要失手傷了自己的胳膊。——滿天誅伐之聲，其後果畢竟堪虞！

佛法的精義，應用於「凡俗社會」，便是眞正的民主，純然的法治，以及可供容忍的自由！

——一九八二年十二月十一日

論下層結構〔二〕

一九八二年十一月二十二日到二十七日，中華民國臺灣省佛光山舉辦了「第五屆國際佛教學術會議」；其實，這一屆「學術會議」應該正名爲「中韓日三國佛教學術會議」。因爲，除此三國之外，別無他國參加，遑論「南亞、歐、美」諸邦？（可能未受到邀請）也許，這次會議是「蕭規曹隨」，承襲上一屆漢城會議的名稱，但由此可見，世人浮誇的心理，並未從佛教範疇之內劃除，不無憾事。

這次會議的「大會資料彙編」（即「大會手册」，它包括報到的日程表及活動的各項資料應邀學者的論文編集），在開會前十天才由佛光山秘書長慈惠法師與天華公司編輯部協調停當——由該公司來編印這本「中韓日三種文字彙集」的資料。而頭大的是，第一次由佛光山派遣擔任與天華公司的協調人——依淳法師，交到天華編政主持人手中的稿，還不足全部三分之一。至於補交稿件，分別在此編出版前五天、三天之間，才交到天華編輯部。大會「日程表」亦附在最後一批稿中。而且其中「日文部份」，因爲「平假名、片假名」之交代不清而誤排，至書成之前四天，又重新打碎重檢重排一次。換句話說，這本老五號鉛字排印的「次十六開本大會資料彙編」，在這種梯次交稿，中途撤版重排，分頭檢字的情況下，編者從「接稿、設計版面、封面製作與完稿、內文編輯、中日文交付檢字、韓文交付電打（臺北沒有韓文鉛字），印刷廠接稿後中日文分別排版、校對（中文由天華編輯人員負責，日韓文由依淳法師邀集諳悉日文之出家人及韓國留華之鏡日法師等負責。）；到封面製版、看樣、印刷、上PVC以及裝訂廠之折紙、試樣、裝訂……」，前後按天華編輯部的完工程序表，印書全程是「十天」，最後一天也就是十一月二十日。佛光山開會是二十二日（二十一日是星期天），在這一天上午九時要分發到（學者、國內外與會者。）報到人員的手裏。天華編輯部指揮「七海印刷廠、美冠製版廠、韓文打字行、金光上光廠、上海裝訂廠」——緊急分工、按時成書，透過嚴格的時間管制，在當月二十日上午十時三十分前，天華編者已從（臺北縣）中和民有街的上海裝訂廠拿到第一本「新書」。全書內文一八〇頁，封面一八〇磅布銅、三色、上PVC，當天上午十一時，五百本書裝訂竣工。十二時前由七海印刷廠老闆陳慶松開車到臺北市民權東路五八〇號佛光山普門寺交書。

天華編輯部到此時才算鬆了一口氣。書成後編政內部檢討缺失，唯一美中不足的是——有錯字（這一點事先已向依淳法師報備，因為時間太緊，無法掃清一切字虱。）；而這一本「大會手册」的品質，是天華出版公司的一般製作水平。它不算世界第一流平裝本製作，但在臺灣區它亦不應該被列爲「第二流」的印刷品。

這本十七萬七千八百字版面的「彙編」（封面題名：「第五屆國際學術會議」。反白字副題是：「亞洲佛敎的源流」。），如果萬一不能按時交書，我不知道佛光山這一場學術會場——報到時是何景象？雖然大會不一定砸鍋，佛光山的臉是丟定了。天華編輯部亦鐵定是第一號「責任犯」。

何況，被邀請的學者，像中村元、金知見，都是世界佛學界第一流人物；至於中國政府的官員——邱創煥、日本「中外新聞」社長（日本最大的佛教日報）本間昭之助，遠道來賀，還有提出論文的中日韓十七位學者，以及臺灣佛教界的幾百位知名人士被邀觀禮，這本「彙編」如果不能按時送達他們的手上，這是多麼嚴重的事！

一本「大會資料彙編」之是否按時製作完成，竟然嚴重到這種程度，誠非局外人意想之所及！

在這一次彙編製作的過程中，所有參與人員的同心戮力、宵旰辛勞、生活顛倒、分秒必爭；而分工之繁夥，過程之緊密，都成爲印刷一本高品質書刊在最短期間內成書的最佳範例；而在這次製作過程中，所付出的辛勞、緊張、強烈的責任壓力，都加在這些「小人物」身上；我相信佛光山的星雲法師、邱創煥副院長、中村元、金知見、本間昭之助先生，拿到這本「書」的時候，很難想像到那些市井小民爲這次會議所奉獻出血汗淋漓的景況。

會議完了，往事已成歷史。我們的「下層結構」依然在剪刀、漿糊、鉛字、油墨、汚水之間從事其卑微的工作。

他們不過是一羣工人、送貨員、印刷廠老闆、編輯——一羣被生活支配的人物。思想家依然是思想家、學者依然是學者。

——他們祇看到「上層成果」，「下層結構」是看不到的。他們付了錢，也就等於付了恩義。

——這就是人間的「疏離」！

——一九八二年十二月十一日

〔案〕一九八三年二月二十四、五兩天，佛光山在台北嘉年華飯店舉辦另一項小型國際學術會議，已正名爲「中日韓三國佛教學術研究會」。

「南宗定是非」論

歷史上，有許多隱晦、曖昧、迷濛的事件，到今天還是「是非」難明；因此產生了中國人許多非常鄉愿的諺語，所謂「仁者見仁，智者見智」；所謂「公說公有理，婆說婆有理」；幾千年的中國式眞理，就是這麼這樣綿延下來的。

達摩「南宗定是非論」，是中國禪宗初期爲「宗派」立「碑記」的書，也可以說，是爲「南方禪」保障自己的「法統」不被篡改、「權益」不被侵犯，乃至維護它底歷史地位的「保證書」。它之成爲中國禪宗一種重要的法統依據，到神會（六八六—七六〇）手中，才得以確定；可是，本書的「是非」，卻是爲「中國南方禪」定的，而不是印度的「南天竺達摩禪」。此一「是非」，不是彼一「是非」；這就不是書名命題的本意了。可見歷史上的是非，難分難解，而許多本來是「是非分明」的事，到最後被扭曲得「積非成是」，衆多的反面事物，都集合成「眞理」的基礎，你說可悲不可悲？

中國人的大是大非，常常決定在「人」的「形勢」，形勢強的一邊總是掌握着眞理，而形勢弱的一邊，結果是「敗則爲寇」。中國歷史上，爲「法統」、「宗派」、「小集團」，乃至「個人利益」、「身後哀榮」製造出許多「眞理」城堡，凡是稍一不愼誤入這一禁地的局外人，都會成爲這一防線上的叛徒。中國歷史從這條線上寫將下來，而橫切面，浸及到政治、經濟、宗教、文化每一歷史發展層面，使得這些趨附「感情、權威」的徒子徒孫們，永遠都靠在「是」的一邊。沒有錯。「凡所有相，皆『不』虛妄」，這就是中國人的「唯物哲學」。

我們不要以爲歷史本非消解「是非」之場地，從「成則爲王，敗則爲寇」的律則看來，項羽本可成爲劉邦，劉邦亦可成爲項羽。若果如此，我們背負着「宗教」、「歷史」、「哲學」、「眞理」的包袱幹什麼？做一個永遠的渭水姜子牙也罷！

須知，「是非」的標準絕不是沒有絕對解釋的基礎的；解釋「是非」，不是「憑老、憑大、憑強、憑賴」，解釋是非，要依據良知、眞誠、寬厚的心靈，一味將胳膊向內彎，而「怨親不平等」、「善惡不分明」，如何能作「是非」的天平？在今世的社會現象裏，已難得找到「一個不受人惑」的人了。何況能仗義執言肯定「是非」的人呢？

因此，在「是非未定」的初民社會裏，開始發展他們的倫理關係，以解決「是非」之初步判斷；然後文明的社會，製定了禮儀規範，隨之而來的高度文明，繁夥的人際形態社會到來，我們才產生了多元的法理體系，寫成了細密的「定是非」的鐵律；在法條下，絕不容「人情」「專橫」「一面倒」的勢力存在，而且「自己沒有爲自己解釋是非」的憑藉，對「有利於你」的關係人物都納入法理上的廻避。

今世的「是非」，不僅是訴諸公衆的批判，尤其是訴諸「法理」的判定，才能令人接受。否則你一切的叫囂，喧嚷，不過徒然庸人自擾。

若非如此，今天世界上的四十億人口，在「是非」的十字路口，何去何從？

——一九八三年二月四日

論中華「白蓮」聖教

一羣沒有經過選擇的「宗教人羣」，彷彿一堆沒經「篩簸」過的「新穀」，是生、熟、純、稗、沙石雜陳。可是宗教——由原始的初民神祇信仰，到今天的高級純理宗教，已經逐漸趨向於分離了。

最近半年來，一貫道的意欲擺脫「初民信仰」，而尋找一種宗教形式出現於社會，他們不惜走曲徑、透權門，經過一個國會老議員，出入喧嚷於廟堂朝野，貽天下人之笑談；他們企圖以弱者的姿態、無辜的羣衆形象，來吸取社會同情，與官方認同——想以「中華聖敎」一詞僭立其名位——好一個「中華『白蓮』聖敎」！

但是，它忘了——它還背着千年以來「中國邪敎發源地」的一付歷史十字架……它在此時此地沒有稱兵造反，但是它過去造過；它有「前科」。

中國史學家們，並沒有放過介乎「白蓮敎、紅槍會、無極老母、多神崇拜、夾雜着洪秀全式奪權意識」的邊際史料底研究。一貫道之無法昇華到「宗敎水平」，是因爲它拼湊了中國文化的精華部份「釋儒道」三家的餘唾，以亂點鴛鴦譜方式成立了他們的神祇部隊。因此，它陷入了知識的泥淖，無法獲得上層信仰羣的認同。

他們沒有自己的信仰理論體系，雖然它們有一張所謂「天道源流系統表」，那是一張中國人羣裏冒出來的「韓信封王」的倣造商標。人們同情這個歷史將熄的信仰灰燼者——是它底一羣信仰沒弄準方向的「宗教羣衆」。一羣見神便拜、有奶卽娘的中國人民。在二十世紀人人可以造反的時代，你不能不肯定它底存在權利。——祇要它不「妨害公務」，也沒有擁兵造反。——雖然它或者可能擁有那種幻想，如果透過選舉，也可能選出一位「道親」市長。那麼，它的「奪權」就可能成功了一半。

它自吹五十萬羣衆，它擁有滿天飛的「降神聖書」，但是誰知道它們是「什麼教」，不管是什麼教——它自稱不是一貫道。而事實上，它是地地道道的一貫道。

佛教徒反對它們，是因爲它侵奪了他們的「宗教產權」——把觀世音、彌勒佛、道濟和尚（濟公）收入門下，成了無極老母——中——護衞。道教徒反他們，因爲它把老聃和莊周都列爲門下客，而孔夫子亦成了無極老母的黨徒。一貫道還沒有自己的「教典與教義」，這是什麼宗教呢？

惡紫亂朱，人人迷失自己，這就是惡性信仰所導入的慢性理智自殺。但是民主意義所製作的多數愚昧，亦是開歷史的倒車。信仰宗教，信仰到走回「女媧煉石補天，劉阮誤入天台」的神話局面，當資訊工業帶動科技進入全面的自動化之時，竟在中國人民的生活中重演。每個乩壇沙盤上，寫下俗不可耐、腐蝕人類性靈的讖語、寓言。幾乎有一些頭腦痲木的知識份子也栽入它底陷阱。一貫道的形勢彷彿是「統一教」。

人類的精英畢竟是少數；孔子說：「中人以下，不可以語上也；」這兩句話，是深有其至理的；即使是「民可使由之，不可使知之」，這種斷句法，也非現代國學大師所願肯定。「羣衆並非眞理」；我們要認淸眞象，南韓的統一敎——文鮮民的部隊，帶動了世界上一些腐蝕掉人類品質的影響，正在逐漸成長，而鍾斯的「人民廟」，也曾吸引過許多天眞昏昧的白種人民。

一貫道，因爲擁有一羣「宗敎羣衆」的資本，所以他們取得了爲自己「洗刷歷史」的發言權——中國人對民主的意識——覺醒得奇快。但是我得提醒我們中國文化層面上一些偉大的、精深的、徘徊在優越感裏的「宗敎家」注意！宗敎不能一股腦陷入懷古之幽情，儘管你高你深，但是你的羣衆越來越少，越來越老，奈何？你能不能認淸中國人的信仰面目？——他們祇須要你的付出，還有你的粗俗。什麼神，什麼老母都沒有關係。他們在基本上就不要水平。你要給他空虛的安慰，即使是謊言也成。一個盧勝彥爲了建立他自己的「靈仙宗」，就哄得許多人欲仙欲死。

觀世音（Avalokitesvara）能成爲一貫道的上賓，就是發生在這位「印度先知」，有一種幻化爲一個老太婆的平凡，而且把衆生當作乖乖兒子那樣，救苦救難，雖然，他原本是一位不分宗敎與種族的佛敎的菩薩！他們就輕而鬆之的把這位白衣大士搬走了！

今天我們已不忍加詞於同是中國人血液裏的一貫道同胞；但是混亂的、神秘的一貫道歷史，使他們意欲建立自己信仰範疇的期望，變得模糊而曚昧了。這誠如寒山子詩云：「——為汝熟思量，令我也愁悶！」

我建議「一貫道」道親，趕快把「佛教、道教、儒教」的尾巴割掉，快速製作一套「中老母」的經典，再來傳教吧！

——一九八三年二月二十二日寫於一貫道申請改為「中華聖教」未成之後

無鬼論

中國歷史上，荒誕不經之書多矣，上焉者，從附會地理書的「山海經」，下焉者到冒名班固寫的「漢武帝內傳」，冒名劉向寫的「列仙傳」，冒名陶潛寫的「搜神後記」。名正言順的，也有葛洪的「神仙傳」、干寶的「搜神記」，乃至「太平廣記」、「齊東野語」、「聊齋」、「子不語」、「閱微草堂筆記」。中國「怪力亂神」之說，雖古之正人君子，亦不能脫身事外。

既有「神仙」之說，神者，鬼之王；於是乎鬼神仙狐就不能不沆瀣一氣，而一榜同列矣。談神說鬼，是人生一大「樂事」，上從八十歲老翁，下至三尺之童，一旦孤燈一盞，誰不逸興遄飛呢？

中國是一個熱愛鬼神仙狐的民族，此中有「大義」存焉。卽使人們一生沒見過鬼，沒見過神，但是天上三尺有神明，黃泉路上有幽魂，總是無法斷然抹煞的。至於正統的儒生，不談「怪力亂神」，不沾「僧道鬼狐」，而他們在更深夜靜，或則荒陬僻室，渾身孔毛張立的時候，也是老生怕怕的。

但是我們就不明白，一千七百年前曹魏時代建安七子之一的阮瑀，阮瑀的兒子西晉名士阮籍；阮籍的哥哥的兒子——竹林七賢之一的阮咸，阮咸之子，特立獨行的阮瞻（二八一—三一〇）爲什麼要一口咬定，天地間絕對沒有「鬼」？天地間既然沒有鬼，那鬼的頭頭——神也免啦；沒有神，也沒有鬼，又那來的玉皇大帝、西王母娘、太上老君、梨山老母、廣成子、土行孫、媽祖娘、八王爺、恩主公、濟顚佛、狐大仙、中老母、My God、聖母瑪利亞、眞主、梵天、大鵬金翅鳥……呢？靈的世界，他們未必同父同母，也屬同族同類啊？

晉書的「阮瞻傳」這麼說：

「瞻，字千里。性好淸虛寡欲，自得於己，讀書不甚硏求，而默識其要，遇理而辯，辭不足而旨有餘……。」這個人看起來，飄逸高蹈，又彷彿是陶淵明的老前輩了。

晉書又說：「——瞻，善彈琴，人聞其能，多往求聽，不問貴賤長幼，皆爲彈之。神氣沖和，而不知向人所在。內兄潘岳（二四七—三〇〇）每令鼓琴，終日達夜，無忤色，由是識者歎其恬淡，不可榮辱矣！」看吧，這個人的音樂天賦和他的不同於世俗的人生觀，難怪「晉書」要爲他留名了。

阮瞻會彈琴，是「其來有自」的。首先，他的父親阮咸，就是一個彈琵琶的名手。晉書說：「——咸妙解音律，善彈琵琶，雖處世不交人事，惟共親知弦歌酣宴而已……。」這對父子倆又是多麼神似啊！

——還有呢。阮咸的爸爸的弟弟阮籍（當然也是竹林七賢），又是彈琴名家。晉書列傳十九說：

「——籍容貌瓌傑，志氣宏放，傲然獨得，任性不羈，而喜怒不形於色。或閉戶讀書，累月不出；或登臨山水，經日忘歸；博覽羣籍，尤好老莊。嗜酒能嘯（聲帶好，一定會唱歌），『善彈琴』。當其得意，忽忘形骸，時人多謂之顚……」

阮籍，是西晉鼎鼎大名的文士，無人不知；談到他的父親阮瑀，「三國志」魏書二十一注云：「瑀善解音，能鼓琴，因造歌曰：『奕奕天門開，大魏應期運，靑蓋巡九州，在東西人怨；士爲知己死，女爲悅己玩；恩義苟敷暢，他人焉能亂？』爲曲旣捷，音聲殊妙，當時冠坐，太祖（曹操）大悅。……」

原來，魏晉之際，阮氏一門，除高蹈、文學之外，音樂上的作曲、歌唱、彈琴，都是有其遺傳因素的。而且，連他們的祖孫、父子、兄弟、性情、氣質都一脈相承。

「阮瞻傳」又說：「——永嘉中，『瞻』爲太子舍人（太子的秘書）。瞻素執『無鬼論』，物莫能禦。每自謂：此理足可以辨正幽明。……『一日』……忽有一客，通明詣瞻，寒溫畢，聊談名理。客甚有辯才，瞻與之言，良久及鬼神事，反覆甚苦。客遂屈，乃作色曰：『鬼神，古今聖賢所共傳，君何獨得言無？卽僕便是鬼！』於是變爲異形，須臾消滅。瞻默然，意色大惡。後歲餘，病卒於倉垣（河南開封西北隅），時年三十。」

中國歷史上最著名、最偉大的「無鬼論」者阮瞻先生，竟然碰到鬼，而且被鬼嚇出病來，死了。

晉書記載，眞實性的程度，我們無從追究，那是當代「靈魂學家」的事。

天下衆生，形形色色。凡是沒見過鬼的，像胡適之先生這一流純知識派讀書人，當然是「反鬼」的。說不定，他們見到鬼，也說是視覺混亂吔。

我目前有一段經驗，可助一談。

一九八四年三月十七日，拂曉四時，余友人某，住台北和平西路師專附小巷中某樓，其妻已七十一，素患宿疾，夜因俯臥，做噩夢，引起腦溢血，遽逝。友極痛。次日電約余共商後事。余至，係其妻逝後第三天。靈堂簡設於其小臥室中。室有二床，某嫂生前臥一床，友一床，斜角相對。余三月十九日晚，睡友床，友睡其妻床，死者放大照片、香燭靈位，置余頭側，友床置不及二尺之對面。深夜，一燈明滅，冷雨敲窗，冷氣陰森，余至三時始入睡。次日，余介比丘尼爲之誦經，並印治訃文等事，隨卽返舍。至二十三日，又去。友與同寓某太太見余面，卽云：「老太太今夜回來了！」我一時未能會意。其實，余學佛多年，對鬼神之事，亦屬茫然。

有頃，友正色云：「老哥，眞的，我太太回來了！」我這才正視他話中的用意。

那位同寓的某太太也說：「眞的！□媽媽回來了！今天亮前，四點左右，我已睡醒，忽聽□媽媽在浴室門前大叫（距其臥室門有一公尺）：□□□（余友之名）！我聽後，清清楚楚，毛骨竦然。〔但是，她未走前，我們都是幾十年朋友了，有什麼怕呢！〕我隨卽叫□先生：『你聽到沒有？』（問余友聽到他夫人叫他沒有？）」

友曰：「——我聽到了！（友向余云：「當時我已睡醒，準備起床。往日皆於此時準備去植物園慢步」）。」

此時，友告余曰：「聲音是來自浴室，客廳之間過道上，距房門一尺之近，余妻大叫我名字，這是她平常的習慣。叫一聲之後，便嗒然若滅。——我一陣熱淚洶湧而出，□□，她還沒有走啊！她還捨不得走啊……」

我安慰友云：「嫂氏已去世，你每天這麼呼天呼地叫她的名字，念她，喚她，她的靈魂走不了啦！這樣對一個亡靈來說，沒有好處啊！你節哀吧！不要整天哭哭啼啼了！」

余友聽我這麼一勸，才說：「好吧！我讓她安心走吧！」

同時，他們的義女碧蓮，也一同守靈，她對我說：她也聽到媽媽在過道間蹋蹋踏踏走步聲。清清楚楚的啊！

朋友是借住某太太的房子，不幸妻子卻猝逝在這裏，逝後第二天晚間，等他們的女兒由香港趕來見最後一面，才將遺體移至市立第一殯儀館。她的喪事，從頭到底我都參加了。並且看到靈柩在南港福德公墓下葬。

我與友相處二十餘年，經常同食同處，他們一家人與我無一不稔若至親。去世的老太太，在二十年前，並由我引見皈依松山寺的道安法師。

如今，人離開我們生者的世界，逝後第五天拂曉又回到她的寄寓之所，呼喚她丈夫的名字。

兩個活着的人同時告訴我這件「陰靈示現」的事。

我不相信嗎？如果相信，鬼，是一種存在嗎？

這是阮瞻的「無鬼論」荒謬？還是我們人生原本荒謬？

佛家原不熱衷於「鬼神」之說，但是「靈」的存在，卻是生命基礎的層界。佛家談到鬼魂，在人死後四十九天內名之爲「中陰身」。人，肉體的另一形上層，名之爲「神識」。

一個活人，如果從沒有見過「靈界生命」，就該否定它們的存在嗎？物質的能力，消失於無垠的太空，我們是不是也要否定它的存在呢？除了「自己」之外，我們是否有權否定一切「經驗」以外的事物？

——一九八四年五月卅日完稿

神滅論

在當代知識領域裏，主張「無神」思想的，可列之爲「唯物論」。像馬克斯、列寧等共產主義大亨。但是反唯物論的學者名士，也有堅決主張「無神、無輪廻、一死百了」的「斷滅論」的，如已作古的胡適之先生，又如近人李敖，都會冒出一大堆「神滅」文章來。西方的科學家，如愛因斯坦一流大匠，倒反認宇宙是「上帝的傑作」，他們不像我們這種文化大國的人，一旦多念了些書，多得了些新的知見，就「特立獨行」起來，一口咬定，人，只能爲這具皮囊奮鬥，除了皮囊，便是三不朽；身後事，形而上的靈魂，都是些「婆婆經」。

「神滅思想」，在佛家詞彙裏，稱爲「斷見」，修行人一旦落於「見」著，那就離「諸法空相」十萬八千里了。在中國古人的頭腦裏，也是代不乏人的。而且，這與中國儒生脫不了關係。雖然，孔孟朱程沒有否定過鬼神之存在，而神滅思想，卻是從一些儒生的思想裏生出來的。

我們小時候，也常聽老一輩人歎息，「唉，人死如燈滅吔！」這就是道地的「神滅」論了。雖然，他們一樣燒香祭祖，拜土地城隍，腦子裏還是不確定天地間會有一羣「靈明幽影」的。這是一種走在生命岐路上的矛盾。

其實，儒生之有「神滅」思想，目的在「滅佛」，「神滅論」，不過是它的烟幕而已。

中國南朝時，出了個范縝（四四八——五〇五？），是個死硬派的中國道統儒生。特立獨行如李敖不在話下。他的千古名著「神滅論」，被古往今來「反佛教、反因果、反輪廻、無神論」的知識份子不知引用過多少次。這一位曾是「竟陵八友」之友的范雲的同祖父的堂兄，與另一位「竟陵八友」的蕭琛，是姑表。當時范家在兩晉南北朝，世代都有顯赫的功名。而且，後來成爲梁武帝的蕭衍、也是「竟陵八友」之一、同范縝都是好朋友。蕭衍在年輕時，並不信佛教。

范家到范縝這一代，他父親范濛很早就死了，因此范縝幼年時就是孤兒，家又窮，但是他對母親卻很孝順，書也讀得好，特別精於「三禮」（禮記、周禮、儀禮）。范縝從二十歲以後發迹，直到死在「國子博士」任上，大約不到六十歲。

他之撰寫「神滅論」的起因，據「梁書、范縝傳」上是這樣說的：「——初，縝在〔蕭道成的〕齊世，嘗侍竟陵王子良，子良精信佛教，而縝盛稱『無佛』。子良問曰：

「『君不信因果，世間何得有富貴，何得有貧賤？』

「縝答曰：『人之生，譬如一樹花，同發一枝，俱花一蔕，隨風而墮，自有拂簾幌墜於茵席之上，自有關籬牆落於糞溷之側；墜茵席者，殿下是也；落糞溷者，下官是也。貴賤雖復殊途，因果竟在何處？』」這就是范縝的浮薄的「或然率」命運觀。

接着，「梁書」上說：「——子良不能屈，深怪之。縝退論其理，著『神滅論』。」這篇神滅論，扣除今人斷句的標點，大約二千二百字。他的論文，是用「自問自答體」寫成。

我現在把范縝的「神滅論」精撮成七分，加以評述。

一、他在「神滅論」開頭寫道：

「或問予云：『神滅，何以知其滅也?』」

「答曰：『神卽形也，形卽神也；是以形存則神存，形謝則神滅也。』」

△他一經破題，便咬定「神卽形，形卽神」。除了形體之外，沒有所謂「鬼魂」、「神識」「一切形而上事物」的存在。「上帝」、「佛陀」，更一網打盡。他認爲形體與「神魂」，是一個東西，分不開的。他確認，除了形體，沒有「神魂」，身體死了，一了百了。生命到這裏就走到盡頭了。

二、他又道：

「問曰：『形者無知之稱，神者有知之名；知與無知，卽事有異。神之與形，理不容一；形神相卽，非所聞也。』

「答曰：『形者神之質，神者形之用；是則形稱其質，神言其用。形之與神，不得相異。』」

△在這一分，范縝說，身體是「神魂」的外在形質，「神魂」是身體的內在功能。因此，就身體言，是「形質」，就「神魂」言，是「功能」。在范縝看來，身體與神魂是不容分別的，分

不開的。也就是說，所謂神，是不存在的，它不過是肉體的附屬而已。

三、范縝說：

「神之與質，猶利之與刀；形之於用，猶刀之與利；利之名非刀也，刀之名非利也。然而舍利無刀，舍刀無利；未聞刀沒而利存，豈容形亡而神在？』」

△這一分，是被後世的「無神論」者引用得最多的論點。在已逝的胡適之與時人李敖書中，均迭有出現。他們是「社會不朽主義」者，與道地的「唯物論」有別，雖然主張無鬼無神，並不一定崇拜唯物思想。

范縝在這一段文中說，「神魂對於身體而言，就好像刀的鋒利功能與刀的鐵鑄刀體的關係相同，所以人的身體對於身體各部份（手、足、眼、耳、鼻、舌、身、意）所產生的生理功能，也就如同刀體之與刀的能斬麻切肉的鋒利作用一樣。」

他說：「鋒利的功能（名），不一定代表『刀』，除了刀，別的類似的東西也有鋒利作用的；刀的功能，也不就是代表狹義的鋒利功能。可是，除了鋒利的作用之外，也就沒有刀的〔價值〕存在了。沒有刀，鋒利的功能也就沒有了。〔刀只剩爲一塊廢鐵。〕〔我〕從未聽說，一把刀被銷毀了而刀的鋒利性還存在的。因此，怎麼能夠說人的身體死了，還有一個看不見的神魂存在呢？」

范縝最大的錯誤，是把人的身體與形上的靈魂，用鐵打的刀和刀的鋒利功用來作譬喻。他把生理功能當作超越生理作用的「神」了。

四、接下來，他又自問自答，舉出「活人的身體與死人的骸骨」，連結到「活着的樹木與枯死的樹木」的比類上，來證明兩者（活的與死的樹）不是同一的東西。他的意思，活的樹不能代表死的樹。人的生死，也與樹木的榮枯，都同樣是物理作用。樹活着有生命，枯了生命也就完了。人的身體死了，也像樹枯了一樣，與草木同朽。不再有第二度第三度形而上生命出現。

五、他在「神滅論」中又談到「知覺」與「思惟」的問題。

「問曰：『知之與慮，爲一爲異？』

「答曰：『知即是慮，淺則爲知，深則爲慮。』

「問曰：『若爾，應有二慮；慮既有二，神有二乎？』

「答曰：『人體惟一，神何得二？』

「問曰：『若不得二，安有痛癢之知，復有是非之慮？』

「答曰：『如手足雖異，總是一人，是非痛癢雖復有異，亦總爲一神矣！』

△范縝在這裏，借一問一答，反復強調身體與其生理功能，甚至生化作用，都是一種東西，除了身體，一切作用，一切精神感應，一切形上的靈能消息，全是子虛。

范縝在下文中又以「五臟七竅」的功能來比喻，證明除了身體，五臟七竅的作用全會消失。而這些作用，就是范縝所謂的「神」。身體死了，那個「神」也死了。談到五臟的功能，他認爲心臟是「思惟」的主體，在今天這就是大笑話了。

六、接着范縝提出古聖先賢的外貌與奸惡賊盜的面目相對比。孔子長得像陽貨，項羽長得像大舜；他只好說：「珉似玉而非玉，雞類鳳而非鳳」了。

他藉「問者」難：「形神不二，旣聞之矣，形謝神滅，理固宜然，敢問經云：『爲之宗廟，以鬼饗之』，何謂也？」

「答曰：『聖人之敎然也，所以弭孝子之心，而厲偸薄之意，神而明之，此之謂矣！』」

△范縝認爲古人因道設敎，其目的在安慰後人的心，並藉以戒除人心澆薄而已。所謂「神明、上帝」，就是如此罷啦！他一再強調，鬼神是沒有的，人滅爲鬼，當然是空話。他說，「人鬼之間」，不過是生死殊途的分別名詞。

七、范縝在最後一節，也是全篇最重要的結論——他的「神滅論」眞正用心所在，前人大約是沒有想過的。

他寫道：

「問曰：『知此神滅，有何利用邪（意思是有什麼好處與作用呢？）？』

「答曰：『浮屠（佛敎）害政，桑門（和尙）蠹俗，風驚霧起，馳蕩不休，吾哀其弊，思拯其溺。夫竭財以赴僧，破產以趨佛，而不卹親戚，不憐窮匱者何？良由厚我之情深，濟物之意淺。是以圭撮涉於貧友，吝情動於顏色；千鍾委於富僧，歡意暢於容髮；豈不似僧有多稌之期，友無遺秉之報，務施闕於周急，歸德必於在己。又惑以茫昧之言，懼以阿鼻之苦，誘以虛誕之辭，欣以兜率之樂，故捨逢掖，襲橫衣，廢俎豆，列缾鉢，家家棄其親愛，人人絕其嗣續，致使兵挫於行間，吏空於官府，粟罄於惰遊，貨殫於泥木。所以姦宄弗勝，頌聲尙擁，惟此之故，其流莫已，其病無限……若……下有爲以奉其上，上無爲以待其下，可以全生，可以匡國，可以霸君，用此道也。』」

范縝「神滅論」的中心思想，不是很明白嗎？這篇「大論」也就是他安邦濟國的大計啊！他出的主意就是要「滅佛」，他的文章，把「佛教、僧徒」說得十惡不赦；他認爲佛教在當時濫耗民財，絕人子嗣，荒廢公務，禍國殃民，虛無飄渺，甚至奪了儒家的道統。這篇文，是百分之百的三百年後韓愈「原道」滅佛思想的先祖。

他堅持儒家的正統思想，不容異端插足，當時因蕭齊王朝信佛，他的形勢不比人強，只有造「神滅論」來難那個沒有頭腦的竟陵王蕭子良。

其實，他除了堅決反佛，也有「獨特」的一面。南史五十七卷說：

「太原王琰對他的滅佛思想，著論議之曰：『嗚乎范子！曾不知其先祖神靈所在。』想藉此杜絕范縝之口。但范縝回答他說：『嗚呼王子！知其祖先神靈所在，而不能殺身以從之！』」來消遣蕭琰。

後來竟陵王蕭子良派王融轉告他說：「——神滅既自非理，而卿堅執之，恐傷名教。以卿之大美，何患不至中書郎，而故乖刺爲此，可便毁棄之。」

但是范縝卻大笑回答王融說：「——使范縝賣論取官，已至令僕矣，何但中書郎邪？」由此可見范縝的不與人同，堅持異議的另一面。

就范縝的「神滅論」觀點言，他所說的「神」，當然便是世俗的所謂「靈魂」，套佛家的名相，便是「中陰身」，也可釋爲「阿賴耶識」，提高層次，可以推到「佛性」。

佛家的「阿賴耶識」，所顯示在人體生命上的作用，並不是單一的某一方面的功能，而是一種性格，意志，生命情操，思想導向的綜合體。它不能用「刀之與利」來類比。它是假肉體爲過邸的。肉體是報身，行爲、意志，命運是神識的表達。

范縝雖口若懸河，精細鋒利，但是他的理論是站不住腳的。卽使「靈魂」問題眞正不存在，他的立論也有毛病。不過當時他的知識範圍、思想層次只有這麼多，而社會所容納的知識也只有這些。他難倒了許多人，是社會的難題，而不是他的理論堅實。

依照佛法講，范縝的「一死百了」、「神滅論」，與生命不滅、能力不滅的理論，自必各走歧路，要辯論永遠也沒有完。一方面，沒有人可以捉一個鬼來當場作證；另一方面卽使可以捉一個鬼，或有人經驗過一段形上神識遭遇，或者有人也印證過「佛性」，堅持「唯物論、神滅論」的人也不會相信。

佛家的「生命不滅」，由阿賴耶到佛性的過程，如果與今天科學理論掛鈎，只有求之於「能力不滅」說，次焉者，求之於世界各地的「靈魂學會」。靈魂、神識的能力，絕不是「生理上單項的功能」，而是超越各別的、肉體的、形上的「靈體」。它是永恒的事物。

范縝活着的時候沒有見過鬼，又捍衞儒家道統，反佛教，思想上無神，怎麼會了解到佛法的深處呢？

他不過是「借題發揮」攻擊佛教而已。

我們要面對歷史看看范縝與蕭子良那段話的時間，是公元四八三年到四九三年之間，梁武帝蕭衍還沒有當皇帝，在蕭齊時，蕭衍在竟陵八友中與范縝也是同流，他的信佛，是中年以後的事。

范縝的「神滅」、「反佛」，最重要的原因：

第一、基於他是徹底的正統派儒生，要捍衞道統，不容異端橫行。

第二、他「神滅」的獨特思想，因爲非神，並立論著文，神與佛雖然層次不同，但同爲形體以外精神界的生命，因此也一併反佛。堅認無「佛性」存在。

第三、也是最重要之處，當時佛教在北魏及蕭道成王朝已得到普遍的崇信，北魏造雲崗石窟也在那前後時間，而梁武帝在年輕時反佛之後，中年反身信佛，這種形勢，都令佛教得到空前的發展。

在這種佛敎蓬勃新興局面的幕後，我們從「神滅論」中看到一種現象，便是佛敎膨脹得過了火，出家、造寺、塑像、僧侶勢力坐大，但是使佛敎素質降低了。因此使當代儒生與道士產生極大的反感。事實上也是。大量的造寺院伽藍、造像，消耗極多民間資財，出家又蔚爲風氣，並可以得到某些特權，使社會上出現一種佛敎成了社會生存的負擔的局面，成了一種富國濟民的風險。在儒生而言，這都是「惡紫亂朱」的現象。也就難怪，「特立獨行」如范縝者，要著「神滅論」了。

范縝的「神滅論」，放在今天的世界，地球上還有它一半的信徒，而且民主國家的知識份子間，更不乏同流。

況且，在這一片日益狹窄的地球上，又是一片造寺造神廟的熱潮，有沒有「廟祝」出面維持都要造，造一些光有神沒有人管的空廟，這眞是宗敎界應該深思的問題了。

我們要知道，世界上持「滅佛、神滅」的人多得很多呢，而且造寺造像，使得佛敎反過頭來成爲景觀膨脹的現象，又何必呢？

我看，老莊那一套哲學我們還是可以學一學的。天下物極必反。「福兮禍所倚，禍兮福所伏」。人們爲什麼不能坐下來想一想呢？

「范縝這個人，就他的人格規模來說，他還是一個有風骨的人。否則，在他那個環境裏，怎麼敢寫「神滅論」呢？范縝那個時代，按理說是一個人人都迷信鬼神的時代，偏偏他獨持異議，兼之他必然沒有見過「鬼」；而成佛悟道，一時又拿不出證據來，所以他的「神滅論」得逞了。而且「流芳千年」。

如果就單純一個人而言，承不承認「神魂」，是無關緊要的。「神滅論」最大的禍害是：助長了反「因果律」，反道德精神的風行，並且成了「唯物論」的歷史借道，那才是最可怕的一招了。我怕老毛還熟讀過它呢？

從事佛法實踐與佛道研究的人和今天反唯物思想的學者們，你們還是拿出一點東西給「神滅論」的信徒看吧，光說不做，或嘴上唯心，手上唯物，「神滅論」的信徒也會笑掉了牙吔。

——一九八四年五月廿七日十時完稿

論「愛的形下學」

中國的文學，從春秋的「詩經關雎篇」開始，到清初的「紅樓夢」，寫情寫愛的詩詞歌賦、小說彈詞，恐怕不是汗牛充棟可以概括得了的。

愛情，在愚夫愚婦的身上，本是「形下的」、「生化反應的」、「傳宗接代的」；談到「生同羅帳死同穴」那種令人悲歌涕泣的感性場面，在煎熬於中國千百年間「兵車行」與「苦寒行」的荒殘畫面下，又到那裏去找呢？

文學，使「生物的化學反應」，成爲一種塡滿文明的人類頭腦的虛幻添加劑；它使人類可能在兵荒馬亂與苦寒燠暑的歲月間，浮現一些生活上的空靈與浪漫情緒。人底性靈領域之僥倖沒有乾涸成爲沙漠與磧鹵，「愛的文藝化」實在功莫大焉。

如今許多流行小說如「殺夫」之類，擁簇着諸如「殺妻」一類的悲劇交替出現於情感世界，使得當代「愛情的眞諦」，竟弄得這般朦朧又曖昧，眞是令人浩歎。究竟，世間情是何物？一如凡夫俗子之你我，還有待此道專家來解釋。

世間，如有人能爲「愛」的眞諦來下定義，那我就會「虛度枉生六十年」。世上奇風陋俗所在多有，例如南美洲的一個蠻邦，一百十七歲的老蠻娶了個十四歲的蠻女爲妻，他們五代之間統合成一體，不知應該寫在「偉大的愛情」第幾章？至於那爲愛而愛得驚天動地；恨而恨得死去活來的衆生，除了游泳浮過「愛情之海」，又將伊於胡底？

每個人一生都有一個青春期，就如每個貓狗年年都有個嚎春季；凡是血肉動物都會分泌「激情素」；它只要英勇地長生不想死，它底內部就會生命源頭活水不枯竭，生化連線不斷去反應；此所以少男少女老夫老婦都會譜出「維特的煩惱」與「黃昏之戀」！

卽使人類的社會把文明倒轉，而生化反應也會在人猿的身上天下大亂；處在那一景況之下，「愛情」就眞正只有血肉關係而無道德意義。

愛情附加了道德的素質，乃是人類精神文明的頒賜。如沒有文明、沒有文學，一切的愛情都會炭化爲焦石。

現在，你如果膽敢說「愛，除了滿足情慾」之外，它底剩餘價值已無幾，就必然有人砸你的狗頭、咒你禽獸不如。可是，在殺夫殺妻的行徑裏，我們又嗅到多少人腥氣？

其實，人與禽獸同流，倒沒有甚麼低級；低於禽獸的水準，才算問題。當禽獸在求偶未遂之時，還不會把牠的那一半嚼成碎片吧？而人類由於後天知識上的愚痴，有時在情愛的床上或情愛的戰場上，都慘不忍睹的墮入了悲劇的層面。

世間本也會冒出些貞男節女，爲他們的情生死相依，那種有花有果相許以終老的境界非常高尚。而在某些單純的心上，能夠有「老妻是醜的好」的性情的，反而是那些默默無聞的鄉野人。

難怪，一個英國皮膚專家尼克遜就說：「愛，僅是一種化學反應；接吻，只是人們吸取所需化學品的方式。」他在一九八四年十一月號的「英國皮膚學學報」上寫道：「——這種化學品是動物間傳遞生物訊息的物質，因爲它分佈在皮膚上，必須以接吻方式來傳遞其彼此間蜜意。」

他相信，愛人們在對方身上找尋的這種化學品的來源，是「皮脂腺」，它可以分泌皮脂，而「皮脂分泌的速度增快，會達成異性之間的情愛。」

他又說：「青春期的男女會分泌較多的皮脂；懷孕和哺乳的婦女也會分泌大量皮脂。而母親吻嬰兒，是吸取嬰兒分泌的皮脂——化學反應就是愛……。」

照這種「內分泌主義」的論調，愛情還有什麼形而上的意義呢？除了動物間交換彼此所需的「化學原料」，還有甚麼。生物界「各盡所能，各取所需」，這不是「形而下」到了十八層地獄了嗎？

人，除開「男女大欲存焉」，和基於文明所施設的「道德意識」，還有沒有「形而上」的東西呢？

「有！」我說。

那麼，愛的形上層面究竟在那裏？

我說：「那就是『因緣、因果、宿業』的佛法層面，所加於衆生流浪生死波濤中的糾纏不清的『恩怨互酬律』，支配着喝了迷魂湯的痴男怨女。」

眞是——今生不結結來世。情債不清，此恨此愛不止。二十年前，我看過一本小說，在作者的筆下娓娓敍述一個六十歲男人和十六歲少女的一段孽緣，一個要還債，一個要報仇，於是乎，第二次元的情場便呈現了。人生最珍貴的情愛，落到愚痴形下的層面，就太辜負生命了。

何謂大愛、至愛、形上之愛？恐怕還要在宗教與智慧中潛泳追尋。

——一九八四年七月二十日

論「佛門宗法主義」

中國之家族主義橫行，由來久矣；其造成的禍害，大焉者亡國滅種，小焉者身敗名裂；而中國人習焉不察，全身浸淫於「宗法人情」的繭縛之中，使得今天社會蒙受其餘殃，烏煙瘴氣，上自廟堂公卿，下至里巷小民，以「情」御「法」，一切的公器，全成爲「人情」的工具；而今纍聚成「癌」，貪瀆如水銀瀉地，糜爛如尿池圂厠；整個人際關係，陷於泥淖。正如屈原所云：「君子道消，小人道長；黃鐘毀棄，瓦缶雷鳴」，是非善惡混成一團，嚴格說來，甚麼叫做「小人」？「小人」的定義，就是那一羣以「私情」打倒「律法與社會規範」的自私自利之徒。

今天之「司法」所以弄得「無人信任」，社會所以弄得腐爛不堪入目，一言以蔽之，「人情」而已，「宗法」而已。蓋自古以來，中國歷代興亡，與中國的宗法主義不可分。換句話說，中國歷史上改朝換代，取決於「歷代王朝圖利他的子孫」、「出賣人民利益」。

追究起中國宗法主義盛行，不能不說淵源於儒家「尊親」思想的延伸；「尊親」本是人類共同的良知，但是一朝擴大其領域，氾濫其關係，在人間形成壁壘分明的「親疏厚薄」，年深日久，中國的家族份量、私情包裹，自此卽如蛆附骨，擺不脫矣。今天中國政治之不得清明，法治之扭曲縱容，道德標準不得重建，天王老子也奈何它不得，厥在這個「宗法社會」的流毒；我不明白我們社會為何如此眷戀於「宗親會」、「家族譜」、「子孫圖」的美夢之中？我們難道挨受這把刀的凌遲還不夠？我們子孫裙帶為社會帶來的苦難還不夠多？社會處處漂浮着「以身試法，以情亂法，為情賣身」的行屍走肉。

不幸的是——以救度衆生、出世絕俗的佛門竟不能置身局外，自唐代禪宗「法脈」流派興起以來，結合了中國根深蒂固的家族主義，於是以「衆生平等」「冤親一如」「無我無相」為旨的大慈大愛的佛教，一下子掉入了「家族法派」關係的濁流，於是「子孫廟」如瘟疫一般地生起，師徒父子血緣關係的烟霧瀰漫，佛家在學術的「分宗立說」之外，又多了一層「家族」的網；本是「絕情絕俗」的出世間佛法，從此是非多矣！

於今在佛門依然抱着「傳法襲脈」的僵屍不放，弄得世人耳昏目眩，也不知傳的是那一家禪法，襲的是那一門血脈？更可笑的——緇門的「師父徒弟」關係與白衣血緣關係相交錯，弄得佛門處處都是「大家族」，師父、師公、師祖、師太祖……徒弟、徒孫、徒曾孫……師伯、師叔、師侄、師姪孫……只要父親皈依一位師父，他的子孫三代便與「方外」的出家人攀上了扯不清的血緣；天下之笑談，寧過於斯？

一座叢林，是一個王國；一所寺院，是一個家族；一位「大師」，是一個宗親會會長；此情此景，如佛陀再來，必將痛哭流涕。今天白衣居士不明就理，處處附和佛門宗法家族的門閥，搖旗吶喊，成羣結黨，護此訐彼，狺狺而吠，多麼可憐可笑？

須知三界衆生，「一入佛門，皆爲佛子」，絕無差異；父子、夫妻、祖孫，卽使同事一師，亦等同皈一切師，只要是「棄俗」的沙門，不論是比丘、比丘尼；中國僧、外國僧，全是我師，又從何處冒出「師公、師祖、師太祖、徒姪、徒孫、徒重孫……」這些名堂來？

佛陀之子——羅睺羅，以舍利弗爲師，而舍利弗又師事佛陀；如此一來，羅睺羅豈不成了佛陀的「徒孫」？從世俗的父子，弄成方外的「祖孫」，這是甚麼「佛法」？因此，援中國的「家族宗法主義」，混到佛門是行不通的，也是違戒的；而佛教到唐宋以後，感染上中國的「宗族絕症」，還不該趕快拔除嗎？

明代蕅益大師看到這種佛門混俗的景狀，極爲痛心地說：「——古來知識不聞有法派之說，奈何末世，以此爲親；吾聞先受戒者在前坐，後受戒者在後坐，不聞先取名者爲師兄，後取名者爲師弟；旣以法脈爲重，必以戒法爲輕，叔伯弟侄，儼然與俗無異，可羞可恥，所宜痛戒……。」（靈峯宗論五之一）

弘一大師生前，不受染徒，實因佛道陵夷，如隨緣從俗，一擾清修，次亂佛戒；佛法入俗，各立山頭，分崩離析，佛門危矣；因此以自身爲典範，才跳出這一圈佛教的「家族門限」！

如今禪宗的一花五葉宗風已成歷史陳迹，再執著於這種法脈的承傳，已毫無意義，只徒增世人以俗眼看待，佛門如肯定自己跳出三界外、不在五行中的性格，應該關了這扇宗法主義的門才是！

——一九八六年十一月二十日

論「寬厚」

一個人懷有一顆寬大的、慈憫的、能容納別人錯誤、缺項的心靈，是很難的。能眞正擁有這種陽光普照的寬厚心靈，這才算是一位宗教家、哲人、聖者；而我們在社會上耳聞目濡——許多所謂「大師」、「社會賢達」、「哲學家」的私隱生活，處理人際關係，其實依然與俗人無異；依然是人云亦云，依然是「是非難明」，甚至「附和穿鑿」，隨波逐流；沒有自己的獨立思考與判斷，不能在「衆人皆醉我獨醒」的情況下，運用智慧，明析事理的眞相。

這是一項悲哀。世間的「聖者」，只可遠觀，不可近覿；一切透過社會傳播工具烘托而出的「聖賢」，都難以通過眞理的標準來檢驗。也正因爲如此，所謂「聖賢人格」，如同在恒河沙裏淘金，如果你有日在無央數的沙裏發現一粒眞金，那眞正是「異數」；這種「聖賢」才眞正是火煉金剛、八風不動；這些人才能以一顆「寬厚之心」待人。

世人能不以道聽塗說爲是非評斷標準，能以「信賴證據」來作爲評估是非善惡的要件，這已是難能可貴的了。

現在，姑一引「金山活佛」——妙善大師一席話，來說明甚麼叫做「寬厚」？

民國十七年夏天，歐陽竟無門下的佛學者黃懺華居士，問「活佛」：「你老人家高壽幾何？俗家在那裏？」

剛問了這兩句話，「活佛」向他搖搖手，現出「不愉快」的神色說：「你不是算命看相先生，我也不要看相算命，問這些不相干的廢話做甚麼？」說得黃懺華耳紅面赤。活佛看到他不好意思，又用安慰的語氣說：「我告訴你，在家學佛，第一要斷『俗氣』。往後遇見出家人可別盤問他這些閑話，只問他修持那一法門？是讀經？是持咒？是唸佛？還是修習禪定？這才是正當。你問我出身？如果我說是出身名門大族豪富之家，童眞入道，現在有一百歲；出生之前，我的母親得甚麼『異兆』，生下來時候，又是『異香滿室』，你相信嗎？假設我說生下來之後，父母是討飯的，沒有飯吃才出家，你聽了如何？說我出身高貴，你當然生歡喜心；說我出身低微，你當然生卑視心，是不是？要曉得這些都是世俗淺見，佛法中是不計這些的；不問年老年少，但問有道無道。你還要曉得，凡是故意說他出身不凡的，那都是騙人的鬼話，信不得；除非佛菩薩應世降生，才有異兆；你我凡夫，有甚麼不同？有甚麼奇特？」黃懺華聽了這番話，馬上趴在地下磕頭，向活佛求懺悔……。

活佛這一番「作略」，在寬厚慈憫中展現的才是正知正見；不人云亦云，不附和時流，婆心切切。

「寬厚」是大慈大悲的基礎，沒有一顆容納「人我」「異端」「逆己」之心靈，又如何能以

「慈心」看世界？又如何能以「靈光」照幽微？

「寬厚」不是「糊塗」，不是「懦弱」，不是「鄉愿」，不是「曖昧」；「寬厚」是人類天性中的一股甘泉，是學佛人入道的修養要件。不要以「牛羊眼看衆生」，要以「佛眼看衆生」；以「牛羊眼看衆生」，人人都是「牛羊」；以「佛眼看衆生」，「人人都有佛性」，人人都是佛種；佛法教導我們「不輕己靈」當然也要「尊重彼靈」。

在「世俗」上的小事，當以滄海之量去包容，如此才能不陷於「失言」、「失人」之痛！

在許斷是非善惡之前，先把你的「天燈」捻亮，不要在黑暗中誤入歧途。

我們如能處處存心「寬厚」，許多是非息矣！

——一九八六年十一月廿五日

論「痛」

一位也曾身經「亂世遭飄泊，生還偶然遂」的天涯「迢迢人」，從世界各種主義都管不到的香港來信給我的老友韓某說：

「韓老：您老人家十二月十八日來函悉，看來上次寄給您的信又丟了！大約在十一月十五號左右寄上一信，信中附有『關於弘一大師的資料』一份，是『關於大師（俗家）各親屬的情況的』，這是一份剪報，看來是『禍及池魚』，信也被擲進垃圾桶裏去了。這份資料和『政治』毫無關係，這也不讓老百姓看，還算什麼『自由中國』，未免太不像話了。『攻城爲下，攻心爲上』，天天喚『反共復國』，喚了三十多年，老做不得人心的事，那天才能……」

韓老因爲近年患了飛蚊症，又年屆八十，初初看到這封字迹潦草的信，還以爲眼睛花了，霧矇了心竅；再看一遍，才明白這位老弟「大驚小怪」，如此偏激！他那裏知道我們既定的反共國策？他那裏明白共產主義之猶如癌症病毒；之猶戴奧辛的辛竄，一旦滲進了我們這一片光明清淨的佛土，會汚染我們一千多萬個天使一般的靈魂呢？

須知，這一份剪報，上面也許有「簡體字」，這是嚴重的毒字。也許是來自中共的什麼尾巴報：像大公報、文滙報、光明日報呀……那還得了？雖然弘一大師——李叔同的家屬不一定是共產黨，但是他們的名字和目前的景況，被登在這一張報上呀，這一來不是沾了共產主義病毒了麼？這種病毒一旦跟着這張廢紙傳到水晶球般聖潔的寶島——福摩莎，我們這些純淨、天眞的頭顱，可不會被魔鬼洗腦？

這位老弟——尤其搞不懂的是——故國沉淪，乃是抗日戰爭之後，一些所謂民主人士、社會名流、還有無知的大學生附和共黨邪說，淹沒了中國社會，使中共席捲大江南北；接踵而來的，就是越南之淪陷，帶來海上難民的苦痛。而他，又那裏會有海上喋血的難民經驗？難怪說出此種「分歧主義」的怪調了。

蓋共產主義之毒，猶如水銀瀉地，無孔不入。設若這份剪報是在「郵檢大人」慧眼之下咔掉，毫無疑問的是——因爲這是一封來自「香港」的信；香港，已沾上幾分紅色毒素了，而況信中又附上一份不知那一種主義煮過的斷爛朝報，當然——很可能是大公報？（其實，根本無人知道那是什麼報，也許是剪自香港的星島日報、明報。這些報都有簡體字。）——那不是大逆不道嗎？如果是大公報，不論上面那一個字，都是附有共產主義幽靈的；既附有恩、列、史、毛的幽靈，就是等於活生生的共產黨了；等於共產黨的這份剪報，又如何能讓它登陸臺灣自由之土？

韓老這位朋友如果明白這種反共的骨牌理論，他必然會忠貞得像史可法一樣，寧願葬身異域，也不會如此蜀犬吠日了。

——現在，讓我擦一下老眼，休息一下。——因爲我也老了。

我還是想不透，世界上竟有這麼多的中國人，會戴上一付有色眼鏡來看我們寶島的「保全」裝置。彷彿他們吃共產黨的苦頭還吃不夠似的。

像韓老活這麼一大把年紀，從民初看到現在，親眼所見，五四學潮、江西匪亂、大陸變色，弄得中國人民流離失所，是誰之禍歟？

像這種「自由毒素」思想，左右都是令人心「痛」的。

當然，像我也有個別之「痛」。就是這位老弟給韓老的剪報丟了，連帶使我也看不到一代高僧弘一大師的親屬流布圖，令我在晚景殘年之餘，平添了一次貼身之遺憾。我相信凡是景仰弘一大師的國人，一定會與我同背此「痛」。

活在五濁亂世，就是隨時隨地有這些「痛」要燒到你。

這也是我一生所忍受的無數種痛楚之中的又一「痛」！

——一九八六年十二月卅一日

論「中國人」

生爲中國人，就註定要背一生「和稀泥」的命運；你不和也不行。你是一根鋼筋，掉在這一潭「千古不硬」的泥淖裏，也得化爲又髒又臭又醬的爛泥。

你不和稀泥，別人要和你的稀泥；你要硬起筋骨，別人會咒你「老不死、絕貨、臭美、怪胎……」那麼你同流合汚了，皆大歡喜。中國人的命運就永遠陷在不軟不硬、不邪不正、又圓又滑的漿糊裏。

中國人不作興講眞話，也不作興容忍對方講眞話。

很慚愧，在人間和了幾十年稀泥，過慣了「人云亦云」「無是無非」「無刺無舉」的歲月，除了「渾渾噩噩」渡過此生，剩下的只是一身軟骨和酸氣。

中國人大多數人活得軟滑溜圓，肩上不能擔當一根扁擔，頭上落不得一片樹葉，眼裏容不得一粒砂，這，也是不符合佛法標準的。

佛法要人「忍辱」，可不是要人「軟骨」；佛法要人大雄、大力、大無畏，行菩薩道，爲衆生背苦難，可沒有叫人向自己設置的糞坑裏跳，化身爲一隻載浮載沉的蛆蟲。

柏楊寫一部書，叫做「醜陋的中國人」，龍應臺寫一部書，叫做「野火集」，都是挖中國人「和稀泥」性格的瘡疤的。

中國人的絕活，是「內鬪」「貪婪無厭」「損人利己」「不守秩序」「無道德勇氣」「詐欺」「嫉妒別人的成就」「八面玲瓏」「所有的寶都押」「說謊」「亂吐痰丢垃圾」「不守時間」「遇事不敢出頭」……他們挖中國人的糞，挖一籮筐，書賣了幾十版，大家看了也殺癢；也引得抱着老祖宗招牌不放的「衞道士」們咆哮、咒罵；可是，那些看書的中國人，看過照樣「和稀泥」，照樣「中國格」；比起「醜陋的美國人」、「醜陋的日本人」，柏楊和龍應臺雖然風光一陣，而他們最後還是「吃虧」。柏楊的「醜陋的中國人」早已被中國「正人君子」拋到大海，而龍應臺的「野火」與她這個人已遠颺中國，燒到瑞士去了。

中國人，人人都會咒你不得超生，都會發沒來由的牢騷，都會爲自己鳴不平，都會對別人「國駡」，可是詛咒的對象卻不是自己。自己絕對淸白。絕對寃枉。絕對包青天。絕對被害人。中國人都說自己旣公平又公正，反正說是一回事，做又是一回事。中國人永遠是說和做不一樣。

中國人的奇特是——白天和晚上不一樣，對人和對己不一樣，裏子和面子不一樣，生時和死後不一樣；明明是一件令人義憤塡膺的事，中國人會以一臉圓融無缺的微笑處之；明明是一件乖違天理的事，中國人會以「逆來順受」處之；明明是一件慘絕人寰的事，中國人會以「隔岸觀火」心態處之。中國人慣於把「是非善惡邪正」放在一隻鍋裏煮爛。中國人對時間慣於健忘，總會把過去的惡霸當作今天的神祈來供養。

有許多天大的、一準不會出問題的事，弄到中國人手裏會砸掉。你可以在中國任何一張報紙的新聞版會翻到這些糗事。把好事弄砸，彷彿是中國人的絕活。就像臺北市濱江街的「花市」一樣，無緣無故臺北市政府會敗在那些以「賴、示威、製造社會不安」的花商手裏。臺北市政府耗費上億公款建造，而且又立意健全的公產，轉眼之間便變爲一羣商人的圖利工具。每個攤位一坪月租新臺幣一百元（美金二元八角）。天下竟有這種白吃的午餐。

中國人也不喜歡講理，尤其不准別人講理。中國人不慣於爲別人着想；中國人的利益是一面倒地倒向自己。

中國人「有錢能使鬼推磨」，中國崇尚「特權」；中國人的「人情」、「錢」這套老掉牙的攻勢還眞管用，如果包青天在世，準可保證他會笑嘻嘻地塌在現代化的「中國泥」裏而不會翻臉。

中國人的哲學，來自「窮則變，變則通」。中國人有一套工夫連死人也會爲之咋舌——那就是能使死的凡夫變爲活的聖人。中國人任意塑造偶像之多，無以復加；你可以通過臺灣各色各樣神壇之多之雜可見端倪。上從神鬼仙怪，下到草木精靈；甚麼玩偶都能使中國人下跪。中國人最軟的部份，是「膝蓋」。

中國人最大的興趣，當然是「銀子」。老實說，中國人對錢的來路，絕無忌諱。但唯獨對「

尊門朝哪」有不可告人的講究。中國人花錢的方式，是通過「忌諱」來遂行的。而忌諱又與仙靈鬼怪不無淵源。

「中國男生對中國女士的戰爭」彷彿沒有美國人那麼劇烈。在這一方面，中國男人就很有風度。其實，中國人的字典裏沒有「公道」這兩個字。中國人不在乎「千夫所指」「遺臭萬年」這些又僵又硬的多烘話。中國人在乎的是「尿有沒有尿在別人的頭上」。

佛家有兩句話：「寧願老僧墮地獄，不將佛法作人情。」像這種老僧，已經跟不上潮流了。把寺廟庵堂、菩薩羅漢當作搖錢樹的老僧卻多得很。

中國人的陽剛之氣大概早已在「易經」時代就耗光了。

中國人的硬骨頭，只有在考古學者的筆下去找，到古人陵墓裏去挖；不講人情的老僧，久已成爲歷史塵泥下的古董。

——一九八七年三月卅一日

論「斯人獨顦顇」

歷史上，有許多「懷才不遇」、「楚材晉用」、「生不逢時」、「賫恨以終」的英雄末路之悲；雖說與個人「命運」有關，但亦不得不歸咎於整個政治體制之顢頇與無將人之量，以致中國歷代王朝迭現「君子道消、小人道長、黃鐘毀棄、瓦釜雷鳴」的屈原之怨嘆！待「良材」如不能「以師以友」，「以誠以信」，而處處「驅之若牛馬，防之若盜賊」，不是造就些「既不能令、又不受命」之徒，便是豢養一些「飽食終日、無所用心」的坐待甘肥之輩。

所謂「良材」，必不甘於被奴役，必不屈於坐冷房；除非眞正的奴隸，才需加以鞭楚；而眞正的英雄，則必可共患難、共歡樂。頃讀〔一九八七年〕七月二十五日臺北中國時報社論，評「王玉雲」其人云：

「經濟部國營事業委員會副主任委員兼臺肥公司董事長王玉雲又萌退意，請求去職，聞經濟部已層轉行政院，預料行政院將予批准。

「王玉雲崛起閭里，稱雄一方，無論其出身如何?崛起之過程如何?都是一時之雄，是一個人才。雖不一定是亂世之梟雄，治世之能臣，然而差乎近之。不幸的是臺灣是一個不治不亂的溫呑局面，也就是埋沒人才的最好場所。臺灣是一個淺池塘，蓋世雄才也掀不起巨浪，儘管是梟雄，無用武之地，只不過吹縐一池春水而已。臺灣也不是一個野無遺才、朝無倖進、政簡刑輕、鵬飛萬里的清平之世，縱有治平之長策，也無施展之良機。這樣的一個局面，必然是有人才之需要，無求才之急迫，於是人才便被壅在一起爛掉了。此處所謂人才，指天縱之才，後天培養人才，在臺灣這個環境之下是不可能的。旣沒有培養人才的制度，也沒有培養人才的胸襟，更沒有培養人才的打算，所以現在卽使是普通行政人才，都是要什麼人才，沒有什麼人才，至於足以負重任、開國運、旋轉乾坤的濟世之才，則更是缺乏了。

「以王玉雲的個案而論，在調離高雄市長後，或則給予國策顧問榮銜，予以棄置，聽其自求發展，以開展其個人事業宣洩積鬱；或則賦予重任，激勵志操，發揮才能，蔚爲國用。但是兩者都不是，卻給予臺肥公司董事長，一若其缺乏生活之資，安置一噉飯之所。隨後又發表一國營事業委員會副主任委員，有職無權，一若其志在榮銜而已。再後又恐其認爲副主任委員榮銜之不足，再崇之以特聘國策顧問。殊不知如王玉雲這種憑一己之力而能雄視一方的人物，豈在乎區區生活之資，更豈在乎幾個空銜虛位？這種人要的是實權，要的是成就，要的是事業。厚之以待遇，而待遇不過每月幾萬元；寵之以榮銜，而榮銜不過一副主任委員與國策顧問。以之濟貧安老則可，以之籠絡如王玉雲這種人物，則適足以增其抑鬱不平之心，其反映在正常情形之下，輕則離、重則叛，這豈是用人才之道？

「然而王玉雲確非常人，在其位卽謀其政，很認眞的做起董事長與國營事業委員會副主任委員來，於是處處碰壁，時時受阻，以一主管國營事業的副主任委員，公開說明理由要撤換一國營事業總經理而不可得，卻得到反唇之譏，而執國政者無一人理出是非曲直予以支持，是可忍，孰不可忍？是則王玉雲之求去，應該在意料之中，……。

「從王玉雲這個案例，可以看出政府用人，有一個固定的模子或格。合於這個模子或格的就是人才，就可以用，否則就不是人才，就不堪用；而迫於情勢非用不可，那就安挿一個位置，而非用一個人才來做事或達成政策目標了。但是政府是一個非常複雜的機器，而政治則更是一個精細的藝術，其所需要的人才各色各樣、各種出身、各種背景、各種性格、各種才能，必須配合齊全，方能駕御順利，展開萬里前程。我們中國關於人才有一句名言：『但願天公重抖擻，不拘一格降人才』。換句話說，人才不能拘於一格的，拘於一格，合於一個模子，不敷國家的需要。

「而且居於用人地位的人物，是不能用自己的模子來網絡人才的。眞人才有二種：一種是不爲人所用，或不爲他所不喜歡的人所用，所謂擇人而事；另一種是肯爲人所用，但要保持自己的志氣與立場，不肯屈己以從人。先放一個模子或懸一個自己定的格在那裏，眞人才不會來，來了不會久於其位。肯來的人或肯適應那個模子或那個格的人，就是願意屈己以從人的人，就不會是眞人才。是以會用人的人，一定自己先沒有模子，沒有懸自己的格，隨國家的需要，適才適用。

像王玉雲這種人物，一定要將其套入一個模子或一個格內，便只有求去了。」〔恕錄全文〕

這眞是慧眼穿石之論。況且果不出其料，此文刊出不足十日，王玉雲便在高雄發表石破天驚之談話，認爲執政黨對他不起，棄之唾之而後快。以王玉雲性格模式，以範蘇南成，甚至林洋港，皆差或近之，而彼等機遇則有不同。

時報社論，評的是政治人物，其實「入世」就無法擺得開「政治」的；談佛法，也撇不開政治。佛教的「入世軌範」，基本上是一套理想政治制度——所謂「當下淨土世界」。

人追求的是甚麼，不過是「安全」與「美滿」而已。能給我們人類這兩項東西的，難道不是「政治」？而政治的清明，沒有「良材」爲其擘治——又怎麼樣完成？

今天反觀這一個大圈圈裏面的小圈圈——佛教，佛教又能挽得住幾個「人」做事——更不要說什麼「人才」！——佛教——有幾個機構在「認眞」做幾件對歷史負責的事？佛教裏的一些機構，能把慈悲施一些給他們所用的人，不要刻薄成性也就好了，而不要放言高論，今天救幾個世間苦人，明天去渡幾個無明衆生。

「從一粒沙看世界」，整個的政治體制是一面鏡子，在這面鏡子上面，晃來晃去的都是同一流事物。我要提醒佛教界主事的人們——當你們慈悲心未啓之前，先對你們身邊「走使」的人物，慈悲一下。把佛教的人才「憔悴」掉的後果——是佛教自己的滅亡！

——一九八七年八月十二日

論「大衛‧考白菲的鴨子」

美國青年魔術家——大衛‧考白菲（David Copperfield）最近在臺北中華體育館表演他的「絕世技藝」，同時每週日晚間八至十時，在中國電視臺放映他的魔術錄影；我相信在電視機前面的觀衆，已經見到他的功夫了。

大衛‧考白菲，才三十歲，一九五六年出生在美國新澤西州的一戶魔術世家，這位魔術奇才，是父母的獨生子，十二歲已經成爲美國聯邦一位職業魔術師，到二十歲，已名震「江湖」，風靡世界；由於他「擇藝固執」，以「魔術爲生命之依止」，至今還是單身。

他的驚世名作，有「橫渡美國加州大峽谷」、「讓自由女神消失」、「穿過中國萬里長城」（二年前在大陸表演），都是在千萬人衆目睽睽之下，完成的「魔界巨構」。

我沒有到中華體育館看他面對面表演，但是透過電視連續四次播放他在美國的表演，以及在電視上千萬觀衆的訪問錄音，已使他的表演，成爲一幅歷史性的場景，而不再是「魔術」。

大衛在他的魔術裏，動員的助手達三百餘人，使用的道具，種類複雜，千奇百怪；而與他配戲的角色，不只是「人」——老人、黑人、美女、壯漢、小孩；還有大象、狗、鴨子、白兎、老鼠……。這些「人物」都會在大衞雙手一揮一拂之下，婆娑起舞；然後又在他凝神瞬目之間，悄然地如幻如影般消失。

集「魔術、舞臺劇、美術、電影、詩的氣氛」於一爐的創發性「魔術藝術家」，他的名字——大衞・考白菲，原來是英國小說家迭更斯名著——「塊肉餘生錄」裏的主角。這位身長八尺的單身美男子，其技藝之精美幽微，已經到達文學與哲理相融之境；說他是「魔術家」，已感覺是一種「褻瀆」。

他的「魔藝」之奇、之妙、之眞、之令人眼花撩亂、如痴如醉，我們只有用「出神入化、鬼斧神工、疑眞似幻、不可思議、如臨仙境……」才能形容其高深的專業造詣。而他的一舉手、一投足、一展眉、一掀唇、一擺首、一沉吟，都會浮起一股「太虛幻境」般的飄逸、幽雅、神秘、豪放、詩情俠意……。

世間竟然會出現這樣爲「魔術而生、而沉迷、而血肉相連、而同榮共辱」的演藝人，在我們這個社會——甚至於我們這個佛門之內的修道人，不知有幾個具備這種精神。

在大衞的「戲」裏，不僅是他本身表演得令人「目瞷神搖、心驚膽顫」，即使他「戲」裏每一個角色，都令人感覺彷彿是他另一個化身一樣，在「人間遊戲」。他們表演的讓人不覺得是一場戲，不是「魔術表演」，而是一場「連綿甜美的夢境」，感人而又親切，神秘而又眞實；凡是看過大衞魔術的人，有幾個會懷疑他在「移山倒海」？

大衛沉醉了電視機前面每一個觀衆與體育館裏每一個現場衆生。而令我心靈悸動的——不僅是他那些「點石成金」的幻術表演，還有他的那些動物配角——他那隻抱在懷裏的鴨子。

那隻名叫「韋柏斯德」的白色的鴨子，看來與衆鴨沒有什麼不同。在前兩次的螢光幕上頻頻出現，那只是一隻普通的鴨子，而牠卻會聽得懂大衛每一句話，看得出大衛每一個手勢，更奇絕的是，牠會與大衛的心靈息息相通——在無須用眼色、手勢指揮之下，能與大衛做同一動作，而令人發出深心的微笑。

他們如影相隨，人鴨共「舞」；人禽同歡。我簡直懷疑——韋柏斯德，不可能是一隻鴨子；牠是一種具有佛的性靈、禽的形相，來到人間受報，與大衛有緣的，流浪三界畜生道的「有情」衆生。

我們能看得出，大衛是那麼深愛他那隻鴨子，也不限於牠是他的演藝生涯中的配角；彷彿他們是人間知交至友。

我們之中也沒有誰曾在臺北街頭看到這樣一幕人鴨相親的鏡頭。

當然，臺北街頭有的是鴨子，但牠們是「烤鴨、板鴨、滷鴨、薰鴨、臘味鴨、鹽焗鴨、紅燒鴨、白斬鴨、香酥鴨、當歸鴨……」臺北街頭，是鴨的屠場、鴨的地獄、鴨的魂飛魄散之鄉。

大衛的鴨子，所反映的，是螢光幕上的「衆生平等」，是西方人性靈間的「人禽相愛」。

我們呢？只會「塡鴨、殺鴨、穿鴨絨冬衣」。

殺一隻鴨子，在中國人來說等於捽死一隻螞蟻；甚至是一項「天經地義的功德」。有甚麼動物能夠感動中國人的心腸而不殺呢？

在我們中國社會的成員裏，我看——難得有幾個能像大衛那樣，充溢着人性、人情的光輝。

中國人個個都是殺氣騰騰的，把別人當作「異類」。

臺灣從一九五〇年偏安到現在，雖然製造出經濟奇蹟，但卻沒有製造出幾顆「惻隱之心」。

中國人不僅不能夠開放胸襟去愛一隻鴨子；也缺乏一顆生命同源的心去愛自己的同胞。

在臺灣，以佛教爲信仰的人，按理是應該「慈悲」了，「平等」了，「自利利人」了，「行菩薩道」了，「忍辱、持戒」了，「以衆生心爲心」了；可是你幾時眞的見到幾個具有這種懷抱的人呢？

如果，你看到一個人一面念佛，一面嚼他的鴨翅膀，是不是覺得滑稽而可笑？

可哀的是，當我們看到大衛的鴨子那麼「幸福」「安全」「滿足」；而不禁要爲「中國鴨子」擲筆三嘆！

中國的「鴨子」太不幸了！

——一九八七年九月十四日

註：大衛在螢光幕上表演第四次是九月十三日晚間八點到十點。也是最後一次。

證知品

英雄寂寞論頌

「前不見古人，後不見來者，念天地之悠悠，獨愴然而涕下。」（陳子昂）——英雄寂寞。

「衆裏尋他千百度，驀然回首，那人卻在——燈火闌珊處。」（辛棄疾）——英雄寂寞。

「天蒼蒼，野茫茫，風吹草低見牛羊。」（斛律金）——英雄寂寞。

「萬事銷身外，生涯在鏡中，惟將兩鬢雪，明日對秋風。」（李益）——英雄寂寞。

「澤國江山入戰圖，死生何計樂樵漁；憑君莫話封侯事，一將成名萬骨枯！」（曹松）——英雄寂寞。

「功蓋三分國，名高八陣圖；江流石不轉，遺恨失呑吳。」（杜甫）——英雄寂寞。

「海天龍戰血玄黃，披髮長歌覽大荒；易水蕭蕭人去也，一天明月白如霜。」（蘇曼殊）——英雄寂寞。

「濁酒一杯家萬里，燕然未勒歸無計；羌管悠悠霜滿地，人不寐，將軍白髮征夫淚！」（歐陽修）——英雄寂寞。

「——知我者，謂我心憂，不知我者，謂我何求？悠悠蒼天，此何人哉？」（詩經）——英雄寂寞。

「偶向新豐市裏過，故人罇酒共悲歌；十年別淚知多少，不道相逢淚更多！」（徐熥）——英雄寂寞。

「望門投止思張儉，忍死須臾待杜根；我自横刀向天笑，去留肝膽兩崑崙！」（譚嗣同）——英雄寂寞。

「獨轉飄蓬一夢歸，欲尋陳迹悵人非，天教身願與心違；待月池臺空逝水，蔭花樓閣漫斜暉，登臨不惜更沾衣。」（馮延巳）——英雄寂寞。

「飛來峯上千尋塔，聞說鷄鳴見日昇；不畏浮雲遮望眼，自緣身在最高層！」（王安石）——英雄寂寞。

孤月殘星。

老僧入定。

天地空滅。

英雄寂寞。

——一九七九年七月十二日初稿

佛門如海論

佛教 (Buddhist)，不似其他宗教，用一個特定名詞，就可以含蓋它整個的總體意義。比方說：道教，就是道教；除此而外，就找不到其他的名詞來代替。儒家，總可以用「儒教」加以俗化，加以方便。

佛家，可以在「宗教」上，說它是「佛教」；在「思想義理」上，可稱之爲「佛家」；在知識分類上，則可稱它爲「佛學」。此外，由於創始人釋迦牟尼之故，歷史上也稱它爲「釋家」或「釋教」。

對一般世俗言，又稱它爲「空門」，對生活的方式說，也可詩意地稱爲「方外」。

爲甚麼「佛法」（好了，這又是一個可以代表佛家的名詞。）可以有這麼多專稱？如果我們對它稍有介入，便可以知道，這是因爲它底內容「層次多、涵義廣、尺度深」。從學術以外，我們拜它爲「宗教」，在宗教之外，我們尊它爲「學術」；在兩者相接之外，我們稱它爲「佛法」。

一個道地的凡夫俗子，笑它爲「空門」，稱那一羣芒鞋雲水之士爲「方外」，爲「空門人物」；在同爲宗教信仰者而言，可稱它爲「佛道」，用別於「他道」。請注意：道教（不是道家）

，就不可尊它一聲「道道」；正如基督教，不能稱之為「基道」一樣。好在，天主教還可以稱之為「公教」。

僅從正名上，佛家，或者說「佛門」吧，就已經使你忍不住要問：「佛教怎麼這樣麻煩？有這麼多的寶號？」請看：「佛教」、「佛家」、「佛門」、「空門」、「釋家」、「釋教」、「佛道」、「佛法」、「佛學」……，這些專詞，都可謂名正言順。

佛家的典籍，所謂「三藏十二部」，僅是原始「經、律、論」三大部，就有一萬二千多卷，再加上佛法東來以後，有關國家佛門人士的著作，累積起來，「浩如烟海」，請想一想，世界上任何有地位的圖書館，如缺一部「大藏經」來莊嚴它底匱府，恐怕也就夠寒酸了。

佛門之大，不在它底「空曠無垠」，而緣於它底「汪洋浩瀚」，任何人能從中汲取「一瓢飲」，便可終身獲益無窮，更何況，你能「深入經藏」、「智慧如海」？

——一九八〇年七月十四日

論「偶然」

詩人徐志摩有一首極耐人尋味的小詩——「偶然」。詞云：

我是天空裏的一片雲，偶而投影在你的波心；
你不必訝異，更無需歡欣；
在轉瞬間，消滅了蹤影。
你我相逢在黑夜的海上，你有你的，我有我的方向；
你記得也好，
最好是忘掉；
在這交會時，互放的光亮……！

這首寫「情」的小詩，非常細膩的予以哲理化。它捕捉了人間「偶然」的遭遇；抹下人類心靈中烙下的一記「光羽」。它爲那生滅無常的人生，投下一朵烙痕！

在人類的世間，爲「情」鑄愛鑄恨；鑄山盟海誓；鑄雪泥鴻爪；鑄片刻永恒。

這首小詩，竟然令人如此地留戀、哀傷、怛然，若有所失。這種捕捉不住的人生，「偶然」

會在我們無可奈何的生命中出現；兩心相印，而又匆匆永別；就如兩朵寒星，在天際消逝！

詩人的「詩」，之所以存有「歷史的地位」，淡淡的幾行，讀來令人廻腸九轉，千嘗百味，難釋於情懷，不知爲多少「有情人」流下清淚。

就彷佛徐志摩的生命一般地短暫，也彷佛徐志摩的光，在天空迸逝；這一位千古爲情而死的天才，彷佛將「偶然」永遠長刻在人們的心版。

情何罪？多情的人兒啊！

——一九八〇年九月六日

論信仰落實

「信仰」，是一件莊嚴的行爲，是一種聖潔而可以供諸於殿堂的磐石；信仰必須伴以一定的純度。人類的行爲一旦投向一種眞理之後，他必須付以終身之代價，信守不渝，寧可犧牲生命，也得保衞「貞堅」，純明如玉。

這項原則，是一個有宗教信仰之人的「人格基點」標準；如打破這一原則，便流於世俗，永難進入聖者之殿堂。

「信仰」，彷彿「聖女貞德」，毋視於敵人的槍口；信仰必須如聖者釋迦，能「捨身飼虎」，「割肉餵鷹」，心無所繫；信仰必須如「焚城錄」裏的基督徒，在羅馬暴君尼祿的迫害、殺戮之下，能在監獄、石窟之中，唱起他們的聖歌。——信仰能令一個懦夫成爲強者；信仰，能使貧乏之人，變爲富有。

信仰，足以使缺乏道德意識之輩，產生「道德勇氣」。

西藏領袖達賴喇嘛之所以令世人重視其行蹤，這不在於他的權力象徵與特殊的政治形勢，而在於他能與「信仰」共死生。

一個人對於信仰，必須「落實」到心靈深處，到生命盡頭；信仰一旦出現多頭馬車現象，便流入形而下的商品式多神崇拜之中。

信仰，一方面是感性的產物，但必應賦以「理性」來平衡，使其眞理能獲得客觀的肯定，而不入於邪道、盲從。人之生命價値，端在他的智慧之抉擇，而非水上浮萍，任「業風」飄浮。

弘一大師有詩云：

亭亭一支菊，
高標聳晚節；
云何色殷紅，
殉教應流血！

信仰必須有這種強度與純度，血肉塗地而不移，金流山焦而不動，才是釋迦的信徒。

試問：我們今天不知能從何處尋覓幾個「信仰如斯」的純一之人？

信仰如變爲商品，變爲人情，可以百花齊放，百家爭鳴，羊亡歧路，誠不知此爲何種信仰？

現在，我們當知在「觀音、城隍、蟲」三重世界裏的游離羣衆，佛國是不收這批人的！

——一九八一年五月九日

論思想落實

一個人祇要信仰落實，就可以做一個「老實漢」，修行辦道，而毋需粉飾雕琢，也能爲自己生死下一番功夫。古德爲此類人下一斷語：「自了」。其實，「自了」，也不是輕如鴻毛之輩，說起來天下之大，能自了的人還不多。

我們根據「悲願」的範疇來定論，「自了漢」比之於「衣帶漸寬終不悔，爲伊消得人憔悴」的「菩薩（Bodhisattva）們」，總是覺得差一把麥稭！

因此，要實踐地藏王菩薩「我不入地獄，誰入地獄？地獄不空，誓不成佛。」的大悲大願，光是落實了信仰還度不了有情，也救不了有情；那麼「思想落實」，便成了伶仃洋裏的救生圈。

思想落實，紮根於對佛家「空義」，能有透徹的慧解，與通盤的肯定，而後在這佛法大海之中，才有汲取一瓢鹽水資格，飲下這一瓢水，也才能滌除胸中塊壘，洗卻眼前葛藤，心與天寬。

這種人指引別人，才能爲之友，爲之師；才能不落知見之外。

我們不管世間誰是眞道人，誰是假道人；誰是吹法螺，誰是吹牛皮；我們祇看他「思想是否定於落實」。我們不看他「講經論道」，天花似雨。

袁了凡受教於雲谷禪師，我看他沒得個入處。原因是他用「記數」的方法，來累積千百條善行，原來他竟然是「爲了」換取「子嗣、壽命、功名」。他對改變自己命運之重視，尤重於「生死問題」之瞭解，也算用心「良苦」。但是，袁了凡不是「修道人」，他沒有注意到佛家的思想不在這裏。他的改變命運觀念固可同情，而他在「信仰」上，令人覺得除了「要求」，不知還有什麼？「爲善」難道就是爲的些「皮相事」？

他的「信仰意識」，祇是木乃伊穿着的、架空的金縷玉衣，因此使他的「信仰」，成了一項「意識危機」。

袁了凡，在佛法裏沒有得到甚麼，他的「了凡四訓」指導一個「凡夫俗子」爲善去惡可以參考，若引導向深一層次浸入佛理之人，則過份簡陋。

修學佛道，要「思想落實」，才能承傳佛陀正法；學佛之人，不能徒使他的智慧成爲學術的，換取束修的工具。因爲學術本身不是「道」，在「道」上，學術可以是佛面的金箔，它與「道德成就」無必然關連。

我爲「思想落實」上一柱香，祝福一些智慧如海的人們，珍重今生！

——一九八一年六月十日

論悲情

佛家所謂「悲情」，可以透過兩方面來解釋：一，悲情即是儒家的「生知之性」，所謂「良知」、「理性」；二，是經由佛道的薰修、精進、發露而來的成全他人、犧牲自己的偉大情操；是體悟衆生同體的悲心大願。

人，不是天生的聖賢。一切聖哲，也都是經由人這一關提煉薰修而來。佛陀與孔孟老莊，同是一樣。因此，人不能不以聖賢相期許；如以聖賢相期許，則又不可以「我非聖賢」，「所以我可以與城狐社鼠同流」。

矯情不能以「悲情」來掩飾其虛僞面目。悲情必須出自對於一切有情的深關摯懷；彷彿母之與子，骨之與肉，唇之與齒，串連一體的相依相賴，而不容寸絲片縷的虛情假意與施恩布德的太上權威。

悲情必須是將對方的生命份量放在第一位，自身則降於空相之境。悲情應將全體的權益超越於個人，社會的權益超越於團體，地球的權益超越於國家，衆生的權益超越於族類。

一個修道者，是否接近聖賢的階梯，應該從「悲情」中見分曉，凡自視過高而毋視於悲情之發露者，在人我之際太分明，利害之間過細膩，不能以地藏菩薩心胸容納同流，不足以言道。人之一生，曲折猶如「山陰道上」，得失頗難判定。今日之得，也許是明日之失；今日之失，焉知非明日之福？何況三世因果，森密如「帝網蛛宮」，非佛菩薩，難窮其奧；是以佛弟子雖未見道，但具悲情，亦足言道矣。

無相的悲情，有無限的回流；無限的悲心，有無窮的福田；福慧雙修，不能不以悲情爲基礎；純一的「慧解」，如果銳化成一股悍戾的靈氣，彷彿塗蜜的劍芯，不僅傷害別人，也將會誤刎到自己。悲情，悲情，悲情！必定是一顆悲天憫人之心！

「悲情」，源自無相之慈、之悲、之喜、之捨；而它的回饋——彷彿投射出去的光，它將爲你自己在黑暗中鋪出一條金色的道路！

——一九八一年十二月十一日

空色各論

「空」「色」二字，千載以來，爲佛家招來世俗社會無窮的誤解，難怪乎「下士聞道，拍手大笑」，原來眞理的語言，祇是對「上士」來說的。

佛家的思想義理，本來祇有智者才能悟入其堂奧，所以「佛不渡無緣之人」，當然是有其深義的。

照一般常識解說：

空——除了表示特定的「空間」而外，它所代表的，就是消極面上的「空虛、渺茫、天地間曠無一物」。而在人們心理上，則表示「死亡、絕望、空洞、往事成灰」的無奈之感喟。

色——則如孔子所謂「如好好色」之色，「回眸一笑百媚生，六宮粉黛無顏色」之色，「一顧傾人城，再顧傾人國」的天香絕色；以及在「色彩、色澤、色調……」的美術意義上的繽紛其色。

世人對「空與色」的概念，簡約不過如是。

佛家的普通「名相」，常常成爲世俗的觀念障礙，而且這種情勢，一拖幾千年，不僅匹夫匹婦如此，許多讀書人也不例外。對之理解最爲曲桀者，又莫過於所謂「儒生、儒學家」，眞是釋迦之遺憾！

現在，對這兩個字，從印度原始文義，略作詮釋。

空：(Sūnyata)，原是宇宙的本體，萬事萬物消長的本性，是世間事物變遷的原則；凡事經過「因緣」湊泊而成的事物，因爲它底本質缺乏「實在性」，所以設名爲「空」。維摩經說：「諸法(事物)究竟無所有，是空義。」中論說：「因緣所生法，我說卽是空。」此之空，並非「虛空、死亡、毀滅……」它是萬古長存的宇宙本體，它是永恒的眞理。是理性，是絕對，是純一的形而上；它是一切生命的原來面目。

色：(Rūpam)，是宇宙的現象，由於現象缺乏不變的性質，所以它永遠都在「此生彼滅」之中。同時，它彼此間有對立、有衝突、有排斥，也有生滅的多樣定性，所以它底自我不見永恒的意義。佛經上說：「由變壞故，名爲色。」又說：「質礙爲色。」換句話說，「色」卽「物質」。色，包括世間一切形象。世間沒有一種實體的東西可以永垂不朽，因此，色之本質，除了有視覺上的價値，便與因緣同其死生。

空與色，彷彿水之與波。平常一點，便是「精神與物質」、「本體與現象」、「理性與世情」。其實，這種二分法，也是錯誤的。色卽空之一部份，因宇宙本體不容再析；如妄分爲「空色」，已是落於「語言說教」。在得道者的眼眸裏，空不異色，色本是空；由於色之「不眞」，所以「空」乃論定。

——一九八二年五月十五日

母難日餘論

辦生日宴，相信是舊日富足家庭，今日富裕社會的事。以往白屋蓬門，從沒聽說誰家過過「生日」。

生日，不過是繁華世界的花團錦簇；老年人因此而獲得空虛的安慰；中年人藉此享有片刻的喘息；孩子們則因此而享受到大人們的寵愛。有了一席生日宴，多多少少可以冲淡人生一些不如意事。

活在自由的、開放的世界，誠不知毛王爺時代、紅衞兵歲月裏的黑五類和勞改營裏的生日怎麼過？

很遺憾，癡長五十八年，沒有過過一次生日。——並非因爲貧窮。

記得二十年前，有緣讀悟明老法師民國四十五年農曆八月廿六日的日記。悟老寫道：「今天是『母難日』，愧爲人子，遙隔死生，便獨自一人潛至郊區偏僻小寺，覓室靜坐，絕食一日，虔誦金經、大悲咒，爲慈母加被，藉報養育之恩。……」

「母難日」，竟然是佛家爲「生日」別立的新詞，這一新詞之鑄造，眞是道盡了母親的辛酸。佛啊！生爲人子，還有什麼心腸在母親受苦這一天，來開香檳，飲美酒，進美食呢？

在這裏，我要深深感謝悟老賜我閱讀他的日記——自此以後，我也步踵前賢，每逢我的「母難日」，午後「禁食」，來紀念我的母親生我的苦難；多年來我還沒有做到悟老的「全日絕食」，祇因爲我的因緣不足，不是決心不夠。

我發願自今年起農曆六月一日——我的「母難日」這一天，絕食念佛，開始紀念我八十歲的慈母，養育之恩。

我自少年時，開始流浪他鄉，生性頑愚，不知母愛爲何物，今日頭已白，鬢已斑，海角天涯，不能見娘一面，一想起來涕泣爲之滂沱。

「生日」，將與我一生無緣。它永遠是我的「母難日」。

但願慈母在天涯故國無恙，母親的慈顏永遠活在兒心……。

——一九八二年六月九日

論聖賢分際

「聖賢」，是不是一個血肉凡夫可以觸及的情境？

「不愛江山愛美人」，「衣食足後知榮辱」的感性人，是否必要衝破「聖賢」這一股龐大的精神壓力，粉碎自己而歸於「道」？

人，爲什麼要蠢蠢欲動，彷彿春之蟲蛹，企圖咬穿大地之殼，偷窺「自然的原始面目」？——我想：人類有了文化，才有「聖賢」這一道德意識之呈現；「聖賢」不產生於浮泛的思想家之思想；而產生於突破生命平等的思想家之實踐他的思想之後的感悟。凡不能超越「生命平等之感悟」這一界限的所有知識份子、以及歷代王朝所封謚的尖端人物，其聖賢素質將是值得檢驗的。

原始的人類，絕無聖賢意願以及悲天憫人、仁民愛物的衝動；但是由於「死亡」這一悲劇的骨牌理論，使那些野生物類，兎死狐悲之際，突然需要兼濟天下，原因是這樣可以透過山窮水復的曲徑再回饋自己。

「死亡」，締造人類的精神文明；它使人類醞釀出「出世思想」、「無爲理念」、「孔子的道」、「古希臘人的智慧」。

聖賢的標準：在經驗論上，必須浮出生命相通相及的親證境地，才能算完成。

當代的哲學家，在他們作品的緊要章篇之中，都企圖把所有「聖賢經驗」，納入同一「模式」，使之彷彿沸騰的鐵漿，注入同一容器，冷卻之後，成爲同等模樣；此一發現，令人十分驚異。

——孔子等於釋迦牟尼；釋迦牟尼等於耶穌；耶穌等於穆罕默德，穆罕默德等於蘇格拉底；蘇格拉底等於康德；康德等於老子；老子等於……因之到最後水流千年歸大海。他們的超越時空界限，是沒有分際的；這是以一種科學家的人工機械，對於世間聖賢的總統合。

哲學這種東西，一旦用科學來規劃，它底生命已無須用人手來扼殺，它活著也是白活。聖賢的意識，衍生自生命死亡的感悟。聖賢境界與道德行爲同義。當道德行爲超越了凡俗的人類時空而觸及所有生命之時，並且透過某一實踐過程而介入生命的本體，才能算確定其完整形象。

聖賢的「成色」，該不可能發生出黃金的十八K，和純金九九九的遺憾。聖賢是人格完滿的象徵，它不可能是白晝聖賢，黑夜凡夫；右邊聖賢，左邊色鬼；平時英雄，戰時懦夫。

由於東西方哲學界對聖賢面目描寫之歧異，便發生了聖賢分際問題。

——古希臘人的「聖賢」，投影於知識份子的高度思維與判斷，他們產生了畢達哥拉斯與蘇格拉底那一類的聖哲。高深的學問也能導致道德的成長與生命的超越；「吾愛吾師，吾尤愛眞理」「我思故我在」，皆是知識上的眞知灼見。但他們終以「知識」爲宗，生命局限在哲學的範圍。

——中國人的聖賢，多件以人倫主義，結合了道德與知識兩方面精銳，來建立社會的程序，使人與人間同榮共辱。中國的聖賢，「尊德性」尤重於「道學問」，但是他們的道德層次依然逗留在「人」間，對「生死」的奧秘，採取了保留的態度，孔子的「道」，在歷史上從來就沒有一定的解釋，而對孔子之道的實踐，除卻倫理部份，便沒有一定的軌道可尋。——這種情況，一直至唐代以後，才與禪宗結合，發展爲理學。卽使宋明理學，依然在「人的生命範圍」以內繞圈子。此外，中國的老子、莊子，玄學化十分濃厚，對宇宙生命，另有所解；而它底實踐，卻不能不俗化爲道教，這是一件十分遺憾的事。

——印度人的聖賢，出世重於入世，印度人到釋迦以後，修正了宇宙觀與確定生命對等價值！它把人間的道德與生命的解脫，結合一起來實踐，一個「覺者」（哲人），不僅是世俗的道德家，也是宇宙的親證者。他們有道德的細密律法，也有知識的龐大體系，這兩種東西，都是他們用以解決生命在宇宙間所遭遇的一切問題的工具。

總結地說：

西方的聖賢，是知識的聖賢；

中國的聖賢，是人倫的聖賢；

佛家的聖賢，是生命的聖賢。

聖賢常常是悲憫的理想主義的化身，而理想主義不一定能超越爲聖賢。聖賢之孤獨，是可想而知了。

——一九八二年八月九日

論聖賢的模擬形象

人之極難成爲「聖賢」，端在聖賢已洗盡人類的鉛華；聖賢如同陶淵明的理想世界，在世俗社會難以出現聖賢，亦如桃花源之難以再現於人間。

仲尼與孟軻，透過論語與孟子二書展現出他們的姿容；如果沒有這兩本書，我們誠不知世界是否會產生「聖賢」這種超人的生命。我想，中國的聖賢理念，最早便導源於孔孟思想，如此看來，「思想」對於聖賢形象的塑造力量，已遠大於知識與傳說。

那麼孔孟以後，在中國歷史上有沒有聖賢呢？我們很難遽下判斷：司馬遷是聖賢？韓愈是聖賢？還是「朱程陸王」是聖賢？嚴格地說，這都是知識份子的難題。

其實，「聖賢」一詞，不過是知識份子人格模式的理想面容；在「野俗社會」，實無所謂「聖賢這種甚至於超越道教神仙」的精神徵象。

聖賢這兩個字雖然「神聖」，但原本空洞；它不過是「人與天爭」的遙遠圖騰。話再反過來說，人間如果一旦斷絕了「聖賢」這一深遠景觀，則知識份子的心靈將不知依於何處？所謂「天不生仲尼，萬古如長夜」，中國的精神文明，將不知從何處改寫？

聖賢雖不見於今朝，而我們的社會正有許多狂妄之徒，透過報章雜誌以及自製宣傳品，來粉抹他們的「聖賢面目」。曹孟德雖然已成灰土，而他的那張「治世之能臣，亂世之奸雄」的白臉，還會出現於舞臺；此類聖賢，正是古之聖賢「傀儡化」！

因此，我要在這裏爲我師我友，我道我侶，來模擬一幅聖賢的形象，以防人間僞君子，眞小人「加工製造孔孟木偶戲」，硬去搶奪聖人的牌位，使得靈界大亂。

聖賢的形象：

一、聖賢絕無二重人格。他絕不以任何謊言、空話、鬼話來愚弄自己的友朋、羣衆。

二、聖賢對金錢絕對淸白，對權威絕對否定；他不以人情作爲交換人格的工具。

三、聖賢絕不以怪力亂神、鬼道仙靈來作爲神秘的外衣，惑亂世人。聖賢超越於命運支配以及諸神的使徒行列。

四、聖賢的行爲落實於日常生活，粗茶淡飯，表裏如一。

五、聖賢的儀態，表露於動靜語默，一片眞純。

六、聖賢的本質，不做作，不矯情，淡然於名利貧賤。

七、聖賢不以「利慾作爲鈎牽羣衆」的工具，來建立自己的形象。

八、聖賢多是沉默寡言，不以語言銳辯來建立自己聲譽。

九、聖賢常能容人之不能容，即使深仇大恨，亦有悲憫寬容的胸懷。

十、聖賢有剛性氣質，不作任何阿諛、浮飾之事。

十一、聖賢對於宇宙一切性靈，都具有血肉同根的關切與悲懷。

十二、聖賢最大的特徵，不在他永不會發生錯誤，而在他勇於袒裎錯誤，懺悔疚歉，而且絕不把自己的錯誤轉嫁爲別人對他的「誤解」。因此，聖賢遭遇任何汚蔑，都以不辯爲清白，留待歷史來裁判。

十三、聖賢絕不會沉迷於「醫卜星相男女鬼神」的假相，他對自己有一種「永恆的信任，生死淡然，風雨不動安如山」的氣象。

復次，聖賢不取決於下列四種差別：

㈠聖賢不以「知識程度」定其品級；

㈡聖賢不以「權威大小」定其成色；

㈢聖賢不以「文章名譽」定其層次；

㈣聖賢不以「形貌美醜」定其取捨。

聖賢是一面光潔無塵的鏡子，一方面自鑑，一方面鑑人。

我們審視週遭，遨遊千古，端看誰是聖賢？

——一九八二年九月一日

論神秘現象的眞象

世間沒有一個人對「神秘現象」，不發生一種難以抑制的衝動。是迷惘、新奇、驚訝、歎服。人間，如把神秘現象排除，天下事一點兒也不神秘，這個世界豈不成了「死相」。

對「神秘」難以產生衝動的，而以出奇的冷靜、異於常人的心態去作「壁上觀」的，恐怕只有極少數的哲人和悟道者了。

「神秘」祇有在他們的眼中，才成爲宇宙本體自然的呈現。

今天，世界上最爲公開而又最爲神秘、依然爲人不解的天體異象，莫如「幽浮」。你說它是外星人造訪地球來「探險」吧（其實對我們這個懦弱的地球，沒有甚麼好怕的），它又沒有理由探了幾千年（據有關書籍記載，幾千年前卽有飛碟光臨地球的記錄），還「猶抱琵琶半掩面」，越探越難爲情的。那些「太空先輩」對我們懷著什麼鬼胎呢？你如果說它是太空光學現象吧，在光學理論上，還找不到公開的證據足以解釋它底形成要件。

除了「幽浮」這一大神秘之外，次焉者，像中國四川峨嵋金頂的「佛光」，南美印加民族六百年前突然從地球上消滅；小焉者，臺灣三重市一個叫金鳳姑的女人「絕食作秀」一百二十天而不死；下焉者，民俗社會的鬼神降壇書寫乩文。……這些現象，都能震動一個社會，一個部落，一羣人心。

人，這麼嚮往神秘，感動於神秘，實在不知有沒有必要！這些顯迷惘於神秘現象的心，是對於上蒼的敬畏？還是自己的愚昧、庸俗？

而且，是不是所有的「宗教經驗」，都屬於「神秘範疇」呢？

如果從宇宙本體現象來說，（「塵歸塵，土歸土」、「神秘」根本是一種「物理」、「生理」、「心理」現象交叉偶合的遭遇。從悟道家（譬如得道的佛教高僧）看來，天地間本無所謂「神秘」之事。

「一卽一切，一切卽一。」

在佛家修行人的法眼下，萬有現象，無不是「緣生」，旣是緣生，便無實體；旣無實體，皆屬假相。「一切從此法界流，一切流入此法界」，法爾如此，又有什麼「神秘」？

我們現在誰都知道「電」這玩意，祗是天體的陰陽電子互相撞擊的現象，但是古代人就認爲它是天神的震怒；一個畸形兒的產生，是由於染色體排列的紊亂，或服用藥物造成的後果，古人都認爲是「家門不祥」。至於太空爲什麼會產生電的現象，染色體又爲什麼會紊亂，這都是較深一層的理論，可以讓專家來解釋。

雖然，宇宙間有許多不可解的現象——一些數不清的神秘事物，我們目前雖然還無法追源究底，但是我們還可以通過高度的理性思考來討論它們的面目。我想認爲神秘現象之所以神秘，祇是過度惑於它底表象，而缺乏對於它們「產生過程」的認知。

如果我們能摸清它們「成長的過程」，則宇宙間任何神秘現象便不難瞭解。我們對神秘現象的「生命過程」不瞭解，造成我們的突然震驚。——這種成長是點滴的，而呈現卻是突然。

正如天空的「電」一樣，在先民時代「神秘」，而在現代則不再神秘——因爲它已成爲人們常識上的事物。

職此之故，在所有的現象中，最「神秘的現象」莫過於「生命本身的神秘」。生命之神秘，最偉大、最深邃、最幽玄的地方，是人們能經由「修道、悟道」來打破多元的時間、空間而成「佛道」。而在它底形下面，則由於業力（行爲、意志）的支配，人又要經由「神識」（所謂靈魂）的慣力去參與「輪廻」。

輪廻與佛界是二元關係，突破輪廻才能轉爲佛道。這種景況，有點像鏡面與鏡底。一面光華閃耀，一面了無生意。

而這種生命的神秘，千載以來，卻沒有多少人注意，也沒有多少人打破。人們祇注意外緣現象，而忘了挖掘自已靈魂，難怪——宇宙間的神秘，永遠成謎。

——一九八二年九月十四日

「懷疑」論

人際關係，所能提供給當事人足資自衞的是——對未知之深的人，保留適度的「懷疑」；對未明端底的事物，保留適當的否決心態，是可以寬諒的。但這種「懷疑」、「否決」，有一定尺度，不可任意伸展。超過了尺度，問題會忽然變得嚴重起來。其嚴重景況，會招致此種「非信度」的反效果，而把自己導入孤立的絕境。

人們常因缺乏理性的判斷，導致「錯把黃忠當魏延」，「誤以陽燄爲燭火」；到頭來，失悔終身。

一個滿腹多疑的人，世間幾無可資信賴的朋友；天地之間，人人與之爲仇爲敵；他時時刻刻被罩在「懷疑」的陰影之下，懷疑別人的眞誠，檢討別人的動機，直到估計別人要謀他的財害他的命，終於他不得不飛進了「杜鵑的窩巢」，消磨他貌似謙沖而心靈脆弱的歲月。

人間的信度，伴隨著世界的縮小而發展的疏離感，裂痕益深。金石之盟，往往起因彼此認識的程度不深，而視若路人。

世界爲甚麼亂得沒有邊際，歷史爲甚麼亂得沒有結局呢？其主要原因不得不歸究於人類缺乏高度的信任。

越王勾踐不信任范蠡，劉邦不信任韓信，李世民不信任建成、元吉，朱元璋不信任胡惟庸、徐達、常遇春、李文忠……。這些「只可以共患難，不可共安樂」的梟雄之流，功成之後，總懷疑人人要奪他的江山，結果是「狡兎死，走狗烹」，一羣忠愚至死的草莽豪傑，落得個個死在當年與他稱兄道弟的老戰友手裏。

人性在懷疑的陰影之下，表現的太可怕了。

中共「文化大革命」，是毛澤東底朱元璋心態之翻版。他導演了歷史上最大一幕「懸疑」悲劇，劉少奇、彭德懷、林彪，都栽進了他預佈的「懷疑陷阱」。

事事可疑，人人可疑，可不是宗門的「起疑情」和科學上的「懷疑論」。一個人整天地「疑神疑鬼」，無論如何是不道德的、反道德的。

他穿西裝也罷，披道袍也罷，對別人懷疑過了頭，對眞理的認知留在「邊地」，那他這顆心，能算得善良麼？

我們做人，寧可把人人當關羽，避免把人人當曹操，畢竟是厚道得多。

——一九八三年三月二十九日

「經驗」論

人的一生，會累積許多「經驗」，直到老死。如果照「斷滅論」的說法，「人死如燈熄」，「經驗」便沒有「轉移」的可能；如照佛家的理論推衍，由於「業力」是隨着生命走的，那末「經驗」便必然會「轉移」到「來生」，乃至多生多世。

有些佛教人常常勸人「不修今生修來世」，聽起來彷彿很醬。其實這剛好扣合着「經驗轉移論」發展的。

我有時告訴學生：「你們的智慧是可以培養的，不僅可以透過知識來培養，也可以為『來世』培養。一個人讀書，有時要為『來生』讀。……」說這話時，那一雙雙的眼眸看看我，彷彿這個老師像剛出生的貓熊一般可笑！

「經驗」是生命行為的反饋；「直接經驗」，是感官心態對外物的接受；「間接經驗」，即知識與遺傳之轉化。經驗的本體，無善無惡，經驗的導向，卻樣態紛繁。

認識經驗的主觀能力，由於接受它底浸染程度不同，而製造出千差萬別的人格模式。

「經驗」．密密層層蓋覆有情的生命，主宰着有情的命運；如能擺脫「經驗」的支配，切斷

「經驗」的導向力量，你必然是一個偉大的人。

動物，有一次「淫慾」的經驗，他將終身難忘。

學道人，犯了一次戒，他將不斷的犯下去。

一個年輕人，看到別人嘴上叼着烟斗，覺得很瀟灑，當他接受第一度烟斗經驗之後，這支烟斗，便將左右他一生的人格形象。可是，世間畢竟有不爲烟斗動心的年輕人，亦如學道人，有不爲「可欲」動搖的強者一樣。

由一支烟斗、一度淫慾、一次犯戒，擴展到一個人一生的「見聞覺知」，他的性格便錯綜複雜地形成。這種薰染、接受的力量，一直透過「多生多世」而不消滅。而多生多世，再重重複複接受無量層次的「經驗」的再集合、再轉移。人的生命形式，隨「經驗」的慣力而浮沉，爲善爲惡，爲賢爲愚，都是經驗的烙痕。

作爲一個「人身難得」的動物，不得不重視你的經驗；它支配你的今生，來世，還有子孫。

凡任何形式的生命，都有能力接受經驗的洗禮，就比如一朶花，可以接受雨露、陽光、土壤一樣。一張桌子，它不具生命，但它有分子，它還是經驗了「生住異滅」的過程，最後化爲宇宙的一部份。桌子沒有生命，因此，客觀的事物，在它的身上不具有轉移作用，但是它還有成爲「助緣」的積極潛能，乃至世間一切存在單位，無不如是。

生物的經驗，大量地彙集成爲一條業力的巨流，它是種子，也是土壤，既是「能作」，也是

「所作」；人類文明的膨脹，必然帶來道德的衰退。地球世界，逐漸陷於「宗教影響力」急遽削弱的漩流之中，每一種宗教義理，慢慢地都要退化爲玄學的工具，每一個傳道士，都要成爲僅供作爲認知的符號，而不再具有聖者的姿容。

這是佛家所謂「末法時代」；有情業力創造經驗；經驗鑄造有情命運；生命在苦海漂流，將永難達於彼岸！

——一九八三年三月三十一日

論佛法三印

諸行無常，諸法無我，寂靜涅槃。——是稍具佛學知識人士所熟悉的——所謂「三法印」。原始佛教，以這三項「眞理」，貫穿全部佛教教義，卽今證之，仍爲佛教哲學，由「世間」到「出世間」的基礎理論。

歷來，對「三法印」的疏講，似乎太平凡了。古人注釋，今人演繹，盈筐累筴，足以塞學者之心眼；但可惜的是，從「語意學」觀點言，則稍嫌古典，不能滿足後生的胃囊；因此，試以個人淺見，爲之蛇足一番。

所謂「諸行無常」，這主詞的「行」字，指的是一種「流動現象」，是物質的——色的；也是精神的——意識流的。

對人而言，它含蓋了「精神與物質」兩界。不管是精神的，抑是物質的，則它的生命過程，都是「不定型」的——無常的，短暫的，刹那的，生滅的；一個念頭，短到萬分之零點幾的「刹那」；太陽系的年齡，則可長到幾十億到幾百億年；但它們一旦與「永恒」比較起來，彼此還是差不多，結果都要歸於「空無」一途。

這就叫做「一切有爲法」，如夢幻泡影，如露亦如電，應作「如是觀」。透過人類的肉眼，一切「假相」倒變得眞實些罷了！

基於此種義理，「行」的流轉現象，可分爲「生、住、異、滅」四個階段。它的生滅狀態，成一弧線。其兩端是「生與滅點」。中間假設一頂點。其接近「生點」一端，爲「住弧」；接近「滅點」一端，爲「異弧」。

以人生言，從人底受胎，到生命的萌芽，出胎，這是「生點」。從襁褓期到生命高潮——三十五歲左右，爲「住弧」。從「住弧」（亦即頂點）的接縫，向滅點，是生命的下坡，物質的形體內部，開始變質，垂老；此一「異弧」的成熟，則進入「滅點」——死亡。四大分散。這是有情世界的「生命論」。

至於「心理的行爲」——意識流——「念頭」的現象，雖然抓它不住，看它不著，其「生、住、異、滅」的狀態，亦復如此。用「慢鏡頭」放映之，足可以拉長爲「人的一生」。

由這種動的、生滅的現象，推演到世間一切物象、行爲，既然如此地「非永恒性」，則人生還有何留戀？有何執著？有何顚倒？有何貪求？

復次，「諸法無我」。「法」字的英譯，通常翻爲 Everything 這個字，它包含著世間一切狀態，與「行」的分別是：「行」是變動的，「法」是斷面的，「主觀的」。這句話，便是說一切主觀的「事物行爲」，不應有它的「自我性」。也沒有它的「絕對性」。我們人類以「我的肉體」爲「我」，乃基於「肉體」的假相。等於一個人住旅館，以他底「異鄉客邸」，錯認爲他的故鄉一樣。

人，分析言之，是一組金屬與水分的化合，生前不能道其從何而來，死後不知化爲何方塵泥；偏偏在世時，迷信這「圓顱方趾，五色皮膚」，執拖死鬼爲「我」，以「無常爲常」，寧不奇妙？」

「我」是法裏的一滴水。「我」底內容，再分解成無數滴「法」的水。大宇宙，是法的「空集合」。

而這一法，並無「絕對性質」。「此身原可歸塵土」，「豈奈恩仇未了何！」人太奇妙了。

「活」既不好受，「不活」也不好受！

「法」既無絕對價值，便沒有主觀與客觀的區別了，也沒有「心」與「色」的二元了，更沒有「我」與「非我」的認取了。因此，「諸法」沒有「量」的標準。

上述「諸行無常」的「行」，強予界定它的「自性」，則可說，它代表著「時間性」，時間既不永住，則「諸法無我」的「空間性」，也失去它的相對價值了。

時間的無常，空間的無我，構成佛家的「空性」(Sunyata)哲學基柱，統一了時間與空間，卽是「佛陀」(Buddha)的崇高理境，這才是「絕對的，一元境界」。它才能統一「眼、耳、鼻、舌、身、意」六識的「分別智」，完成六通的「無漏智」。直達覺者的彼岸。

——這便是三法印中的「寂靜涅槃」（Nirvana）！

這三法印，在邏輯上，雖析爲三段，而它的基本含義，卻是一個「空」字！空就是不空。

正如佛說：「佛說菩提，卽非菩提，便是菩提」！

——一九七二年十月十四日夜改寫

論「潮打空城寂寞回」

昨宵殘夜時分，夢境迷離間，忽然湧現古人詩一句，句云：

「——雨打空城寂寞回！」

爲了夢境俘獲古人佳句而沾沾自樂。

但後又再思，句間彷彿有錯，也似「——雨打空篷寂寞回。」這一念分歧，便陷入徬徨了。如果誤在「城、篷」二字，「寂寞」的心是相同的，而寂寞的空境便不同了。爲「城、篷」二字的正誤，竟然反側不能成眠。復且忘卻不知是誰的空靈高手，有這等遠妙之思，寫下這等「天地茫茫，渺無有情」的荒陬曠原。

清晨起後，入佛堂，理舊歲自編的「杜魚庵詩錄」，赫然發現，此句原是唐代大家劉禹錫「石頭城」之第二句，全詩云：

山圍故國周遭在，

潮打空城寂寞回；

淮水東邊舊時月，

夜深還過女牆來。

夜中我憶起的殘句，竟都錯了。雨打空城，原是「潮打空城」的腹誤。這首詩，浮面是描寫南京（石頭城）夜色的，詩中景物，有「金陵的靜夜、長江的潮水、秦淮河的月色、還有古石頭城的依山城牆……」當然，詩人並非祇寫金陵那一夜幽美的景色，而他是另有所兼寄的。他借「石頭城」寫人事的滄桑、蒼涼，詩中沒有人，只有物；但是詩中的物象，卻造成了一種充塞宇宙的生命未開的景況。——那便是「——寂寞」。

——長江的潮水，更深夜殘，生命都已蟄伏在上蒼的魔魅之中，它向着金陵城的千載古牆，澎澎湃湃，一波一波擊打著有節奏的、巨大空靈的回聲……。

「寂寞！」本來是無聲無臭的，無情無物的，無言無語的；但是，它已透過澎湃的江潮，從歷史的聲帶中泛出那種亙古無限的音色來了！

「啊！寂寞。寂寞。江山寂寞。偉大的寂寞。宇宙，便是一片永恆的空寂。」

詩人已從物象的世界，反省到宇宙原本是偉大的空寂。這空寂，原是無所不在的。愈是偉大的聲色，愈是偉大的寂寞！

在「寂寞」的世界，人，是何等的存在呢？

原來，在詩的世界，空色竟是統一的。詩人的心，已和大宇宙化合爲一了。詩人已在靈光湧現的刹那間捕捉到萬緣的根源，那就是「寂寞」。

好一個偉大的「潮打空城——」
好一片無限的「寂寞回——！」
詩人的全部生命，宇宙的紛繁，都在這一行詩中托出。如千蓮湧現水中。
空，不異色。色，原是空。

——一九八四年三月十六日上午十二時

絶情論

人，是「情感」的動物，像羅蜜歐與茱麗葉、賈寶玉與林黛玉那樣。

人，是「天生的情種」；從一個「情坑」，跳進另一個「情關」。

整天的「無情荒地有情天」，一心爲「情生情死」，兩隻腳的野獸，怎麼能變成四條腿的聖人？

「情」之一字，造天地萬物，顚倒「宇宙衆生」。

把「情」還給天地，絕情，是「無生」；

把「情」拋給大化，斷情，是「無性」；

壇經句云：

有情來下種，

因地果還生；

無情亦無種，

無情亦無生。

佛法以冷厲的刀，斬衆生這條纏綿如網的尾巴，儒家說這是「枯寂」。

儒生們會說：

有情多播種，

萬物蠢然生；

無情亦無種，

天地頓如焚。

眞是「道不同」，天懸地隔，永無會通之日。

佛法，絕的就是這個「情」字；斷的也是這個「情」字。它不惜付出「天地空滅」的代價，透過「絕情」來完成三大阿僧祇劫才能圓滿的「佛殿工程」，是許多「有情人」預想不到的。

佛法不是絕了「男女風情」，便算一了百了。——但這是一條根。還有它的鬚條枝葉呢。佛法還要絕倫理上的「親情、友情」，和「人情、私情」，把自身掛在上不着天、下不沾地的「太空艙」裏，去修他的「無生道」。

釋迦的門徒，都應該是一些「忍人」、「絕人」、「枯木死灰」。在芸芸衆生之中，釋迦的門徒，應該「目中無人」，他不僅絕情，也要「絕後」，還要「絕道」。他絕決世間一切的絕決！

不管天是怎麼樣荒，地是怎麼樣老，「情人的眼淚」怎麼樣地橫流，他冷如鋼鐵。

「天上天下，唯我獨尊！」情是何方神聖？

唯其絕情，所以平等。

唯其絕情，所以慈悲。

唯其絕情，所以道生。

——放眼天下，世間難覓的，竟是一「絕情」之人。儒生大樂。在千百嶃廢土中，只倖求一粒稀世的寶石。一將成名，千軍埋骨。

一佛出世，衆魔失色。

佛法在世，只傳「絕情」二字。

——一九八四年十月廿三日夜

絶俗論

「俗」，對一個道德意識強烈之人而言，是一樁惱人的事。

「俗」，對一個清流、一個修道士、一個特立獨行之人，是一塊懸崖峭壁！

生而爲人，不能「絕俗」；但生而爲「眞人」，就不能不「絕俗」。

「俗」是甚麼？下面以條列說明：

一、熱衷於送往迎來是「俗」；

二、酬酢於酒肉徵逐是「俗」；

三、說「言不由衷」的話是「俗」；

四、做「行不由衷」的事是「俗」；

五、爲人「虛情假意」是「俗」；

六、對人「虛與委蛇」是「俗」；

七、混迹於「城狐社鼠」之間是「俗」；

八、周旋於「京華冠蓋」之間是「俗」；

九、鬼鬼祟祟，做見不得天日之事是「俗」；
十、猥猥縮縮，行內心有愧之行是「俗」；
十一、一付裝作「道貌岸然」是「俗」；
十二、滿臉做作「寒傖之狀」是「俗」；
十三、逢人無三分眞話是「俗」；
十四、遇事存三分退避是「俗」；
十五、見危難圖苟免是「俗」；
十六、臨刀兵肝膽裂是「俗」；
十七、整天「巫卜星相、風水禁忌」是「俗」；
十八、出語「妻財子祿、錙銖計較」是「俗」；
十九、求「不實之名」是「俗」；
二十、圖「無義之利」是「俗」；
二十一、生張熟魏、無事窮忙是「俗」；
二十二、朝秦暮楚、迎新棄舊是「俗」；
二十三、身居高位、故作聖賢狀是「俗」；
二十四、側身草野、滿懷不遇心是「俗」；

二十五、身不在江湖、一身江湖氣是「俗」；

二十六、心不在道場、故作修道人是「俗」；

二十七、身爲七尺、習與羣雌廝混是「俗」；

二十八、捨家學道、陷於生計作活是「俗」；

二十九、「無是無非」是「俗」；

三十、「矯枉過正」是「俗」；

三十一、「目空一切」是「俗」；

三十二、「身不由己」是「俗」；

三十三、肩膀挑不起擔子是「俗」；

三十四、胸襟承不了人我是「俗」；

三十五、修道人不能脫俗是「俗」；

三十六、爲清流晚節不保是「俗」；

三十七、見美女、心慌意亂是「俗」；

三十八、遇殘苦、避之不及是「俗」；

三十九、待人「不能放心信人」是「俗」；

四十、做事「滿心狐疑不定」是「俗」；

四十一、閒居喜「賣弄詞章」是「俗」；
四十二、平日好「無病呻吟」是「俗」；
四十三、人云亦云、唯唯否否是「俗」；
四十四、期期艾艾、欲吐還吞是「俗」；
四十五、裝出來的笑容，是「俗」；
四十六、擠出來的眼淚，是「俗」；
四十七、無端疑神疑鬼是「俗」；
四十八、有口蜚短流長是「俗」；
四十九、度人不能「平等」是「俗」；
五十、濟世不能「慈悲」是「俗」……。

一個嬰兒出世，是一張白紙，到了八十歲變成一張洗腳布，入了棺材也免不了與草木同朽，死後靈魂也出不了「醬缸」。

一個修道人初發心時，壯士斷腕；到老成凋謝時，卻成了了無道氣的行屍走肉，除了為化緣忙、收徒忙、度亡忙，還道是「大乘菩薩」乘願再來，此「俗」謂也！

佛家思想，從頭到底「絕俗」，如不能「免俗」，又何必「捨身修道」？又何必「信誓旦旦，發願千條百條，懺悔千次百次，在佛前痛哭流涕？」

韓林詩云：

欲挽天河洗凡骨，

抽筋換髓鍊精魂。

寄語吾道之侶，勿辜負佛意，「絕俗！絕俗！絕俗！」

——一九八四年十月廿五日夜

絶世論

昔時儒生消遣入佛的讀書人，就說他們是「逃禪」，「遁世」，「佞佛」；像唐之駱賓王、明之張岱，彷佛除了這條絕路，便沒有第二條生路可走！

其實，「世」是可以「遁」的，「禪」是可以「逃」的，「佛」也是可以「佞」的。這一逃一遁一佞之間，不管歷史如何寫，他們決不會上「貳臣傳」。像這樣人，你說他是儒林外的清流也可以，反正他不願見「牛驥同一皁」那種場面。——這且不說，「逃禪、遁世、佞佛」之人，並非是儒生們，或現在一些「特立獨行派」說風涼話那般會與草木同朽、一文不值。請問：駱賓王如何？張岱如何？李卓吾如何？譚嗣同如何？

古人「逃禪」，在思想上定有一條根可以攀壟。如果連「禪」也不能逃，那就眞是人間絕境了！

事實上，逃禪、佞佛，並非佛門專爲那些亂世無路可走的儒者而開，儒生也多的是「絕決世間」而自動投入的。卽使他們當時不逃禪、不遁世、不佞佛，他又能如何？——顧炎武、王船山還不是回到「書房」去，敢赤手空拳對付敵人嗎？錢謙益、吳梅村還不是「順民」嗎？

就如隱居柴桑不爲五斗米的陶淵明，以退爲進。隱居鹿門的孟浩然，南陽躬耕、知三分天下的諸葛亮；這些人的「絕世」方式與佛門人不同，但他們對當時社會現象「文鬪」的心態還是類似的；況且他們絕世也絕得不徹底。

釋迦在雪山修道六載，達摩在少室山面壁九年，寒山子棲止寒岩三十年，當代廣欽老和尚在泉州清源山穴居十二年，才是眞正的絕世。

佛門的「閉關」、「隱居深山絕地」，都是較儒生們以「隱」爲對抗世俗的更高層的行動。當然他們不一定是對抗當時的王朝，而是對抗衆生共同的汚染亂源。

「絕世」，對一個凡夫俗子而言，有點強人所難；他們也沒有條件去絕。但是，對一個人類精英份子來說，「絕世」有其必要性。只有通過「絕世」，才能讓思想冷下來，讓一盆俗火熄滅，深入三昧，反省自己情境。

陶淵明如果沒有絕決他的彭澤令，怎麼會寫出那些高遠絕俗的田園詩呢？王維如不能隱居輞川去坐禪學佛，又那裏有他的「詩中有畫、畫中有詩」的山水圖呢？一個人存心絕世，會意外地「絕」出一種奇境來。

他的絕世生活與高蹈意識會改造他舊有的生命，如蠶蛹咬破它的繭殼，會見到世外天地！

世間人，過分誇張地誣陷於世間法「負」的一面，凡反傳統的都是「叛徒」，都是異端。他們從沒想到那叛逆與異端，是新生命的初貌。佛法在一千九百多年前到中國來，便是以「異端」

的景觀出現。一直到今天，雖已被大多數人接受，但是懷抱「傳統冰炭」的人，還是不死心地批判佛法消極、遁世、枯寂。——我們懷疑，有幾個人眞正甚解佛法。

「絕世」，基本上是「絕自己」。「陷自己於絕境」。我想，它沒有什麼破壞性的意識。反正絕不到別人頭上。

在一個修道人言，「絕世」是太重要了！「不經一番寒徹骨」的「絕世」，又那能「爭得梅花撲鼻香」的花果呢？凡發心爲佛子，一旦走上此一「絕路」，必得先決心「與世訣別」三年五載，把自己過去「徹底了斷」，等有個入處，再回來散花舖葉。否則盡是別人的天下，拾死人糟粕，說來說去，都無新義。

人間「凡夫俗子」車載斗量，難道還多一個穿法衣的俗人混飯？

——一九八四年十月廿六日夜

論「念珠經」

念佛人，常常一珠在手，有「生死由之」的實在感，但是念珠的佛經歷史，卻少爲人知，因此，我在浩瀚的典籍中，意外地檢出許多資料，特爲引證、申述，以博同流一閱。

念珠，有紀錄的經典：

一、守護國界經——唐・般若、牟尼室利合譯

二、木槵子經——晉本失譯・唐不空三藏再譯

三、陀羅尼集經（卷三）——唐・阿地瞿多譯

四、金剛頂瑜伽念珠經——唐・不空譯

五、蘇悉地羯羅經——唐・輸波迦羅譯

六、攝眞實經（持念品）——唐・般若三藏譯

七、佛說校量數珠功德經——唐・寶思惟譯

八、曼殊室利咒藏中校量數珠功德經——唐・義淨譯

九、瑜伽念誦經——唐・金剛智譯

十、妙臂菩薩所問經（第三分）——宋・法天譯

除了以上十種經典外，我想，閱過全藏的人，還會檢出很多的經文，來掘出「念珠」的餘光。

在上面十種經文中，第七八兩種，是同經異譯。這些經典有一個奇異的現象，都出自唐代西域或印度高僧的手中譯出，又都收於「密藏」。如向上推，「木槵子經」，晉代已有人譯，據此可以推算，念珠在佛典中出現，可能在佛滅後五六百年之間，淨土經典已成立、密宗盛行以後的事。不過，我們可向更早期推測，據說，念珠的最初功能是用於佛家每月「布薩（誦戒本）」時，用來記日子的。但是這種說法有點勉強，我們判斷，念珠最早應在大乘佛教發展初期，佛滅後三四百年間，得到應用。

歸納這十種經文的內容，都指出念珠是穿成串，掛在頸上、手上，或者盤在頭上的，它的顆數有「一千〇八十、一百〇八、五十四、四十三、三十六、二十七、二十一、十八、十四、七」等十種。其中「淨土，禪，密宗」使用的顆數都不同，而且同一色珠子的中間，有的會採入其他色質的珠子，以作分別。其實，現在也有把兩串一百〇八粒珠子合穿成一串使用的，這種方便，佛經上沒有提到。

現在我們來引證兩種經典原文，以見眞貌。

一、不空三藏譯的「金剛頂瑜伽念珠經」上說：

「爾時，毗盧遮那世尊，告金剛手言：『善哉善哉！爲諸修眞言（卽咒）行菩薩道者，說諸儀軌則，哀愍未來諸有情等，說念珠功德勝利，由聞如是妙意趣故，速證悉地（道果）。』

「時金剛薩陀菩薩白佛言：『唯然，世尊！我今爲（他們）說之。』

「爾時金剛薩陀菩薩而說偈言：

『珠表菩薩之勝果，於中間絕爲斷漏（象徵能斷煩惱）；
繩線貫穿表觀音，母珠以表無量壽；
愼莫闖過越法罪，皆由念珠積功德。
車渠念珠二倍福，木槵念珠兩倍福；
以鐵爲珠三倍福，熟銅作珠四倍福；
水精眞珠及諸寶，此等念珠百倍福；
千倍功德〈帝釋子〉，〈金剛子〉珠俱胝福；
蓮子念珠十俱胝，菩提子珠無數福；
〈佛部〉念誦菩提子，〈金剛部法〉金剛子；
〈寶部〉念誦以諸寶，〈蓮華部〉珠用蓮子；
〈羯磨〉（作法事）部中爲念珠，衆珠間雜應貫串；

念珠分別有四種，上品最勝及中下；
一千八十心爲上，一百八珠爲最勝；
五十四珠以爲中，二十七珠爲下類；
二手持珠當心上，靜慮離念心專注；
本尊瑜伽（yoga 譯爲相應）心一靜，皆得成就理事法；
設安髻頂或掛身，或安頸上及安臂；
所說言論成念誦，以此念誦淨三業（身口意三業）；
由安頂髻淨無間（業）；由帶頸上淨四重（卽「殺、盜、淫、妄」四重罪）；
手持臂上除衆罪，能令行人速清淨。
若修眞言陀羅尼，念諸如來菩薩名，
當獲無量勝功德，所求勝願皆成就。』」

「…………不說相應知。」

另一種「佛說校量數珠功德經」說：

「爾時文殊師利法王子菩薩摩訶薩，爲欲利益諸有情故，以大悲心，告諸大衆言：『汝等善聽我今演說，受持數珠較量功德、獲益差別：若有誦念〈陀羅尼〉（咒語）及佛名者，爲欲自利，及護他人，速求諸法，得成驗者，其數（音ㄕㄨˇ）珠法，應有如是須當受持。若用鐵爲數珠者，誦掐一徧，得福五倍；若用赤銅爲數珠者，誦掐一徧，得福十倍；若用眞珠、珊瑚等數珠者，誦掐一徧，得福百倍；用木槵子爲數珠者，誦掐一徧，得福千倍；若求往生諸佛淨土，及天宮者，應受此珠。若用蓮子爲數珠者，誦掐一徧，得福萬倍；若用〈因陀羅佉叉〉（天青子）爲數珠者，誦掐一徧，得福百萬倍；若用〈烏嚧陀佉叉〉（金剛子）爲數珠者，誦掐一徧，得福千萬倍；若用水精（卽水晶）爲數珠者，誦掐一徧，得福萬萬倍；若用菩提樹子爲數珠者，或用掐念，忽但手持，數誦一徧，其福無量，不可算數，難可校量。諸善男子，其菩提子者，若復有人，手持此珠，不能依法念誦佛名及陀羅尼，此善男子，但能手持，隨身行、住、坐、臥，所出言語，若善若惡，斯由此人，以持菩提子故，得福等同如念諸佛誦咒無異，獲福無量。其數珠者，要當須滿一百八顆，如其難得，或爲五十四，或二十七，或十四，亦皆得用，此卽數珠法因差別。諸善男子！以何因緣，我今獨讚用菩提子獲益最勝？諸人善聽我爲汝等重說。昔因過去有佛，出現於世，在此樹下，成等正覺（卽成佛），時一外道，信邪倒見，毀謗三寶，彼有一男，忽被非人（卽夜叉、惡鬼、天龍八部之類爲非人）打煞，外道念言：〈我今邪盛，未審諸佛，有何神力？如來旣是在此樹下成等正覺，若佛是聖，樹應有感。〉卽將亡子，臥着菩提樹下，作如是言：〈佛樹若聖，我子必穌！〉以經七日，誦念佛名，其子乃得重穌。外道讚言：〈諸佛神力，我去曾見佛成道樹，現此希奇，甚大威德。信知佛力，不可思議。〉諸人咸號爲〈延命樹〉。以此因緣，有其二名，應當知之。』

「我爲汝等，視其所要，說此語已，佛言：『善哉善哉！文殊師利法王子！如汝所說，一無有異。』

「一切大衆，聞此持珠校量功德，皆大歡喜，信受奉行。」

復次，「曼殊室利咒藏中校量數珠功德經」，與此經同文異譯，玆不另錄。

念珠，梵名鉢塞莫（Pāsakamālā），顧名思義，是用來念佛號或念咒計數的。我們要知道佛家的「實踐方法」有一個基本共同點，就是用「一念」來化解「紛繁的萬念」（妄念），最後，使那一念純專風雨不透，直抵「三昧」。所謂：「打得念頭死，許爾法身活」。初始學佛的人，利用念珠作爲修道的工具，是佛家歷史上的一個環節。

念珠的品質類型，從以上十種經典中綜合起來，得到下列結論：

一、土、石、礦類：

1. 土珠（以黏土烘乾製成）。
2. 鐵珠。
3. 銅珠。
4. 鍮石珠（銅與鋅合成品）。
5. 銀珠。

6. 金珠。
7. 硨磲（玉類）珠。（亦說貝類）
8. 水精（水晶）珠。
9. 珊瑚珠。
10. 牟尼珠（中譯爲「寶珠」，卽各種珍貴玉翠寶石製的珠）。

二、動物品質類：

1. 眞珠（含赤白二色的珍珠）。
2. 咽珠（此珠出處不明，可能係動物分泌物形成）。
3. 螺珠（由螺貝類製成）。
4. 牙珠（象牙製成）。

三、植物類根、種子製成：

1. 香木珠（包括檀香、沉香、楠木等香木製成）。
2. 木槵子（梵名Aristaka），是一種印度的樹子。
3. 蓮珠（由蓮子曬乾後製成。）

4. 天青子（梵名：Indranilāksa），也是一種樹子，又名「帝釋青子」。

5. 草子珠（由普通草木植物結的硬子製成珠）。

6. 多羅樹子珠（Tara），此樹結果如石榴，甜可食，子作珠。

7. 金剛子（梵名：Rudrāksa）也是一種樹子，又名「天目樹」，深栗色，有凸點，極硬，亞洲各佛教國家均有售。

8. 赤珠（梵名：Kimšuka），也是一種樹子，樹名「無憂」。佛經又有說一種寶石也叫赤珠，大概是紅寶石製成。

9. 菩提子（梵名：Tib. Bode），就是上述經文所說的菩提樹子。

10. 合和子（也是一種樹子，但出處不詳）。

佛經上統計起來古代印度（相當於兩晉隋唐），念珠的製作有二十多種。可是佛教從東漢傳入中國後，在古人佛像畫或高僧畫上，還很少看到頸掛念珠的，尤其是傳入初期的西域、天竺來華僧的畫像上，極少看到。

因此，等到有關「念珠」的經文普遍中譯，淨土宗、密宗獲得一部份信仰之後，大約相信在南北朝末期，開始有人用，但到盛唐末期，已經普遍在佛門流行。像西土來華的三藏法師不空、金剛智、輸波迦羅，相繼來華，傳播密教，因此使念珠在密教的修行、法事上，得到應用。而佛教徒在日常的修行念佛名及念咒時，也借爲記數之用。

盛唐末期宰相李輔國（七〇〇？——七六二）就是一個篤信佛教的人，唐書說他「不茹葷血，常爲僧行，視事之暇，手持念珠。」

全唐詩十二函釋皎然（七二五？——七八九）詩卷七也有「水精數珠歌」紀其事。句云：

西方有人爲行密，臂上記珠皎如日；
佛名無著心亦空，珠去珠來體常一；
誰道佛身千萬身，重重只向心中出。

從這首詩看，公元八世紀，念珠在中國已經流行起來了。說不定已有人用來作爲「飾物」呢！

現在，我們再抽樣引述幾節史料，說明念珠的來歷。

一、「木槵子經」說：「佛告〔瑠璃〕王言：『大王若欲滅煩惱障、報障者，當貫木槵子一百八，以常自隨，若行若坐若臥，恆常至心，無分散意，稱佛陀、達磨、僧伽名，乃過一木槵子，如是漸次度木槵子，若十、若二十、若百、若千、乃至百千萬，若能滿二十萬遍，身心不亂，無諸諂曲者，得生第三焰天，……若後能滿一百萬徧者，當得斷百八結業，始名背生死流，趣向涅槃。……」

慧琳「一切經音義」也說：「烏魯㮈囉叉，西方樹木子，狀似桃核，大小如櫻桃，或如小彈子，有栗紫色，此名『金剛子』，堪作數珠，『金剛部』（密壇）念誦即採用之，珠甚堅硬。

……」

又有一種「菩提子」，產於印度與尼泊爾一帶喜馬拉雅山麓，但不是樹子。此子又名「川穀」，一年生草本植物，春天生苗，莖高三四尺，葉如黍，開紅白花，有穗，夏秋之間結實，圓而色白，有堅殼，如琺瑯質，俗用爲念佛之數珠。——這種植物，久已在中國長江以南種植，其子多被民間用作念珠，俗稱「草菩提」。近年臺灣多見出售。

另一種菩提子，不是印度的菩提樹子，而是產在中國天臺山一帶的木本植物的種子，看起來，一顆顆彷彿木頭刨成，其實是「樹子」。中國佛教界稱它爲「天臺菩提」，但現在已少見人用。

在社會上，現在被使用最多、最流行、又最珍視的一種念珠，是另一種「星月菩提」。

經上說：「菩提樹（Bodhidruma）又名 Bodivrksa，釋迦在此樹下成道，故名『菩提樹』。又名『覺樹』。」「觀佛三昧經」名之爲「阿輸陀樹」(Aśvattha)。「西域記」則作「畢鉢羅樹」(Pippala)。

「廣東新語」一書說：「〔番禺〕訶林有菩提樹，蕭梁時，智藥三藏自西域持來，今大可百圍，作三四大柯，其根自上倒垂以千百計。大者合圍，小者拱把，歲久根包其幹，惟見根而不見幹，葉似柔桑，二月凋落，五月再生，僧采而漚之，惟餘細莖爲絲，霏微蕩漾，比於紗縠，俗謂之菩提紗是也。」

「廣東新語」提到的「訶林」，就是廣州（番禺）的光孝寺，寺有西域植來的訶黎勒樹（梵名Haritaki），故名。「粵東筆記」上說：「菩提樹（訶黎勒）子，可作念珠，面有大圈，文如月周羅，細點如星，謂之星月菩提。」

另一種訶黎勒樹，子名訶子，可作藥，異於此種星月菩提樹。（在印度人的字典裏，稱爲「菩提」的樹，似乎很多，不具引。）

廣州一帶的人，把「訶黎勒樹」叫做「菩提樹」，其子以形稱爲「星月菩提」。現在世界各地流行的這種就是。

這種珠子，底色泛白，是摘下太早，沒熟透。略帶黃色的，有空心凹白點，象月；全面有淺黑小點，象星；越大或越小，價越貴，中型的價略低；色差的也較廉。這種「星月菩提」，貫串成珠，長年日久，經手澤摩娑，會浸潤出異常的近咖啡色的光亮，極具道氣，頗得佛門人喜愛。它與那些金銀寶石眞珠質的念珠比起來，價位自低，但在佛門人眼裏，那些價同金銀的念珠並沒有星月菩提來得高貴。除此而外，目前還有些古代所無的化學念珠，當然價位更低。

總起來說，念珠（或數珠）經佛教教徒的修行，到成爲人們的飾物，其心理過程是很神秘的。這一兩年，念珠的流行，遍及社會各階層，眞令人懷疑——淨土世界就在眼前？

——一九八四年五月廿五日

論「出家」

〔本論〕

一個人突然地棄俗「出家」，會使他的周圍社會，引起一陣小小的波瀾、震盪；人，什麼事都可以做，但是，爲甚麼要做和尚呢?是不是情場失戀、商場失敗，還是人生失意?——這種震盪，在「苦樂人間」的每一個角落，會留下一層輕輕的迷霧，然後隨風而散。

「出家」，當然不可以「粗率」到「憤而至此」、「恨而至此」，乃至「——終於出此下策」。

「法蘊足論」談「出家」有四種類型：

一、身心俱出家；

二、身出家而心未出家；

三、心出家而身未出家；

四、身心俱未出家。

這四種類型，與世俗所評估的出家動機不同。此論評「出家」是以「身心之全部投入佛道」爲基礎要件，試分析之：

一、身心俱出家：此類人，投身佛道，戒乘俱嚴，一心以了生死爲務，剃鬚除髮，身現僧相，斷絕塵緣，了卻染念。

二、身出家而心未出家：此類人身已現僧相，袈裟芒鞋，但仍耽名聞利養，留戀衣食，以佛法爲工具，貌雖莊嚴，而心實未出家。

三、心出家而身未出家：此類人現居士身，身未出家但不戀塵俗，雖有妻子而精行佛道，儼若當世維摩，心地比丘。

四、身心俱未出家：此類人知佛入佛，也曾皈依，或受律戒，或現僧相，形雖列佛陀門牆，視戒法如兒戲，心不在道，身陷五欲，以入佛爲風雅，曲解法義，惡紫亂朱，忝列時流，今世尤多。

復次，等而下之：

一、有因謀食無門，窮途潦倒，爲生活所迫，走投無路而出家者。

一、有因人生路到盡頭，晚景堪憐，無所依附，只好投入佛門等死而出家者。

一、有因妻離子散，鰥寡孤單，生死頓失所怙乃入佛，以解寂寞而出家者。

一、有因仕途絕望、嫉世憤俗，以天下蒼生、非我族類，發洩恨情而出家者。

一、有因心無定見，人云亦云，攀附親朋好友之緣，瞎打誤撞而出家者。

一、有因逃避災刼，借袈裟以潛形慝貌，祈求躲一時之禍，俟機還俗而出家者。

一、有因附庸玄理，但心不在佛道，卻一時興起，驀驀闖闖而出家者。

一、有因疾障所苦，宿命所蠱，聽信星相巫卜之預言，屈服於命運而出家者。

一、有因父母出家，子女隨緣；子女出家，父母隨緣，只圖個親情完整而出家者。

一、有因受夠了繁華物欲，看夠了飲食男女，忍夠了人情世態，因而逃禪出家者……。

凡此種種出家相，凡此種種出家人，一旦湧入佛門，瀰漫道場，佛門將是何等景象，可想而知！

世人都知「出家」清淨；「出家」逍遙；「出家」無事一身輕；但有誰知出家修道的苦辛？信仰佛道之人，一旦發願「出家」，面對的是：削去一頭黑髮（女生的是「青絲」吔！），炎夏也要披上三層僧衣，腿上裹的是長及足面的大腳褲，足穿露孔芒鞋，沙彌戒未受之前，即使你年高甲子，身爲博士，曾任「董事長」，也得與十歲趕烏鴉的小沙彌同流，如見到一個十八歲的比丘尼，也要依律大拜；受僧戒之時，頭上要燒十二個戒疤，身上再加上一層袈裟，手上多搭一疊「衣具」，肩上多一個僧囊，在三十二天到四十九天，多至一百天的「戒壇」上，要聽比你的學歷低九級、經歷少十倍、也許沒進過幼稚園大門的鄉野和尚的斥喝訓誡、講法說戒；出了戒壇，你此時才算圓了「僧相」，那時你要雲遊海內，還是絕跡深山，都要靠自己這兩隻腳，師父是幫不上你的忙的。至於有沒有道場收留你，在今天這個佛教世界上，一定是個「或然率」。

倖而，你找個小僧院安置下來，但看經沒經看，訪師沒有師，問道沒有道，一天兩餐淡死人的齋飯也要自己動手；如果你僥倖住進了十個比丘以上的寺院，那麼被分配爲一個「執事」是逃不掉的；像「飯頭、菜頭、香燈、維那、庫頭、寮元」什麼的，你又如何賴掉？而早晚「出坡」，裏外「勞役」，你也滑不開。你說「我是來修道的呀，怎麼做起苦工了呢？」——嘿！這就是「修道」喲！

此外，每天早晨，我是說太陽還在地球的那一邊，黑夜四顧，冥色蒼茫之際——四點吧！有的寺院，應該是三點三十分；還有些勇猛精進之地，根本就是凌晨二時就起床「上殿」了。晚間，在「暮誦」之後，是「自修」時間。一般的出家人，是在晚鐘過後，到十點「養息」；那些精進的道場，有很多「個別」行動，不到十一點是不睡的；如果他凌晨二時起身，他一天一夜只睡了三個小時，縱使白天，在午齋之餘，能享有一個小時假眠，這是標準的拿破倫睡眠時間。

他們在凌晨四時起身，上殿做早課，是兩小時，許多寺院，通常是六點以前吃早齋。齋畢，「勞作」二小時，然後是自修；這種自修，包括「看經、拜佛、持咒」，或聽「法師開示」。

午齋在中午十二時以前必須用畢，因爲有些比丘是「持午」的，其實，依「戒」人人都「持午」才是。午齋過後，「午休」，大約到下午二時，又開始「參學」了。「時間、課程、修法」各寺院自訂，反正「你跑得了和尚，跑不了廟」，除非你不做和尚，每一道關口你都得通過，而這些「看經、念佛、拜佛、打坐、出坡、煮飯、挑水、洗衣、清理環境、下田種作、甚至於一聲咳嗽」，都是「修道」。因爲是修道，世俗的「電視、音響、電影、歌舞……」是犯戒的事，怎可去欣賞？

君知否？南投蓮因寺的「厠所、水龍頭、飯桌邊、飲水壺傍……」都貼着許多「當願衆生……」的牌子，使你一天二十四小時無法轉一個念頭去懷念你「出家以前還曾經有過一位如花似玉的女友」。你的腦子裏只有「道」，像這樣，一直到打「冥鐘」爲止，或「養息梆聲」爲止。這是一般出家人都習以爲常的生活；有些「捨身爲道」者，「長夜不睡」、「長坐不臥」者，比比皆是，「不睡覺」有甚麼了不起，有人修「般舟三昧」，一修就是「九十天」不沾床，用兩條腿跑完這段「道」途的。

如果你出了家，像這種生活你過上六十年，不，十年吧！你感覺如何？何況，有些比這更殘酷的——上殿參禪，挨棒子、挨惡罵，這叫做「棒喝」。廣欽老和尚昔日住泉州清涼山岩洞修道，每天除了吃一兩次猴子送的山果，身無長物，這才是一身肩有天下，除了這副皮囊，你還有甚麼？

如今寺院的設施雖比這好些，但好得不多。也許他每月發你二百元的「單銀」，夠你買「洗衣粉和牙膏」的，你的私人用度，像買經購書、坐車走路，自理。人情應酬，免。出家嘛！六親不認，八風不動，要錢作甚？

世人眞不知「出家人」的辛苦，還猛以爲「和尚」生活得自在，你的動機如不是爲了出脫「生死苦海」，又何必如此自苦？

每天在臺北街頭總有些灰色僧衣飄飄而過，別認爲他們瀟灑得很，而他們背後的「堅強、卓絕、甘於寂寞」，誰又淸楚？

如果爲了「出家」，你去搞「特立獨行」，又形同兒童「逃家」，有些人弄得鷄飛狗跳、衆叛親離、父母反目、夫妻離異，這那裏是「釋迦牟尼的大道」？

「出家」，豈是「等閒之事」？

〔餘論〕

近檢閱蕅益大師「靈峯宗論」「梵室偶談」一文至第十五頁，談到「法門」興壞之象，皆原自「僧團」份子複雜；而僧團份子複雜，又導因於出家人「棄俗」的動機不同，因此，蕅公提出「六興七壞」之相，以振聾啓聵，因蕅公之論與上文「論出家」旨趣相同，特爲拈出。

〔六興相〕

一、爲生死故出家；

二、爲大菩提（大道、佛道）故出家；

三、爲修行基本故受戒；

四、為修行門路故聽經；

五、為了生死故參禪；

六、為得「種智」故參禪。

這六條「興相」，是說一個人出家，不是為「逃避什麼」、也不是為了「命定」，而是為「了生死、求佛道」；受戒，不是為了過這一關就是「比丘、比丘尼」，而是為了「建立修道的基礎、建立聖賢的防線」；聽經，不是去捧場、不是去充數，而是為了「加深修道的信念與透過了解法義來擇定法門的方向」；參禪，不是為的做禪師，為的是「脫出生死苦海」、為的是得「一切種智」（佛智），「成佛」才是出家人眞正的目標。如果所有出家人都能以這些動機去「出家、受戒、聽經、修道」，法門（佛門）那裏有衰敗的道理呢？

〔七壞相〕

一、懼命夭，知命孤，以家貧故令出家；

二、避難無聊，激氣求安樂，故自出家；

三、求清高，故自出家；

四、以好名，故受戒；

五、好名，故聽經；

六、藏拙，故參禪；

七、好名，故參禪。

這是七種「壞相」。這是說，有人爲了「服從〔命運〕的審判、受星卜之士的蠱惑、或因家門貧困謀生無術」而出家；有人爲了「逃避苦難、無所事事、嫉世憤俗、圖個安樂」而出家；有人爲了「貪求佛家的清越高蹈」而出家；至於「受戒」，也只是爲了得個「比丘」的名份；「聽經」，是爲了獲得美譽；有人「參禪」，則是爲的「隱藏」自己的庸俗；禪客、禪師、禪和子，也都是一些人追求清高的象徵。

如果佛門僧侶都由於這些動機而出家，佛法如不衰敗，焉有是理？

蕅益大師認爲一個人之出家「因地」純正與否，是佛法興敗的重要分際。

今天有許多人渾渾噩噩地吃了一生僧飯，是何苦來哉！出家，本是一件莊嚴聖潔的行爲，是終其一生、盡其形壽、大埋自己的卓絕大行，怎樣可以因一念而出家，一念而敗壞佛門呢？

——一九八六年九月一日臺北

論「死亡」

如果人類沒有「死亡」，古今的人物會混在一起，文明與野蠻會曚昧不清，善與惡的解釋也會衆說紛紜，道德標準的尺度會亂作一團。

大家都活得「無盡無休」，而且永遠不老（既不死當然也就不老），那麼，以西元紀年——釋迦王子二六一〇歲，孔子二五三七歲，秦始皇二二四五歲，耶穌一九八六歲，曹操一八三一歲，李白一二八五歲，秦檜八九六歲，王守仁五一四歲，金聖歎三七八歲，馬克斯一六八歲，章太炎一一八歲……。

把這些歷史人物集合在一起，看起來年齡都差不多，當然，因爲不死，這幾個人幾乎似恒河沙裏的一堆沙——壅塞在一起，人人面覿面、鼻碰鼻，彼此的氣都會把對方呵死；彼此老早把對方看膩了、看煩了；而且這些「大人物」談的，已不是什麼「哲學問題、宗教問題、人生境界、什麼主義」，而是怎樣才能謀取一尺站立的地方——我的天，「站立」的問題，就是那時天地間的最大問題。

復次，又因爲大家仍有「吃喝拉撒睡」的「惡習」，況且，講起話來，秦始皇的唾沫花總是橫飛；李白是個酒鬼，他的口臭難免恣肆橫溢；身爲蠻夷，馬克斯腋下的腥膻味就別提——此時此況，誰是聖，誰是賢？誰是詩人，誰是醉鬼？誰奸，誰忠？誰斯文，誰野蠻？——還能不混嗎？

——那位聖人站在你面前，同你一樣面目可憎，你能不洩氣嗎？——聖人也不過和咱家一般！——你爸爸整天和你在一塊吃喝笑罵，上厠所、灌啤酒，本來你爸爸是聖人一個，此時，你到那兒證明他聖呢？聖人，看久了也會討厭人的。今天之所以沒有「聖人」，原因就是「聖人」在你面前你看不出來。

古之時，所以出了這麼多「聖人」，是因爲人會「死」。人一經死亡，他生前的「聖德」便會被晚他死的人挖出來反省、咀嚼、考據出來了。然後，滿坑滿谷、頌德歌功的爛報也就汗牛充棟了。

我們很難想像——這個地球、這個宇宙——如果人不死、動物不死（人不死、動物豈有死之一理？）生物也不滅的景象——是可喜、還是可怕？我看，腦子裏稍有幾個正常細胞的高中生都會明白——恐怖！恐怖！恐怖！一切生物不死，怕最後會導致這些「活屍」因爲擠成一團而溶成亙古的「宇宙肉醬」。

如果你這樣把細胞過濾一下，清醒清醒你的眞正意識，「死亡」，才是天地間的「好生之德」！

因爲有了「死亡」，我們得以享受春花秋月，得以欣賞白髮紅顏，得以瞻仰英雄的成敗，得以評估人生的起伏……而最重要的，因爲有了「死亡」，我們的生命才有循環，我們的生活才有苦有樂；不管是哲學的、科學的、宗教的、藝術的事物，都會因死亡而展現它的深遠意義。

「死亡」，是宇宙間任何價值無可取代的一項眞理，公平得使人面頰發青，不管你是人生那一種角色，都要伏跪在他的腳下，任它踐踏、搓揉、擁抱。可眞是「衆生平等」的偉大註釋。

死亡，是色相的消失。是整個「因果律」的一層波谷。是生命代謝的一捲浪。肉身不死、白日飛昇、長生不老，早已是古老的、荒謬的、畏懼死亡陰影的歷史神話。

世人爲死亡而哭而鬧、而傷而悲、而謳歌而頌德、而敲鑼而打鼓……而營義山建旌旛；可是你從那裏看到一隻猴子死了有人哭過？

死亡，是生命的謙讓，它讓出一席地留給別人。

死亡——功德無量！

——一九八六年九月六日

「戲」論

一千九百年前，東漢時代，到魏晉南北朝這一段歷史過程，中國人的語言、文字裏，突然出現許多「新」的「詞彙」，隨著時間浪潮的激盪、浮沉、浸漸，而納入人們的生活，溶化爲人們的思想，鑄造爲中國文化的血骨，一直到今天，我們依然把它當作自己精神生活的養分；它們支配我們思維方式與意識形態。

這些語言上的「菁華」，便是來自佛經的「譯場」。

今天人看「佛經」，不明其奧義的，如看「天書」；而深入其法海的，又如飲瓊漿；尤其是——佛經譯自古人筆下，對於未習古文者，難免扞格難入；即使能熟讀古文，依然恍恍惚惚，還是難過門限。

因此，我在這提出研究佛典的幾個基本方法：要了解佛典，首先要了解佛經的語言屬性，在浩瀚如海的佛學語言裏，有很多特殊的「詞」，如果你能作重點解析，便會得到通盤的認識。

現在，第一要弄清楚的，是佛家的「法數」。所謂「法數」，已在前著「論十纏與八風」說明。例如：「三身、五戒、七寶、八功德水、十二因緣、三十三天、八十八佛、八萬四千煩惱……」這些「數字形容詞」加「名詞」，佛典中多如繁星，但是「法數」在佛學中卻是易於明白的術語。

其次，是「名相」。所謂「名相」，是佛學體系裏較繁瑣、較深玄的一些詞彙。例如：「和合、知見、如如、法性、色相、含識、等流、業因、徧行、意生身、假名有、種子識……」之類的術語，這一類詞，涉及佛家深邃的義理，因此要多借重工具書，多讀些古今學者的疏解文字，然後經過融會、貫通，才能領悟其妙義。

第三部份，是「外來語」，是「梵語的音譯」，什麼詞都有，例如：「佛陀、菩薩、阿羅漢、摩訶薩、阿毘達磨、般若波羅蜜……」在古人著述中有「翻譯名義集」、「一切經音義」和今人編纂的「梵和」、「梵英」、「梵漢」辭典可供了解；對「外來語」的研究，是研究佛學最簡單的部份，只要研習時久，自然了無窒礙。

除了這些詞彙之外，溶入我們生活，成爲我們語言一部份——在漢代以前，中國人不曾說過的話，而今天我們都能隨手拈來，信口湧現，但卻不明它的出處，它卻出身於佛典，例如：「因果、來生、緣份、地獄、出家、懺悔、造業、差別、輪廻、神通、不思議、第一義、不二法門、鏡花水月、說食數寶、龜毛兎角、種瓜得瓜、種豆得豆……」都成爲中國民族血液中，連販夫走卒都能出口成章的日常用語。

佛法溶入中國文化之深，早已是浸骨入髓的事。

近年來，我們常常發現文人筆下，冒出「戲論」一詞，我本以爲是中國人的「固有詞彙」，可是，稍經涉獵，它竟出源於佛典，順手翻閱，經文迭現。

「佛遺教經」云：「汝等比丘，若種種〔戲論〕，其心則亂。」

「最勝王經」（一）：「實際之性，無有〔戲論〕。」

「法華經」（信解品）：「今日世尊令我等思惟，蠲除諸法〔戲論〕之糞。」

「法華義疏」（二）：「中論云：〔戲論〕有二種——一者愛論，二者見論。」

「大日經疏」（九）：「〔戲論〕者，如世『戲人』以散亂心，種種身口動作，但悅前人，而無實義。」

「佛性論」（第三）：「戲論有三：一貪愛，二我慢，三諸見。是三〔戲論〕，如來已滅盡故，爲無戲論事。戲論有三義：一、能違礙實理；二、名虛誑世間；三、障隔解脫。」

「中論」（第一觀因緣品）：「不生亦不滅，不常亦不斷，不一亦不異，不來亦不出，能說是因緣，善滅諸〔戲論〕。」

「瑜伽師地論」（九一）：「此中能引無義思惟分別，所發語言，名爲〔戲論〕。」

「靈峯宗論」（五之一）：「——但粥飯習氣，軟煖、羸浮、〔戲論〕習氣，思前算後習氣，一一直下斬截，方可造聖賢閫境。」

其實，日常生活中有極多詞語，我們囫圇呑棗，並不明白它的本義。「戲論」一詞，就是一例。就字面解釋，意謂「戲掉之論」，一言以蔽，「言不及義」的道聽塗說而已。

但是，如依前列經文統合分析，應有下列諸義：

一、戲掉無益之論；

二、荒誕不經之論；

三、虛僞矯情之論；

四、衝動激越之論；

五、傲慢無理之論；

六、滑稽幽默之論；

七、淫詞綺語之論；

八、阿諛諂媚之論；

九、人我是非之論；

十、刻骨寡情之論；

十一、謾罵誹謗之論；

十二、扭曲渲染之論；

十三、目空一切之論；

十四、僞稱代天行道之論；

十五、嫁禍陷人於不義之論；
十六、設阱入人於寃獄之論；
十七、歪曲眞理，妄作祖師教主之論；
十八、冒充先知，預言吉凶、禍福之論；
十九、妄立邪說，徒爲主義，陷蒼生於災刼之論；
二十、以盲引盲，掩耳盜鈴，強不知以爲知之論。

凡此種種，悉爲「戲論」；
凡此種種，皆爲「妄語」；
佛法立言，絕無「戲論」，如來是「眞語者，實語者，如語者，不誑語者，不異語者。」

——一九八六年九月廿五日臺北

論「天不生仲尼，萬古如長夜」

「人天長夜，宇宙黮闇」，不知是甚麼景象？

相信，沒有人有這種長埋「無光隧道」的經驗；這是「抽象的警世的假設」？還是「太陽系」終究有日要從宇宙海中消失的「必然歸程」？

沒有光，永恆無光，將使一切生物陷入「無止境的昏迷」，不再會從「輪廻的夢中」猝醒。

沒有光，一切的「色相」，將從視覺的畫面上死去。從此，再也見不到「靈山秀水，綠女紅男」；你將永遠告別「梵谷的畫，米開朗基羅的雕刻」；你將永遠忘失「喜瑪拉雅山的巍峩，尼加拉大瀑布的奔騰」；你會無盡期地活在「沒有盡頭的黑風地獄」；人間的離合悲歡，不再會從你多情的眼眸中浮現。

沒有光，從此也失去了熱；沒有光，從此也不再有「關懷、同情、噓寒問暖、魚沫相濡……」

沒有光，生命到此枯竭，灰飛煙滅。

沒有光，我們這個「塵沙世界」，面臨的是一個「壞刼」。

可是，我們中國的詩人，就寫下「天不生仲尼，萬古如長夜」——這聯流傳千古的名句。我不知道，中國如果失去一個孔子，萬古是否會陷入「長夜」？但是——我們可以斷言的——中國文化，將必然以另一個面目出現。也許是類似非洲式的黑人文化；也許是猶如美洲式的印加文化；也許是猶如北歐式的冰原文化；總之，絕不是「己所不欲，勿施於人」；絕不是「夫子之道，忠恕而已」；絕不是「老者安之，朋友信之，少者懷之」的中庸之道的文化。

世界上有許多區域充滿着「羊騷氣」的那種竄鼻子腥味，到那時便會混到中國人的肺裏；此時你會舉目四顧，皆爲異類！

孔子給我們的，是以「家庭」爲中心的「夫妻、父子、昆弟」相融的倫理的窩巢；孔子給我們的，就是這樣一盞溫暖人心的歷史的燈光。它涵蓋的，是「生、養、老、葬」的禮法面積；它不像耶穌，也不像穆罕默德；他絕不持劍，也毋需動用異教徒的手來贈送他一副十字架；他絕非「宗教家」；他帶着「不憂、不惑、不懼」的笑容，走完人間路，光耀中國的史册。

地球上沒有孔子的區域，也會出現另一種類型的孔子；不管它是「人文」的，還是「宗教」的；不管它是神秘的，還是理性的；他串演的角色，就是「長夜的光」。

你不要認爲——這些人類的菁英，對我們這一些「屬鷄」的升斗小民，無關緊要；祇要天上跑不掉太陽，地上有一支燈光，我之願足矣。原來「漫漫長夜」，不僅會出現在遙不可及的壞刧；也會驀然君臨到我們的身上。

「生、老、病、死」是有形世界另一種「長夜」，雖然，太陽會不斷地照在你的頭上，而黑暗卻在你的心裏滋長；無止境的佔有、貪婪；世界爲我而存在的狂傲；天下眞理都掌握在我的手中之荒謬，是人心層面不幸的「壞刼」。

我們一生，幾乎每個人都曾經歷過那種「生不如死」的苦痛；那種無助、那種猶同烈火焚身的煎熬；只要上天布施一些些甘露，上蒼伸來一下溫暖的手、拂我一下，就會變得出奇的美好？

然而，世界上只有十分之一（四億）的人口，能沾到這種「光源」的照映，而在這些人口中，又只有百分之一能與光相印，而獲得光光相照的感應，把自己這份微弱的光，投入這宇宙光源之海；這支強大的光，便是「佛陀之光」。

佛陀的光，與「孔子的光、太陽的光、海上的燈光」，是迥不相同的。

人類的地球，如果沒有釋迦佛陀，沒有他的「慈悲、平等」的教義，沒有他所啓示的「衝絕羅網、體悟大道」的眞理，我們活在世間不知何去何從？

佛陀給我們的，不是這個龍蛇雜處的地球，也不是這個充滿矛盾的生命；他給我們的，是以他無限的光，來接引我們的光；以他的光來開發我們的光；走出有限的世界，行遍宇宙，破除昏闇！

——一九八六年十一月一日

論「法」義

「是法住法位，世間相常住，於道場知已，導師方便說。」（法華經方便品）這四句偈，以「法」爲中心，解釋精神與物相兩界的本體面目。法，不僅爲「法華經」開展出一片燦爛的妙義，也爲一切佛典呈現「佛法在世間，不離世間覺」的宗旨。

法的「象徵」奥義，通於一切事相；每一相中都有「法」在，每一法中都有「相」在；前者爲「法性」，後者爲「法相」，微至一粟，大至滄海；具象如星球，抽象如神識，莫不非法。「法住法位」，意謂一切相便是「法相」，法不離世間，世間位便是法位，法性無所不在。

法（達磨——Dharma）之一字，在佛典中有兩重涵義——

一是狹義的：指佛住世所說一切法義，與佛滅後一切佛義所入的經律論，包括非佛說而契於佛義的思想、文字；

一是廣義的：泛指一切精神與物質活動現象。

釋「狹義」法之經論，如——

「大智度論」（第二十二）：「〔法〕有二種：一佛所演說三藏十二部、八萬四千法聚；二佛所說〔法〕義，所謂〔持戒、禪定、智慧、八聖道及解脫果涅槃等……〕」。

「過去現在因果經」（第三）：「四諦〔法〕輪，是爲〔法〕寶。……」

釋「廣義」法之經論，如——

「俱舍論」（第一）：「能持自相，故名爲〔法〕。」

「成唯識論」（第一）：「〔法〕謂軌持。」

「大寶積經」（第五十二）：「一切諸〔法〕，或名爲〔法〕，或名非〔法〕，何以故？若能了知如是諸法，皆空、無相、無願（無作），即一切法，並名爲〔法〕。」

「俱舍光記」（大正四一册卷一）釋「軌持」二字說：「釋〔法〕名有二：一能持自性，謂一切〔法〕，各守自性，如『色』等性，常不改變；二軌生勝解，如『無常』等生人無常等解。」

「大乘入楞伽經」（第五刹那品）：「一切〔法〕，所謂善法、不善〔法〕，有爲、無爲〔法〕，世間法、出世間法，有漏法、無漏法，有受法、無受法……。」

「放光般若經」（第三了木品）：「諸〔法〕謂——善法、惡法，記法、未記法，俗法、道法，有漏法、無漏法，有爲法、無爲法。」

「成實論」（第二法聚品）：「可知等法聚者，謂——可知法、可識法，色法、無色法，可見法、不可見法，有對法、無對法，有漏法、無漏法，有爲法、無爲法，心法、非心法，心數法、非心數法，心相應法、心不相應法、心共有法、心不共有法，隨心行法、不隨心行法，內法、外法，麤法、細法，上法、下法，近法、遠法，受法、非受法，出法、非出法，共凡夫法、不共凡夫法，次第法、非次第法，有次第法、無次第法——如是等二法。又三法：色法、心法、心不相應法，過去法、現在法、未來法，善法、不善法、無記法，學法、非學法、非學非無學法，見諦斷法、思惟斷法、無斷法——如是等三法。又四法：欲界繫法、色界繫法、無色界繫法、不繫法；……五陰、六種、六內入、六外入、六生性、六喜行、六憂行、六捨行、六妙行、七淨、八福生、九次第滅、十聖處、十二因緣——如是可知等法聚，盡說無量無邊不可說盡。」因此，〔法〕之本義，已包括「本體」與「現象」、「世間與出世間」一切，統其宗要，理其微末，研究佛義，如果能在「法」字上痛下工夫，活埋一番，也就不負釋迦佛陀的一番教誨了。

所謂「法」，狹言「佛法」，廣言「一切相」。

從狹義的「法」義之認定標準，因去佛時遠，有「四依法」可供管制，即「依法不依人，依義不依語，依智不依識，依了義不依不了義」；所謂「依〔法〕不依人」，即是「〔認法〕不認人」。凡說法者，著法義者，不管你是「邪人、正人、君子、小人、聖賢、愚劣、佛道、外道、古人、今人、本國人、外國人……」所出之〔法〕，契於佛義，便是「正法」，亦即「佛法」，也就是學佛者的共同遵循標準。

佛家對「正法」有助於衆生出苦、修道、入涅槃的種種方法義理之解釋，絕不取決於「人情、權威、政治審判」。此「佛法」之所以爲「佛法」。

不過，衆生思想角度、道德評估、修道境界有差異，因此對「法」的認知會隨人拉大距離，於是便會產生所謂「仁者見仁、智者見智」的「無知」現象，這也就是說，一切事理的解釋標準是隨人而訂的，也因此「眞理」就無法在凡夫心中肯定，所以佛陀滅後才以「聖言量」來作爲「眞理」(道)的仲裁。

蕅益大師在其名著「宗論」(四之三)中論「法」的兩極認定方式說：

正人觀邪法，邪法亦成正；

邪人觀正法，正法亦成邪。

深人觀淺法，淺法亦成深；

淺人觀深法，深法亦成淺。

圓人觀偏法，偏法亦成圓；

偏人觀圓法，圓法亦成偏。

道人觀俗法，俗法亦成道；

俗人觀道法，道法亦成俗。

——洵爲一針見血之論。

天地間很多事情在「正人、深人、圓人、道人」的眼裏，多半是「善的、美的、眞的、可塑的」；而在「邪人、淺人、偏人、俗人」的眼裏，所有「有意義的、道德的、深妙的」事物，都成了他們視覺上的變形物。

你若「以牛羊眼看衆生」，衆生都是「牛羊」一樣。

天底下的事，你要弄得透徹，掘個明白，解決得清清楚楚，水落石出，是很難的。所以智者在疑謗交加、事理未顯的情況之下，總以「不辯」爲宗，「默待歷史來判決」。

華嚴經云：「心如工畫師，能畫諸世間」，原來，「法」是心造的，衆生的辛苦，都是不明「法義」的緣故！

——一九八六年十一月十七日

觀量品

購量品

論「彌天釋道安」

自公元三七七年，中國晉代（懷帝永嘉六年）佛教大思想家「竺道安」受到刺史朱序的「迫請」，重返襄陽。當時襄陽名士「習鑿齒」，鋒芒畢露，辯才天逸，聞安公已住「檀溪」，前來「就教」。坐定之後，逕自報上名來：

「四海習鑿齒！」

安公曰：

「彌天釋道安！」

習鑿齒爲之懾服，而時人以爲「名對」，龍象相當，佛門千古佳配。到三七九年，前秦王苻堅派他的兒子苻丕率軍攻下襄陽，苻堅告訴他的僕射權翼道：「朕以十萬之師取襄陽，僅得一人半！」權翼道：「誰耶？」苻堅道：「安公一人，習鑿齒半人也。」

既至長安，住錫五重寺，僧衆數千，大弘法化。初魏晉沙門，依師爲姓，故姓各不同。安以爲大師之本，莫尊釋迦，乃以「釋」命氏。後獲「增一阿含」（四阿含經之一），果稱「四河入海，無復河名；四姓爲沙門，皆稱釋種。」既懸與經符，遂爲永式。（詳「高僧傳」初集卷五，釋道安傳。）

中國僧寶之有「釋」姓，自安公開始，在這以前，都跟師姓，一千六百年來，從沒有例外。誰知道自從大陸變色，法難繼之，逃刼的方外之士，多因俗慮，雖披緇衣，而間還俗者不少。三十年間，每見報刊發表佛門新聞，是好是壞，一律本刊云：「某某寺和尚張某某，某某寺尼姑王某某……」其卑視調侃之情，莫此為甚。有時佛門報刊，刊發法事廣告，有涉及錢財事，也不見收受者釋名，祇見俗姓。作為一個正信的在家信衆，對這種情景，每有椎心之痛，不知當事人作何感想？社會人士也無不以三教九流視之。其遺毒還不止於此，晚近出家二衆，不明「釋姓」莊嚴聖潔的意義，鄉愿隨之，遂使中國沙門面目，步入日韓比丘之後塵，將來中國佛法之式微，必以此為濫觴！

我們佛門俊秀碩德不少，但從未論及釋氏之正名事。戶籍法在多年前，已明令准許比丘「更俗從釋」，但不見佛門去除這條留以人柄的尾巴。

感慨之餘，忽聞一位法師「還我釋姓」，我佛世尊，亦必含笑兜率。我們敬向中國的僧寶頂禮百拜，恭請您為千秋萬世佛法故，自今日起，恢復釋姓，人天仰讚！

【註一】：安公生於公元三一二年，卒於三八五年，年七十四歲。

【註二】：安公四十二歲，在太行恆山立寺，時慧遠大師來就出家。安公本姓衛，十二歲出家，從師姓「竺」，後讀經悟，改名為「釋道安」。

——一九八〇年一月十五日

論馬謖

京劇上，有「失街亭」這齣戲。演的是，諸葛亮派參軍馬謖（名將馬良之弟）防守陝南戰略要點——街亭（地在今陝西城固縣境），阻止司馬懿大軍西進。馬謖面對曹軍悍將張郃，逸兵輕敵，引兵上山，遂被張郃所敗，街亭失陷，致使諸葛亮敗走漢中。

以諸葛亮之謹愼，並非不知馬謖，馬謖身爲敵前司令部的高級參謀，出任要地防守指揮官，竟一時「掉以輕心」，事先不聽諸葛亮之警告，戰後孔明依軍令從處，以馬謖之恃才而毅然揮淚斬將，使這一兵家故實，成爲中國戰史上一篇著名的軍法判例。

街亭失陷於馬謖的「不在乎」，也就是說「責任心不夠強烈」，「漢賊不兩立」的決心堅度不足，而招致大軍慘敗。也許他認爲諸葛亮不致因一個小小的街亭失陷而軍法從處。這就是他不瞭解諸葛亮之處，而非諸葛亮之不知馬謖。

「諸葛一生唯謹愼」，是歷史名言。孔明上演過「空城計」拒曹而成功，這是他對敵人心理估計之精確；馬謖擁兵據險而失敗，這是馬謖知敵不足，知己亦不足。他對諸葛亮——他的頂頭上司之知尤不足。這一種人，死了不足惜，祇是誤了漢家的天下！

諸葛亮用兵，不僅心細如髮，料敵如神，他亦心地仁厚，乏於嚴刑峻法；但在這種撼動整個戰略形勢的情況下，街亭失敗，諸葛亮已無徇情之餘地，馬謖自無活命之可能。

讀三國至此，禁不住掩卷三歎！歷史上有多少誤已誤國的馬謖？但今世「諸葛亮」何在？

劉備生前曾評騖馬謖，謂「言過其實，不可重用。」孔明把街亭重任交給熟諳兵法的馬謖，是因爲他本非庸才，但不幸馬謖視軍令如兒戲，孔明之「揮淚斬馬謖」，並非是憐惜馬謖一命，乃是痛悔沒有實踐劉備的遺言也。——這是諸葛亮之慈善所帶來的後果之一端。

「言過其實」，在佛家是「妄語」；「未得言得，未證言證」，「強不知以爲知」，皆此一戒。

今天世風朦朧，佛門弟子之被世俗汚染，猶如大氣層之充滿二氧化碳。佛門的文風，犯的大病，就是「馬謖」的病。究其根柢，大家都不理「大妄語戒」。翻開佛門的刊物，檢覈一下佛門的言行，一片烟霧，就是看不清誰是「本來面目」！

爲了清理佛家戒律，我們提醒念佛的「諸葛亮」，不要「小慈小悲」、「假仁假義」，「揮淚斬馬謖」，此其時矣！

——一九八〇年八月十三日

論熊十力

黃崗熊十力先生，確是儒門一代龍象。但我們應該提醒的是——他卻不是佛門之龍象。民國九年秋後，熊氏與呂澂、黃懺華、王恩洋、景昌極等（後來均成為佛學家）同門受教於南京支那內學院歐陽竟無，此其間，與梁漱溟、湯用彤，亦先後承沐，他們終因緣會不同，「出佛入儒」，而成爲中國近代哲學思想界的一代宗師。

中國文化自民初到流寓海涯的今天（因為儒門淡薄，收拾不住），以承傳儒家血脈、重建儒家文化的所謂「新儒家們」，自熊十力先生以次，有「梁漱溟、張君勱、張東蓀、馮友蘭、錢穆、方東美」諸氏；而接承熊十力一脈之學人，則有潛習有成的唐君毅、牟宗三諸大德。

論至熊氏同一等層的新儒家，其所學所創，亦各自不同，此猶如顏、曾與朱、程之不同然。

梁漱溟以思想家兼實踐派，成爲中國聖壇一位堅強人物。其重要著述代表，有「印度哲學概論」、「中國文化要義」、「東方文化及其哲學」、「中國民族自救運動之最後覺悟」等書。

張君勱，爲中國當代憲法起草人，中國民社黨元勳，重要著述「新儒家思想史」（英文本），因晚年寄寓海外，對中國思想界影響不大，但他確是一新儒學者。

張東蓀，爲一「道德哲學」極有成就的「新儒」。其重要著作有「道德哲學」、「新哲學論叢」，及有關政治思想方面的作品。

馮友蘭，除「中國哲學史」外，有「貞元六書」，足以代表他的「新儒家的面目」。

錢穆，爲史學大師，他的「朱子新學案」及「湖上閒思錄」等書，都可以代表中國儒生的形象。

方東美，民國十四年與熊十力同時任教於武昌大學，晚年雖著力於華嚴，但其學思仍屬於儒家範疇。

上述諸儒，包括熊氏在內，他們對佛學均有所浸染，唯他們之浸染程度各有不同；事實上，正如宋明儒生一樣，沒有佛學底子，似乎他們未見得能產生這麼大的成就，而他們思想從佛學翻滾過後，也與宋明諸儒一樣，反身「闢佛」按方東美晚年入佛，並未闢佛；最低限度，他們對於生命第一義諦，以佛性而言，他們是未加考慮的。——這是他們的文化使命之預籌。

現在，對於新儒家之重要人物——熊十力，我們可以提供的著作資料按成書年代先後是：

㈠新唯識論（文言本民國十二年成稿，二十一年正式出書。語體本，民國二十九年印行。）本書兩種版本，包括「破破新唯識論」（係破呂秋逸之「破新唯識論」）在內，爲出佛入儒，自立境量的代表作。

㈡十力語要：（民國二十四年初篇第一、二卷成書，續篇第三、四卷民國二十八年出版）本書爲語錄性指導典範。

㈢佛家名相通釋：（民國二十五年成書）訓解唯識法相之作。

㈣中國歷史講話：（民國二十八年五月出版）泛論中國歷史文化問題。

㈤讀經示要：（民國三十四年成書）指示儒經之思想義理問題。

㈥正韓（韓非子評論）：（民國三十八年出書）評法家思想。

㈦原儒：（民國四十三年大陸陷後，在上海成書。）肯定儒家文化超越唯物主義，受到中共嚴厲批判。

㈧因明大疏刪注：剔抉原書「疵疑」。

㈨乾坤衍：宏揚易學思想之作。

㈩明心篇：究明心性思想之學。

⑾體用論：出入佛儒之書。

⑿政道與治道：經世思想之書。

⒀論六經。

⒁論張江陵。

上述十四種著作，第八種以下目前臺灣已有書可見，惟出書年代可能在大陸淪陷之後，歷經輾轉送出，先後在香港出版，臺灣出版商加以翻印。

復次，近年有李霜青著：「一代大哲熊十力傳」，蔡仁厚著：「熊十力先生學行年表」，可以覆按熊氏之生平及著述概觀。

近三十年來，熊氏思想及其著述，備受海內外人文學界重視，尤其他的門人承其衣鉢，各有弘揚，而成就尤具特色，因此，熊氏儒學，照遍了世界漢學園地。

熊氏在中國新儒家陣容之前，與其他諸子不同的是，他獨專於儒家純義理的深入、檢討、與創發而不及傍騖。同時「糅合」佛儒思想，以易學爲根，建立了儒家第一義。

似乎熊氏既宗儒，便不能不在思想上有所「闢佛」。他的批判佛法思想的「新唯識論」，據他自述，他於民國十一年，在北大授「唯識論」時，「忽不自安，遂輟講。翌年，改造新論。……」「新論」一出，則佛家上自無著、世親，下至玄奘、窺基諸佛門大德，具成「疑難」矣！

案：熊氏「新唯識論」，確實承認佛法淵深浩瀚、圓融究竟，然於「出世」一途，難圓「生化育」（按熊氏謂「生化」，有「功能、流轉」之生生不息義）之機。雖然佛家能親證「空寂」，「若不通於儒，則唯蕩然出世，沈空滯寂」，走入非人生的路向。熊氏云：「佛家原期斷盡一切情見，然彼於無意中，始終有一『情見』存在，卽出世觀念也。」「所以佛學談本體，不涉及生化。」熊氏在「新論」功能章，反復衍述「生化」思想，認爲佛家沉空滯寂，終是一偏。卽使佛家之空寂，能含攝「生化」，亦疏忽其大用。——而觀乎熊氏立論，皆以易學爲經，調和儒佛，另立「新意」，同時亦批判了佛學。

我們用較粗淺的比喻，來疏解熊氏之論：「如果天下人都成佛證道，便難免於生命頓滅，生機斷絕，即使人人成佛，又有何補於宇宙之空虛、枯槁？」雖然佛家認為「衆生無盡」、「世界無邊」，衆生界不可能人人成佛，物物情空；宇宙終仍是衆生營務之場所；但是在「邏輯」的大前提下，熊氏之論，依然是可以假定成立的。這也是熊氏面對佛道，所不能解決（忽不自安）的一點。因而，由此自造「新論」，對唯識法相（也兼及全部佛理），作一總判（判得對不對是另一問題）。

熊氏深於思辨，筆力精鍊、文字雋敏，誠是中國最強勁的儒生，而他的「新論」一書，也因而震驚了整個中國思想界，民國十一年中國佛學界呂秋逸的「破新唯識論」，以及日後印順長老的「評熊十力新唯識論」（見妙雲集下篇「無諍之辯」第一篇），比起「新論」，其「光」其「熱」，似乎微不足道。而且，這兩篇文字坊間根本看不到。問題是，擺在知識份子面前的，全是「新唯識論」，在思想界，是一面倒。同時更吃緊的是，熊十力之筆，生花蘊霧，即使你馬上產生一部偉大的「破新論」，也難以掩蓋知識份子心中初次投入視覺的深刻印象與主見（除非他能有所「獨超」、慧眼。）。其實，熊十力確是一位深具「宋明儒家性格」的讀書人——當他淪入大陸之後，尤具此種顯明氣質。他的水平，也絕不遜於朱程陸王。他能不倚前人，開立自己門戶，文字、思想（除佛學之外），均能震響中國知識份子的良心，因此，他能得到王陽明以來——他的門生和後輩的高度崇敬。

可是，熊氏也有如中國古代儒生一樣，其思想之深，但無法補救其性情之切與悲情之薄；如說他「棄佛入儒」，他是不肯承認的。由於薰染佛法較他為深，所以他亦無法作違心之論。因此，在唯識思想上，我們希望佛學界，能有一本大書，解決熊十力所遭遇的「唯識難題」。

我是根淺慧薄，不知熊十力是「超越佛學」還是「知解佛學」；抑是對儒學「護之太深」，還是「實踐太切」。

我總覺得，儒家沒有勇氣面對生命流轉之眞象，而直下承擔，「疑難」因此祇能局限於易學的範疇，陷於「人天」情境之樊籬而不自覺。卽使儒者能體會此點，恐怕也放不下這一份歷史的包袱，眞正地撇開「文化」成見，混同儒佛，自立甚麼新意。

這些年，有些學佛人，嘔心浴血，宏揚熊十力，我覺得是「數典忘祖」，沒弄清對象。宏揚熊氏學術者，多的是中國後生儒者，又多得了幾個楞頭佛子來「佛頭着糞」？

〔後記〕

熊十力，清光緒十一年（一八八五）生於湖北黃崗，青年時期，參加一系列革命運動，民國九年冬入南京支那內學院，浸染內典，民國十年，出內院，至北大授「唯識論」，此後專闡「儒學」，著述與授徒不輟，大陸陷後，於民國五十七年五月二十三日，逝世於上海，享年八十六歲。

〔附註〕：本文成稿之當晚，細讀印順導師的「評熊十力新唯識論」，始發現熊之「疑難」已解決一半。心頭塊壘，也爲之平消。唯印老之書，豐瞻不足，理路略簡，難掩熊氏之光燄，請讀過「新論」者，可覆印老之文。

——一九八一年十月十五日

論李敖

——一株北國草原的知識野參

㈠引 言

有一天，行銷國內外六百萬份的「神州自由日報」第一版，刊出一幅全十二批的新書出版彩色廣告，在份量極重的引言中，說道：「本書是當代歷史學家、政治思想家、自由主義大師、高齡七十一歲的老頑童——李敖，繼六年前，他的『中國思想史』脫稿之後，一部最偉大的曠代文學創作——『北京法源寺』，終於經過二十三年之後——也就是李敖於公元一九八二年八月二十六日完稿的『隱而不退的告白』裏，發願要完成的世界名著——在老中青三代讀者望斷雲山的期盼中，與世人見面了。

「我們回想李敖在一九八一年九月一日（當時他在獄中）出版他的千秋評論第一集的時候，不知是什麼力量，支持他把千秋評論一集一集地出下去，直出到公元一九九四年六月一日——千秋一三六期，才意興闌珊地打住。這使他的『中國思想史』『懷胎』十六年，到一九九八年才出世；這部偉大的著作，篇幅長達二千六百頁。另一部包括二百多個出場人物的龐大製作——『北京法源寺』，則在他的千秋評論停止之後五年之久才動筆；因爲此時，香港已經透過某一種隱因複雜的政治理由，而演變爲『透過選舉』來決定——變成一個新加坡式的『香港國』，這整個脫出當年英國、中共的處理模式軌道，使歷史家弄得一頭霧水。

「事實上，我們的自由主義大師，用他的『長壽』，來證明一切，但是他此時實在已批無可批、評無可評了。他只好收起心猿意馬，來寫他的『北京法源寺』。

「嚴格地說，他的千秋評論出到一百集的時候，查禁的紀錄已經少有，因爲，很奧妙的是，李敖的『案子』（自一九七九年算起）經過二十六年之後，已經翻了身，這都是他能養精蓄銳，能寫下這部『北京法源寺』的先決條件。

「他眞正動筆寫這本書，是一九九九年元月一日，他寫作時的小屋，竟然是在『北京西山碧雲寺』的後山，是他寫書之前就買好的。他說：『寫北京法源寺必須在北京寫』才能入骨。——他就是這種人！

「在此時此地，他不僅是一位名動國際的歷史學家、一位思想家、一位自由主義實踐者，令人啼笑皆非的是——他亦已成爲一位操持嚴謹的佛學家了。此時的中國，已經獲得政治上的太平。倖而，李敖先生能歷難不死，當今天——公元二〇〇五年五月四日——這部『北京法源寺』，同時在北京、上海、西安、重慶、廣州、臺北，六個國內直轄市，正式出書！」

他的出版人如此這般調笑地寫道。

出版人又畫蛇添足地說：「原來李氏深悉養生之術，今年雖高齡七十一歲，但望之若五十許，這就不能不令人欽羨李公『要清白、請長壽』之秘訣矣……」

* * *

把時間拉回來，我們且要清醒一下，現在是公元一九八三年盛夏，而不是二〇〇五年五月四日——中國第八十六個文藝節。李敖能不能長壽，沒有人能知道；李敖這個人，當然還有許多人對他依然撲朔迷離；從他對王安石、李贄、顧憲成……的肯定，到他對胡秋原、徐復觀、陶百川、康寧祥的批判，都令許多人對他的性格陷入兩難的判斷。

如果說，實踐是檢驗眞理的惟一標準，我相信，「文章」便是檢驗作家人格思想的最高標準。我想，李敖已經四十九歲；他已經是熱鐵進了模子，思想模式、人格形態，都應定了型。所以，我細讀他的二十一集千秋評論，加上他部份重要的作品，來列出一個他所肯定的人物表來，加以先行檢討。

(二)被李敖肯定的人物

(1)王安石（一〇二一——一〇八六）

通過詩文，經過李敖肯定的歷史人物，第一個是王安石；在千秋評論第一集開篇便有引王安石「讀史」七律一首，詩云：

自古功名亦苦辛，行藏終欲付何人；
當時黯黯猶承誤，末俗紛紛更亂真；
糟粕所傳非粹美，丹青難寫是精神；
區區豈盡高賢意，獨守千秋紙上塵。

——見「被封殺的千秋評論」一九八一、七、十五

「糟粕所傳非粹美，丹青難寫是精神。」王安石所是非的，也正是李敖所是非的。

他在千秋③「廻向」裏說：

中國偉大的特立獨行者，大丈夫王安石，曾寫過一首七絕小詩：「夢」。

知世如夢無所求，
無所求心普空寂；
還似夢中隨夢境，
成就河沙夢功德。

——這是多麼高的境界。

這篇「廻向」，是關於佛家思想的認同問題，到後面再說。李敖在同集「爸爸・我・文學」附錄二，引林清玄「我所認識的李敖」，有所描寫。

林文說：「李敖的獨行其道，有一首他喜歡的王安石的詩可以形容；這首詩是王安石的『登飛來峯』。（林文未錄詩題）

詩云：

飛來山上千尋塔，
聞說鷄鳴見日昇；
不畏浮雲遮望眼，
自緣身在最高層。

這首詩，自胡適之曾引下聯爲銘而後，知識份子多效顰列爲座右。李敖的「大丈夫」性格，不同世俗的孤寂，到他對王安石的認同，不是極其明白的麼。林清玄說他「本應是五十年後才降世的人，卻不幸早到了人間」。

⑵**李贄**（一五二七——一六〇二）

對於明代反傳統的佛教徒，小品文作家，袁宏道的私淑老師——李卓吾，現在臺北坊間能買到的「焚書」、「初潭集」，都是當時被「焚」被「禁」了的。當時李卓吾被理學家、當權派所圍剿、誣構入獄，自殺而死，死年已七十六歲。李敖千秋②「知識份子的五種病」一文中談到李卓吾。他說：

「中國知識份子在談到本身的時候，總喜歡冒出一股特別之氣；舊式一點的會冒出『萬般皆下品』，新式一點的會冒出『我們讀書人』會如何如何……這一現象，有着明顯而深遠的歷史背景。中國知識份子的前身相當於古代的士。這一種人……進則中舉應辟，做官行道……退而傳經授徒，弄月吟風；『忍把浮名，換作淺盞低唱』。至於眞正懷抱大智慧、大原則而殉道如李卓吾者畢竟極少。能做到獨善其身，隱沒山林，已經不錯了。」（一九七〇、五、一〇夜五時，入獄前一年。）

在千秋④「中國式好人」一文中，李敖認爲：

「中國式好人」的檢定標準是有問題的。「中國式好人」標準常常出不來好人而出來「僞君子」，出來壞人和鄉愿。因爲，事實上，眞正的好人往往是不合乎道統標準的。——像李贄。

李贄，特立獨行，七十六歲，在牢裏自殺殉道，誰比得上這個「壞人」？

李敖認爲透過「道統、愚忠、孝子、大臣」的標準來檢定一個人的品德，都可能造成被歪曲的武斷。

因此，他在千秋⑥「從大規迹評論人」一文裏，認爲一個人祇要在「大人格」前提下把握住方向就不錯了。他又引孔子的話說：「——大德不踰閑，小德出入可也！」（子張篇）李敖是贊成「小小戒」可以方便消融的。在這一篇文字中，他再度支持李贄。

(3) **顧憲成**（一五五〇——一六一二）

李敖敬禮的人物，最具代表性的，該是明朝東林黨領袖顧憲成。他在千秋⑩「圍剿陶百川的一個教訓」裏描寫東林黨人說：

「那麼，清流該是什麼模樣？請看明朝的東林吧！『明儒學案』有個故事說，在政治黑暗的局面裏，政府總是跟『清議』過不去。有一天宰相王錫爵對東林顧憲成抱怨：『近有怪事，知之乎？』

「顧憲成問是什麼？王錫爵說：

「『內閣所是，外論必以爲非；內閣所非，外論必以爲是。』

「顧憲成說：『外間亦有怪事！』

「王錫爵問是什麼？顧憲成也抱怨：

「『外論所是，內閣必以爲非；外論所非，內閣必以爲是。』」

李敖說：「這個故事表示了『清流』人物，是絕不跟政府合作的。『清流』是狂狷的，特立獨行的，有激烈意見的，有火氣的！……」——他要做顧憲成那樣的「清流」。

顧東林與王錫爵的對話，李敖在千秋⑪「放火的不要變成放水的」一文中，再引一次。

(4)**譚嗣同**（一八六五——一八九八）

李敖在千秋③「流血的自由」裏提到譚嗣同。

他說，舊時代的好漢們爲理想奮鬬，他們深刻了解「千古艱難唯一死」的哲學，奮鬬失敗了，他們甚至甘願用「一死」來代替逃亡。戊戌時代的譚嗣同，就具有這種信仰的典型。當時日本志士勸他離開北方，他竟說：「各國變法無不從流血而成；今日中國未聞有因變法而流血者，此國之所以不昌也；有之，請自嗣同始！……」可憐的譚嗣同，他竟認爲午門濺血，是變法的一個必要手段。清朝當政者「成全」了他，「滿足」了他這個條件（就另一角度言，譚是在家裏等着抓，等着就義，有其另一面大義在），以八月十三日斬於市，春秋三十有三，就義之日，觀者萬人！

李敖對譚嗣同是惋惜多於贊佩，但是譚嗣同是決心率先殉道，他根本不考慮用「長壽」來拖倒清朝的。他要用殉道來激發世人的良知與熱血，他想把成功給別人享有。他只願播種。

譚在獄中題壁詩有云：

望門投止思張儉，
忍死須臾待杜根；
我自橫刀向天笑，
去留肝膽兩崑崙！

——有人翅獄而不去，這是何等的悲壯景象！

⑸梁啓超（一八七三——一九二九）

在清末民初之際，在譚嗣同之後，李敖最贊佩梁任公。他在千秋⑧「給林洋港先生上一課」裏指出，一九二二年北洋任用王寵惠組閣，羅文幹（國民黨人）擔任財政總長，後來羅文幹被非法拘捕，但因「司法」不肯配合「政治」整人，羅文幹終於一九二四年春天光景出獄。羅案發生時，有人問梁啓超，「〔北洋〕政府抓羅文幹，用的非法手續，可是時機太迫切了，若等合法手續，犯人早逃掉了，那怎麼辦？」

梁說：「寧肯讓犯人逃掉，不然的話，犯人抓到了，可是法律卻逃掉了！」

李敖說：「梁啓超眞是大學者、大政治家，他的見地眞能從大處着眼，能從千百年規模上爲國家基礎打樁。梁啓超的見地，在勸當政者『寧縱毋枉』；所謂『毋枉』，不但不要『枉人』，也不要『枉法』。」

在另一篇千秋④「新下蠶室條例」一文中，他指出中國人寫得最豐富的，是梁啓超。他全集四十册，總計八九百萬字。但是李敖說梁啓超還是浪費了不少生命。梁任公活了五十六歲，一生有三十年寫作生命，他平均每個月只寫二萬五千字，每天不過八九百字。以他之大才，每天只留下八九百字文章，太浪費生命了！

⑹**蔡元培**（一八六七——一九四〇）

民國以來，中國有一個「不合作主義」，是首任北大校長蔡元培。李敖十分推崇這位「不與人同」的人。

他在千秋①已遭查禁「我最佩服的一個國民黨」裏說：

「我最佩服的一個國民黨，是一個死掉的國民黨，他是蔡元培。」

李敖以四萬多字的篇幅來寫蔡元培不爲勢所屈、不做文學侍從之臣，堅持他的「不合作主義」。他起先不和北洋政府合作，後來又與國民黨分流，民國二十六年遠走香港，二十九年以七四之齡孤寂地死於香港，埋骨荒郊。

在千秋⑪「放火的不要變成放水的」、千秋⑱「當然是個人人格問題」二文中，李敖再度肯定蔡元培的「有所爲，有所不爲」。他痛心於「政治清明之無望，不忍爲同流合汚之苟安」。

蔡氏於民國二十八年農曆二月有詩贈其友人云：

印壓生涯十六年，耐勞嗜學尚依然；

島居頗恨圖書少，卷到欣看花鳥妍；

兒女承歡憑意匠，親朋話舊煦心田；

一尊介壽山陰酒，萬壑千岩在眼前。

李敖在千秋②「戴布玆的千古名言」及千秋③林清玄「我所認識的李敖」二文中，兩度引用美國勞工領袖戴布玆於一九一八年六月十六日，在法庭上爲他參與「政治反抗」被判刑入獄而申辯時，所說斯賓諾沙的話：

只要有下層階級，我就同儔；

只要有犯罪成分，我就同流；

只要獄底有游魂，我就不自由！

——來表達他對人類同體的悲情；一顆偉大的心靈，自是不分中外的；「我不入地獄」誰又「入地獄」？

(7)胡適之、傅斯年、殷海光

李敖的近期私淑者，是胡適之、傅斯年、殷海光。雖然，他對他們也有微詞，但在李敖，則是求全的善意的陳述。在千秋⑱「從大逆流到大回歸」裏，他鄭重地肯定胡適之先生早期「對社會主義未能透徹眞相」而公開懺悔，「不能不表示佩服」。他承認胡適之是近代中國第一流思想家。他說，胡適之從一九四七年發表了「眼前世界文化的趨向」，一九五四年發表「從『到奴役之路』說起」，他終於一再把他成熟的覺悟，向國人作了磊落的交代。

另外，在千秋⑲「千秋萬歲名，寂寞身後事」及「一貫搜奇作業」二文中，肯定了胡適之的歷史地位。同時，「胡適全集」、「胡適選集」之編印，遭胡夫人江冬秀出面扼殺時，導致出版之遙遙無期，而痛斥那些屍居胡適朋友的文苑人物。

李敖在千秋⑳「我的皮肉生涯」裏，訪者問他：

「——自由主義思想家和先知中，在臺灣的，是胡適、殷海光，和你。你有何感想？」

他頑皮地說：「思想家和先知中，胡適得其皮，殷海光得其肉，眞正皮肉相連的，是碩果僅存的李敖。李敖的際遇比胡適和殷海光壞得多！……」

其實，在李敖的內心，把頑皮的成份濾過，胡殷二人，該是他的自由主義啓蒙老師才對。

㈢被李敖檢驗過的當代人物

在二百萬字的千秋評論到二十一期為止裏，被李敖點名批判的人物，我認為並非純由於入獄而啣恨私怨。那些人物，經過他無情而透徹的批判、幾乎無還手餘地的文章，都是經過李敖精密而細緻地引述原證加以比列，透過史料和有關文件發掘矛盾而加以檢驗，而導致他們人格的缺陷的暴露。這些文章，引起轟動、諍議與別人痛恨的，包括：

一、論所有的寶全押一九八二、七、二四——對胡秋原千秋⑬。

二、你蓋棺，我論定一九八二、四、十八、徐復觀是好漢嗎一九八二、五、三十——對徐復觀千秋⑨⑪。

三、蛇口與玫瑰一九八二、五、八——對曹聖芬千秋⑯。

四、圍剿陶百川的一個教訓一九八二、五、六、從陶百川綁票大學生說起一九八二、七、二十二——對陶百川千秋⑩⑬。

五、放火的不要變成放水的一九八二、六、二——對康寧祥千秋⑪。

以上五篇都是從反面角度來批判當事人的人格的；但是我們到現在並沒有看到有力的反批判。

六、我的殷海光一九八一年某月某日、殷鑑遠了嗎一九八二、十一、三十、如此春蠶・如此吐絲一九八二、十二、七——對殷海光千秋⑤⑰⑱。

這篇文字，是以同流的道義，來肯定殷海光與檢討殷海光、懷念殷海光的。

李敖的「人身批判」，透心入骨，使當代中國知識份子造成極大的震動與省悟。李敖每一條血管都可能是戰壕。在批判中，李的絕情、與防衛之周密，代價是甚麼，現在還看不出來。除非他以譚嗣同的精神，去面對歷史。

此外，還被他批判的，有林洋港、秦孝儀、蕭孟能，也都出手辛辣，擋者望風披靡。

四被李敖檢驗的歷史事件

復次，除了對人物的批判之外，李敖以「歷史個案」爲單位的文章，有下列諸篇。

第一、是李敖爲自己伸雪的案子——「給黃少谷先生的公開信」（一九八一、七、九，千秋①）、「給黃少谷先生又一公開信」（一九八三、一、三十，千秋⑲）、「黃少谷應入貳臣傳」（一九八二、三、十七，千秋⑧）等三篇，對司法院長黃少谷作強烈的檢驗。這一刑案的導生主因，源於李敖與蕭孟能之間的官司，結果使李敖陷入「侵占罪」而判刑六個月。李敖舉出極多的反證，結果還是輸了。李敖認爲這是一場「政治問題，法律解決」的誣構。李敖的法律知識極爲豐富，舉證細膩，無懈可擊，這次官司雖然被判刑，當他於一九八一年八月坐完牢之後，經過鍥而不捨地追訴，終於，最高法院在次年五月十四日(71)臺上字第二二二五號判決書裏，爲他平了反。這在「政治問題」上他等於受害者，在中國司法史上是一大諷刺。

第二個案子是：爲「老兵李師科喊話」（一九八二、五、十七，千秋⑩），引起社會極大的反省。因爲李師科搶銀行，帶槍重傷銀行裏理，在這之前一年，他又槍殺過交通警察，而在兩週內判決死刑並予執行。這篇文章以及當時的社會，引起兩種不同的爭論，造成在法律上與社會學上的價值判斷的混淆！

第三案，是李敖因「侵占罪」入獄期滿出獄之後，當天便招待記者，發表他震驚中外的「監獄學土城」（第二次坐牢記：「天下沒有白坐的黑牢」）千秋⑦・一九八二年八月出獄前後完稿。這篇文章長達四萬多字，搜集的人證物證，已到無可反擊的餘地，文章發表不久，直到目前，不到二年間，臺灣各地監獄連續發生過九次暴動、逃獄事件，使得法務部和有關獄政官員，焦頭爛額，可是出現在報章、電視、國會的法務主管的辯護，簡直語無倫次，無法取信於國人。他們更沒有料想到，五月二十七日下午三時五十分，捲入臺中看守所越獄案被收押的管理員陳大慶，在監房中上吊自殺，並留下三封遺書，影射監獄內部的無法無天，更使主管者臉上塗一層黑漆。

第四案：關於張學良的翻案文章，在千秋⑮有兩篇。一是「大時代的故事、大時代的造謠」一九八二、十、十，一是「別賴張學良了」長達三萬八千字左右，為這一歷史案件抽絲剝繭。李敖完全根據現有的公開史料加以求證，使人對他窮究不捨的精神，不得不為之歎服！

第五案：有關「不平等條約廢除問題」，他在千秋⑯發表了一萬六千多字的「不平等條約是國民黨廢除的嗎？」一九八二、十、卅一完稿。十一、七補足他從史料中，證出北洋軍閥在一九二一年已把「中德平等新約」廢除；李敖在該文中列出一張表來，說明軍閥政府從一九一七年起，到一九二六年陸續收回了國內各地「租界」。

第六案：李敖以兩萬多字在千秋⑳發表了「為何將軍腰」一文一九八三、三、一，詳述抗戰勝利之後我國政府接受日本投降的經過史實；他挖出許多人從來不知道的事物，他所根據的，不過是一般人不注意的，國內外報刊發表的新舊材料而已；有些人以爲事情已經過去了，往事已成灰，三十年後吐了出來，想不到成了李敖的第一手資料。這些史料包括陳立夫先生在傳記文學所發表的——當年與中共交涉內幕，都成了李敖筆下的鐵證。

李敖是一個強烈的愛國主義者，他在千秋先後又發表了「戰犯可以無罪嗎」一九八三、三、十七、「誰是賣國者」以上一九八二、五、十四，千秋⑩、「給書獃子上一課」一九八二、八、二二，千秋⑭、「給書獃子重修一課」一九八二、十、二十，千秋⑮。

他以這一系列文章，分別批判了王世杰對蘇俄交涉之失敗、劉福增對日本教科書上使用「進出」「中國」二字來代表「侵略中國」一詞，對日本人加以「開脫」，李敖認爲劉福增的頭腦多烘、亂用知識、咬文嚼字，「太可悲、太可恥」了。

另外有「一個聯合造成的冤獄」千秋①一九七六、二、十九，是爲他自己的「叛亂案」寫於獄中，他在這篇文章的後記中說：「——以上這篇『一個聯合造成的冤獄』，是我在牢裏寫的，後來我的老師吳俊才知道了我的冤情，特別仗義執言，最後告訴我以『不執行』方式解決，也算差強人意的一種補救。至於何年何月再冤獄平反，那只有包公知道了！」一九八二、七、二十三。

李敖在一九七〇年民國五十九年一月，因「涉嫌」彭明敏偷渡案，而被「看管」，到一九七一年三月十九日被捕入獄，一九八二年二月第二次出獄。他統計前後兩次入獄，連同被「看管」時間在內，一共坐了七年四個月的牢（第一次「叛亂案」關五年八個月，第二次六個月，在家中被看管十四個月）。

關於他入獄的詳細時間、地點，相信在他的「自傳」（千秋⑲開始連載）中，會有清楚的交代。

以上他對有關人物與個案的批判，有很多篇都已在一九七九年以後「深耕、政治家」等政論雜誌上發表，讀者可以覆案。

(五)知識份子對李敖的評論

國內外知識份子，除開胡秋原、徐復觀、徐高阮等先生，由於筆戰，對李敖引起激烈的攻擊，而國內大多數人，多保持不說話的態度。至於中國人，走道統老路所發出的零星批判，全都軟弱無力，形不成氣候。

現在我以千秋評論二十一集（民國七十年九月到執筆為文時止）為範圍，加以引證。

(1)王翼樟語（小痴）：

我只寫我在十九年之中，接觸不到四十個小時的點滴，寫出我個人對他的觀感：不論世人對李敖的看法如何？

——紐約時報說：「他是受人歡迎的青年作家」，「以寫諷世文章出名」，「當地標準的一個野人」。

——聖路易郵訊報說：「〔李敖〕是中國傳統著名批評家。」

——倫敦中國季刊說：「〔李敖〕是一個得人心的英雄。」

——香港星島日報說：「〔他〕有才氣、有勇氣，還有挾才勇俱來的流氣。」（以上見「獨白下的傳統」，千秋①「被封殺的人民公敵」。）

還有人指他爲「文化太保」、「文化頑童」、「小瘋狗」（指徐復觀等），這些不虞之譽和不虞之毀，我認爲多多少少都因李敖在下筆之時，很情緒化，李敖爲一情緒化的不滿現狀知識份子，我想，該是很中肯的對他月旦之辭——這才代表我個人對他的看法。（見民國七十年文壇二五六期，千秋③「爸爸・文學・我」附錄一。）

王又說：

「我曾說他的作風很像三國的禰衡，我勸他勿作現代的禰衡；因爲禰衡的結果是與人無益、於己有害的。他似也覺察到他當時的處境很像三國的禰衡。——做禰衡就做禰衡吧！」

⑵林清玄語：（見「我所認識的李敖」，原載「天眼」，千秋③轉載。）

——一是：李敖是個少見的才子，他的力學深思、博覽今古，光耀的靈感不時閃射，眞如萬斛噴泉，不擇地皆可自出；讀書之廣，思考之深，是在這個社會中難得一見的。

——二是：他是個少見的「眞人」，他常說的一句話是：「寧可做眞小人，也不做僞君子。」他愛恨分明，不肯縱容鄉愿和無知，文章如利劍，下筆不留情，但對朋友和弱者都格外的寬厚。

——三是：他是個少見的細緻的人。他的細緻，不僅僅表現在他做學問時的博大精緻、巨細靡遺，也表現在他的生活之中；舉凡他身邊每一件事物，都經過他精心挑選，他對人的體貼，幾乎到無微不至的地步。

——我常想：李敖眞像一篇好文章，裏面有智慧、有精心、有近景、有遠景，還能沒有廢詞廢句。

(3)**紐約時報語**：千秋⑪「放火的，不要變成放水的」。

——李敖在臺灣是一個放火的（firebrand）——，基本是「鼓動風潮、造成形勢」；在行動上是「前衞」，思想上是「先知」。

(4)**金延湘語**：見「我愛李敖」，千秋⑪「介紹我愛李敖」。

——李敖是臺灣文化界的一顆「星」，一個「現象」，一個「奇觀」。

——很難想像，這二十年的臺灣文化圈，如果沒有李敖，是何等單調、寂寞。

(5)**鄧維楨語**：見千秋⑫「注意鄧維楨談話」，千秋⑰「論兩面人」。

——我贊同李敖觀點。李敖討厭僞君子，討厭鄉愿，討厭兩面人，認爲這些混淆了社會是非、善惡、眞僞的標準。

(6)**黃思騁語**：香港作家，文見千秋⑰「歸骨於崑崙之西」。

——大陸裏的一個體育界人士，前幾年曾經以羨慕的口氣說：「這幾年，臺灣出了個楊傳廣！」他卻沒有想到，還有個成就超過楊傳廣的紀政。但是，臺灣的眞正光榮，卻是出了個李敖！

有李敖，始可以看出臺灣有若干言論自由；有李敖，始可以看到臺灣有活力；有李敖，始可以說我們已得到沉澱近代思想的明礬；有李敖，我們將可以說近代白話文的頂峯成就在臺灣。

——所以，李敖實在是一盞天賜的明燈……。

(六)李敖的自反與自評

(1)李敖在「被封殺的人民公敵」（千秋①）一文中說：

「——等我前年復出的時候，我已四十四歲了一九七九年。

「復出的第一本書就是『獨白下的傳統』。

「人們以為李敖復出，當如海外雜誌所說，是『他們國民黨當局把李敖放出來了』！是他們的決策，是他們的一著棋。事實上，這眞是既不了解國民黨又不了解李敖的淺見！第一、國民黨沒有慧眼和雅量下這種棋；第二、李敖的個性與人格也不屑被國民黨這樣下棋；國民黨並非『說放就放』的彈性政權，李敖也非『你說放就配合你放』的彈性人物。這種淺見，眞未免高估國民黨和低估李敖了！」

(2)在「一個聯合造成的冤獄」（千秋①）一文中說：

「——法官問我為什麼不說話；我說：『耶穌受害時，他也沒說話。』」

(3)李敖「復出」以後，在「獨白下的傳統」扉頁上，寫下幾行字：

「——五十年來和五百年內，中國人寫白話文的前三名：是李敖，李敖，李敖。『嘴巴罵我吹牛的人，心裏卻爲我供了牌位！』」

林清玄說：「——這在李敖只是開了一個小小的頑笑，他的文章常喜歡誇張，喜歡嘻笑怒罵生活也多如此，可是在這些誇張的笑罵裏，他傳達了他的觀念，也布達了他深思後的訊息。」見千秋③「我所認識的李敖」。

在同一篇，林淸玄引用李敖「自畫像的一章——文章・講話・人」一文說：

不認識我的人，喜歡看我的文章；

認識我的人，喜歡聽我的講話；

了解我的人，喜歡我這個人。

李敖說：在他家門口應訂一塊牌子，上面寫着：「內有惡犬，但不咬人！」

同篇林淸玄又引李敖的話說：

「有寃屈的人，必須有賴於『時間的因素』來辯寃白謗；當時沒有反擊能力的人，他必須設法長壽，練得比他的『敵人』活得更長久。——這些話，說來好像笑談，但在笑談之中，往往有不少白髮的眼淚。」

因此，李敖就寫了一篇「要淸白、請長壽」見千秋①，文中引用日本「吉田石松」事件。吉田從一九一三年因案坐寃獄，一坐坐了七千八百八十天，出獄時已五十七歲，那時已是西元一九三五年——李敖出生的那一年。吉田石松出獄後一直要求平反，直拖到一九六四年，政府才正式宣佈他是無辜的。當時吉田雙手上舉，兩眼全是淚水，他已八十四歲了。他含寃難覆，前後長達五十一年，最後終於赢了。在他有生之年赢了，這是何等運氣，又是何等殘忍？李敖又在「爲什麼活一百歲」千秋⑫裏，再度強調，「長壽」也是一種武器。「想想馬寅初一八八二—一九八二．中國第一位經濟學家去年五月十日死在大陸，活了一百零一歲，因爲說眞話，批評共產黨人口政策，被中共圍剿，但是十九年後他獲得平反，再又做了北大名譽校長。這時他已八十七歲了。他又看到他的敵人死的死、垮的垮了。去年六月二十四日他在病房裏吃壽麵，慶祝百歲誕辰，你說他多風光，多神氣啊！」

——我們在這兒祝福李敖長壽！

(4)李敖在「敢怒而又敢言的自由」千秋⑩一文中說：

人民對政府的態度，可分爲三種——

第一種是敢怒而不敢言；

第二種是不敢怒而敢言；

第三種是敢怒而又敢言。

在這篇文章裏，前兩種是中國王朝時代的「言論自由」，是古代奴才的自由，是「陪笑臉的自由」；只有最後一種，才是我們最需要的自由。

(5)「深耕」編輯部李寧曾對李敖作一次訪問，由千秋⑫轉載。在題名「吐他一口痰」的文字中，訪問者說：

「人，常常是年輕時激進，年老時保守，比起從前，你覺得你有什麼樣的改變？」

李敖說：「我跟富蘭克林一樣，都是年輕時保守，年老時激進；不過，我的激進與年齡無關，與坐牢有關。就是說，我遭受的壓力越大，我就越激進。」

訪者問：『你在徐復觀死後，發表的『你蓋棺，我論定』，聽說引起公憤，有人甚且宣稱『李敖不必蓋棺，可以論定』？」

李敖說：「——因爲我無棺可蓋，我會死無葬身之地！」

訪者問：「最後請問你：如果你還可以再活一次，你希望做什麼樣的人？」

李敖說：「李敖第二。」

(6)**李敖在「人到底該怎麼選擇」**千秋⑭裏說：

「孟軻就曾提出這種選擇的困惑。在魚與熊掌之間，他做了深入的討論。

「孟軻的問題，其實也是屈原的問題。屈原見太卜鄭詹尹說：『余有所疑，願因先生決之！』他把「疑」說了一大段，重點只是兩句：

「『寧正言不諱，以危身乎？』

「『將從俗富貴，以媮生乎？』

「三國的禰衡，也是同樣的問題。」

——他們都走了與世俗相反的路線。

「所以，」李敖結論說：「——小痴兒！你勸我勿作禰衡，你還是勸他們『勿作黃祖』吧！……」

(7)**李敖在「不打擊自由主義嗎」**千秋⑰一文結尾說：

「從今以後，我知道國民黨不會放過我，我清楚地知道，並且準備殉道。在百花凋零的蕭瑟裏，我是『夏日最後一朵玫瑰』，有朝一日，我會化做春泥，歸於塵土！」

——我們知道，李敖是這樣一個剛烈的人，他曾在另一篇文字中蕭殺地說——他準備接受一切的橫逆，但是他們必將付出他們最大的代價。他是豁出去了！

(8)**李敖在「似曾小小興亡」**千秋㉑裏，似乎道出他靈魂另一面的感慨。他引辛棄疾「清平樂」題上盧橋・橋在江西上饒云：

清溪奔快，
不管青山礙；
十里盤盤平世界，
更著溪山襟帶。

*

古今陵谷茫茫
市朝往往耕桑；

此地居然形勝，
似曾小小興亡！

他說，這詞的妙處，辛棄疾能從一塊河山片段，看到人世興亡的縮影。而今七百年後，清溪仍在奔忙，陵谷依舊茫茫，連「似曾小小興亡」的所在，也另換地點了。李敖感慨之深，當不是矯情的。

(七)李敖思想上的人格規範

李敖在「第一流人的境界」(千秋④)一文裏說：

第一流人會忍辱、會含寃、會受謗、會遭非常之變，不動於色；會「卒然臨之而不驚，無故加之而不怒」，因爲他志趣高邁，「所挾持者甚大，而其志甚遠也。」

第一流人的認定(因為人生苦短)，他必須忍住不爲小事所纒，他有很快分辨出什麼是「無關之事」的能力，然後立刻砍掉它。

第一流人的生活，一定不是常人的生活……。

李敖在「我的座右銘」(千秋⑧)裏寫下十一個字：

「用大丈夫的氣象，去面對吧！」

他的「大丈夫」是表現什麼呢？——就是大智、大仁、大勇而成的一種奇情、一種氣魄、一種令俗人意想不到的作風。

這種表現，是一種「陽剛的美」。

他在「答陳依玫」千秋⑱一文裏，回憶說：

——他在臺大讀書時，是愛穿長袍的。「穿長袍冬天還好，但是夏天就太作怪了。可是我就那麼作怪。現在回想起來，覺得這種奇裝異服，倒給我一種『橫眉冷對千夫指』的好訓練，給我有『千萬人吾往矣』的好實習。」

他引王梵志詩云：

梵志翻着襪，人皆道是錯；

乍可刺你眼，不可隱我脚。

一個特立獨行的人，寧可在穿着上刺人眼睛，卻不肯在內心裏隨波逐流。衣裳之道，本是小事，但從這種小事裏，我的確培養出「不可隱我腳」的氣魄！

他又引陸游的詩云：

欲求靈藥換凡骨，

先挽天河洗俗情。

李敖分析「人格問題」時，他爲人格模式，訂出兩個層面。

第一層面，是「管仲的層面」。

第二層面，是「匹夫匹婦的層面」。

管仲的層面，是大人物的層面，是特立獨行的層面，是大無畏的層面，是「雖千萬人吾往矣」的層面。

匹夫匹婦的層面，是小市民的層面，是隨波入流的層面，是依附權威的層面，是「庸德之行，庸言之謹」的層面。

「管仲的層面」，所表現的是「大人格」。

「匹夫匹婦的層面」，所表現的是「小人格」以上見「你沒有人格，還是我沒有人格」千秋⑧。

在另一篇「大人格與小人格」裏，他爲管仲的人格加以修正，他認爲「大德不踰閑，小德出入可也」，是「大人格」的胚形。

他認爲「仁」的問題困擾了孔夫子，但這位老先生最後肯定了管仲的「大人格」。「——管仲相桓公，霸諸侯，一匡天下，民到於今受其賜。微管仲，吾其被髮左衽矣，豈若匹夫匹婦之爲諒也，自經於溝瀆而莫之知也！」論語述而篇在論語同篇，子路懷疑管仲的人格，孔子再度爲管仲辯護：「——桓公九合諸侯，不以兵車，管仲之力也；如其仁！如其仁！」

他說：「一個人走上特立獨行的、大無畏的、『雖千萬人吾往矣』的長路，他的人格，早就在『匹夫匹婦的層面』之上，不是人間大智大仁大勇的，不會這樣走；不是道德至高、人品至善的，不會這樣走；不是『大人格』涵蓋了『小人格』的，不會這樣走！」

他說：「中國人千百年來信仰佛教，但是信錯了佛教；只信到做『自了漢』的小乘佛教，卻沒有信到普渡衆生的『大乘佛教』。中國人千百年來講道德，但卻講錯了道德，只講到獨善其身的『鄉愿』道德，卻沒有講到兼善天下的『狂狷』道德！」

我們不要忘記，檢定人格的第一標準，是看一個人有沒有特立獨行的、大無畏的、「雖千萬人吾往矣」的大人格，而不是看他有沒有匹夫匹婦的「小人格」。不確定認出這種檢定標準，中國人的道德不會進步，中國人將永遠在滑頭的道德水平上做小市民，中國人永遠不會做大丈夫！

(八)李敖對佛教事物的雙向認取標準

透過李敖「三毛式僞善和金庸式僞善」千秋⑥一文，我們可以瞭解，李敖對佛典曾作過平面的介入。

他批評了金庸的武俠小說之後，金庸說——他精究佛學——他已是很虔誠的佛教徒了。

李敖說：「佛經裏講『七法財』、『七聖財』、『七德財』，雖然『報恩經』、『得未曾有因緣經』、『大寶積經』、『長阿含經』、『中阿含經』等所說有點出入，但大體上無不以捨棄財產爲要件。所謂『捨離一切，而無染著』，所謂『隨求給施、無所吝惜』。——你對金庸有這麼多的財產在身邊，你說你是虔誠的佛教徒，你怎麼解釋你的財產呢？」

在李敖的一席話裏，如果眞是介入佛法眞髓，將不會如此「逗弄人」的。我們將會想到佛道是漸修頓悟的；凡夫俗子在未能放下身外之物之前，道還要有得修，鏡還要有得磨的。況且佛家講布施，也要「隨緣」，不是有了財富便可以滿天撒鈔票。佛家講布施也是有對象、有選擇、有條件的。施，是佛法中「破我執、我相」的一個方法。對佛法領悟得越深，他便會多破一分「我」境的。

林清玄在「我所認識的李敖」裏，彷彿也把李敖描寫成一位「菩薩」。他說：「——他一方面心中想着出世，做小乘；一方面又忍不住要入世，做大乘，其實他的理想，是以出世的精神，做入世事業！」

李敖在千秋③首篇一九八一、七、一七以「廻向」為題，寫他對大乘佛法的認同。

由於胡適之寫過名為「廻向」的一首小詩，贈給來中國演說的印度詩人泰戈爾，來安慰他遭遇到中國激進份子的攻擊。

胡適說：「廻向是大乘佛教裏的重要觀念，華嚴經有『廻向品』，主張已成『菩薩道』的人，還得『回向』人間，由出世回到入世，為衆生捨身……」

李敖在「廻向」裏把王安石的七絕「夢」，譯成白話文：

人生如夢，有什麼好追求的呢？
什麼都不追求，我心如止水；
可是，就在另一個夢到另一個夢裏，

我為人間，留下數不清的功德……！

「這是多麼高的境界！」李敖寫道，「這種境界，才是深通佛法的境界，這種先出世再入世的智者、仁者、勇者，他們都是『死去活來』的人；人到了這種火候，就是菩薩！」

從上文看，我們可以說李敖是認同「大乘佛法」精神的，雖然他對佛教毫無興趣，甚至於他還要嘻怒笑罵、消遣那些「佞佛」的人。

在他的「預官日記」裏，可以反映李敖青年期從平面看佛法的思想狀貌。他曾多次調侃莊因、王尚義、陳鼓應「佞佛」，又拿「佛教獎學金」替他還債；他還消遣他們無恥呢！

他在「佞佛、毀佛、歡喜佛」千秋⑥文裏，寫給「平景弟」說：「我痛恨青年朋友亂來，『佞佛』即為其中之一。幾年前我的朋友馬宏祥、王尚義、華昌平等佞佛（大約參加臺大晨曦學社），我就大罵不已。我很不客氣的指出這是『思想不成熟』的表示，因為思想不成熟，所以行動方面也就盲從，妄求『解脫之道』。」

李敖還抄了憨山大師的「費閑歌」來消遣那些同流：

講道容易體道難，
雜念不除總是閑；
世事塵勞常罣礙，
深山靜坐也徒然。

——我看還是下山吧！李敖說。

然後，李敖又講了歷史上柴榮毀佛的事；最妙的是他在本文第三節用「歡喜佛」爲子題，複印了張大千臨摹敦煌壁畫——尊勝金剛「歡喜佛」挿圖佐證。

他又說，他在小學時就在北平雍和宮看「歡喜佛」的「雙身畫像」，猛然看去，作男女相擁狀，或異類交媾狀……。

李敖說：「——說不定發明歡喜佛的人，是一個佛法高深的頑童，他故意用惡形惡相的歡喜佛來移俗，來諷世。這頑童不是別人，就是觀音自己。」（「大明咒賊經」記述觀世音菩薩調伏毘那夜迦惡行，化為雙身，示相抱同體之形。）

李敖寫的鮮事很多，但這都是佛教思想史的事，對於佛法作粗淺了解是無法明白其演變過程的。

「歡喜佛」發源晚期佛教，曾與婆羅門教結合過，倒是婆羅門教精神，一旦融入佛教，都消爲衆生八識田中的妄情妄境，而成爲象徵的東西。我們可以從密宗思想史以及有關晚期佛教發展的著作中得其梗概。如果作世俗的或戲劇式的解說，是難免見外於佛家思想的。

不過李敖對「佞佛」，或者可以加上「逃禪」的知識份子觀念，是同牟宗三先生走同一條路的。這也是宋明諸儒同一的思想模式。牟宗三先生在他的「漢宋知識份子之規格與現時代知識份子立身處世之道」演講詞中，就王安石「佞佛」一事，引王船山的話說：「——在以前的讀書人，生命總要有所守。一個純粹作詩作文的無所謂，如果一定想列入士大夫之林，在儒家的教訓之下，發號施敎以兼善天下，必須要有所守。所謂有所守，就是不能隨便改變自己的信仰。王安石天天講堯舜先王之大道，結果晚年『佞佛』；佞佛，在以前的知識份子中是令人瞧不起的，犯忌諱。自己生命的底子結果歸宗釋迦牟尼，『聖人』的教訓都忘掉了，那麼你以前說那些堯舜先王之大道和宰相事業，究竟有沒有誠意？那究竟是從你生命中發出來的呢；抑或是你一時高興，一時的心血來潮？這就是一個問題，一個屬於王安石人格根本的問題！」

這是牟宗三先生引用王船山的話來批評王安石佞佛的。並說「王安石晚年喪子」「子死魄散」「捨宅爲寺」「以丐福浮圖」，這成何體統？

牟宗三先生錯誤的地方，在於把「學術道統的信仰」混同了「宗教信仰」，他是把孔孟當作「宗教」來處理的，就難免有思想上黨同伐異的現象。一個儒生「佞佛」，像一個人變節投敵一樣可恥，是韓愈、李翺、歐陽修……一直到民國以來新儒家們一貫的心態，當然，在全盤西化的自由主義思想裏，李敖還是摔不脫這種蒂固根深的歷史的結。其實，孔孟並沒有把自己立爲宗敎，沒有把自己思想固定爲一個地盤。

佛學從東漢以來，融入中國文化，到隋唐質變了中國人民生活觀念，但他們從沒有企圖篡奪儒家的道統；但是儒家的衞道士們，卻義憤塡膺，一面倒地動員思想，消除「佞佛派」，這不是民族本位思想作祟嗎？

胡適之，當他把佛學當作學術來研究的時候，他可以肯定佛教；當他把佛學當作宗教來看待的時候，他就把佛教看成「迷信」。他是一個「社會不朽論」的人，他是一個異於唯物主義的「無神論」者。他同范縝、阮瞻一樣。

李敖正是范縝、胡適的同流。他的「佞佛」觀，說年輕人「佞佛」是思想不成熟，那老年人「佞佛」呢？

作為李敖的影子、後光和人格基準的王安石、李贄、譚嗣同、梁啓超都佞了佛，梁啓超的「佛學十八篇」是佞佛代表作。

從這些地方看來，李敖縱認為「新儒家」是「皮條客」，但他在「佞佛」上還是和新儒家同流。李敖在學術上也許認同佛法，但在宗教上否定佛法。

其實，佛學、佛法是從「佛教」發生出來的。只要成為歷史的東西，都有煙雨濛濛處；都經過若干程度的質變，而後人的擇精用宏自必要有其慧眼的。一些新儒家們研究佛教或佛學，是把它當作玄學來烘托儒學，宋明理學家們借用禪學的光輝來為自己臉上貼金，「空談性理」，全是拾「佛法餘唾」，這在所謂「聖人」的大人格上能沒有問題嗎？

㈨李敖兩部未動筆的名著

根據林清玄「我所認識的李敖」一文說，李敖在獄中讀完「大英、大美兩套百科全書」，並二讀「二十五史」，精批密註。這都可印證李敖的知識不是空中樓閣。而李敖的詩詞鑑賞能力，又反映在他那些又鮮又絕的打油詩裏。

李敖對「文章作法大規範」上，尤有獨超古人的見地。他把文章製作品級分爲三個層次：

一、一時一地的層次；

二、中國的層次；

三、世界的層次；

他說：「現在臺灣的作家眼光都放在第一個層次，眼光實在太小了！」歷史上不知有多少具有第三層次的中國作家？

作爲一個作家，李敖現有將近五百萬字著作，已可謂「著述等身」；何況他還是盛年，來日方「長」。但是我們檢討他全部作品內容，批判的、破壞的成品佔多數；雖然精密鋒銳、思慮高遠，但從「文章千古事」的角度觀察，這些作品，遲早會由於時代變遷、形勢消長而成爲斷爛朝報；李敖說他高二的時候，就有一篇「關於『胡適文存』」的作品，在一九五七年三月一日「自由中國」第十六卷第五期發表；當他在二十七歲的時候，「老年人和棒子」，在一九六一年十一月一日在「文星」披露，轟動一時。我們不禁想到，這兩篇作品除了在他的全集中能找到，二十年後的今天，它已失去了光輝。寫政論的、批判的文章，遲早要消失掉它的光澤的。今天的李敖，應該調整自己的寫作路線，應該把他的健康用到「名山事業」之上。寫學術的、思想的、歷史的大書。

猶如他在千秋⑭「隱而不退的告白」（一九八二、八、二十八）一文所說，他要集中餘生，完成「中國思想史」和「北京法源寺」兩部大著。但是，如果「千秋評論」一直「千秋不墜」，不知他如何能完成那兩部書？李敖正以快速的腳步踏向蘧伯玉的歲月，快五十歲的人了。托爾斯泰，在三十六歲完成「戰爭與和平」；司馬遷完成「史記」也不到四十五歲；年齡是不饒人的；巨大的著作，需要充沛的體力與腦力，李敖的書，還能等到六十歲才動筆嗎？

我個人深知李敖有「史家之筆」與「富瞻的文采」，但他寫這兩部書，我相信並非沒有困難的。「中國思想史」不管如何「不與人同」，可以跳過「隋唐佛學」那一關嗎？「北京法源寺」又能脫離佛門事物背景嗎？因此，我們希望胡適之「中國哲學史大綱」的困難不要在李敖的「著作」中重演。

「北京法源寺」，是中國北方有歷史性的一個佛寺，而近代最重要的一個方丈——道階和尚（一八六六—一九三二）主持法源寺達十八年（一九〇八—一九二六），如果連同他的弟子空也、德玉算起來，他的「法脈」已連綴到抗戰中期。雖然道階於一九三二年圓寂於馬來西亞怡保三寶洞，但是他的「舍利」依舊送回到法源寺內，建塔供養。

李敖的話已是白紙上寫了黑字，如果他在這兩部書上失敗，他的「英名」便會付諸東流！但是我們不願看到李敖敗在這兩部書上！

一個人「大人格」不會失敗，但是並不意謂着「小人格必不失敗」；「小德出入可也」，是一種偶發性的語氣，請李敖先生留意，「小德出入」得太離譜，「大德」必然是跟着失陷。何況，「大人格」與「小人格」的界線，一方面有所通連，但又很曖昧，人們期盼於李敖的，是「小德」也要檢修，才能防護「大德不踰閑」，人們沒有必要把李敖壓成聖人胚模，對他的期望卻不是要他經常出入「小德」，隨手展出爲他犧牲過色相的女子的光和影，那是有傷私德的。

㈩結　語

無疑地，李敖是中國近代知識份子中的精英，是中國血液裏的一股噴泉！一株北國草原上的知識野參。

我們認同李敖，亦等於認同王安石、李贄、顧憲成、譚嗣同……這些千古熱血男兒！但是他們「小德的出入」比李敖差多了！也許他們在「德」上並未劃分大與小。

而李敖的論文，將影響、領導着千千萬萬的中國青年，走上天下衆生自由、平等之路，這是「不朽」的！

當一種文化的根逐漸腐朽之時，正需要這種視生死如草芥的「有用書生」作獅子吼！作獅子鬪！

我讀完李敖全部千秋評論（二十二集被扣），撫卷長思，像今天這種社會，竟然也能產生出這樣的人！

——一九八三年六月五日重訂

〔後記〕

現在是一九八七年十二月五日，距本文脫稿已經是四年六個月了。如果能按照我的「寓言」：李敖可以在一九九九年元月一日，在「北京西山碧雲寺」寫他的「北京法源寺」的話！這種幻想極可能成爲事實。因爲現在「大陸探親」已經開放，也有人借探親之名觀光，而藉此去大陸長住，也不乏其人。

可是，李敖的「北京法源寺」在我寫好此文之後幾個月，已在「千秋評論」連載，而不幸地是連載不到十期，便夭折了。原因是：它太不像小說了。

他的「中國思想史」呢？據說這一部巨著，李敖還沒有動筆。李敖五十三矣，但不知他何時動筆寫這部「大著」。

這四年來，李敖「批鬪」的書寫不少，就是「大著」寫不出來。而且一直陷於「告人」與「被告」的「爭一時而不爭千秋」的泥淖裏。請李敖想想，這樣會圈在小人格的網裏給網死。卽使一個天才也不能與「時間」競走。我們都知道，現在有許多人爲李敖歎息，你難道眞地要做個「歷史的玩童」嗎！否則，爲什麼不能放下情緒上的執著呢？「一切有爲法，如夢幻泡影」啊！

上天如果憐才，也得先由自己憐惜才是。

滾滾長江逝水，浪花勢必要淘盡百代英雄。

——一九八七年十二月五日晚補記

論李卓吾

在中國近代思想史上，李卓吾是一位特殊的人物。

李卓吾的形象，由於近代民主思想與人道主義之蓬勃，更爲突出其歷史地位。

李卓吾（一五二七—一六〇二年）是福建泉州（晉江）人，他的家可能在泉州城內開元寺附近——一位宋代高僧戒環禪師的居地——溫陵，所以他後來不僅以「溫陵」爲號，而且他也從深入佛典之後的反省中，一洗少年時期「不信學、不信道、不信仙釋；見道人則惡，見僧則惡，見道學先生則尤惡……」（見陽明先生年譜後語）的俗塵濁霧中開解，而轉成爲大雄、大力、大無畏的佛門護法，受到佛法裏「衝決生命羅網」思想的啓示，證得「眞自由、眞平等」的眞諦，而成爲宋代儒生——僞道學眼中的千古「異端」，因此種下他生命最後的結局——「火其書，人其人」的「轟轟烈烈」結局，不過「禍福無常」，生死榮辱定位——並非憑藉某一權威來蓋棺。

李卓吾倒是正因爲他的生命大開大闔、無懼無畏、視生死如草芥，死後才成爲中國思想界的一顆巨星。

李卓吾眞正深入佛典，是在姚安知府退休之後的雲南鷄足山之埋頭閱藏，到五十五歲徙居湖北黃安、麻城以後，隱居、著述生涯開始，才展開了他輝煌燦爛的生命，直到七十歲以後受到當時身居朝廷高位的耿定向門生的圍攻與朝野腐儒、僞君子的惡鬪，直到他七十六歲自裁於北京廠衞（鎭撫司）爲止，結束了他那猶如彗星之火一般的生命，墜落於無限深空。也因此，在當時以及日後與他同一懷抱的赤心傑烈之士，也同爲之沾襟、長歎！

現在，先爲李卓吾一生列一大事年表，再分析其生命特質！

李贄大事年表

【明世宗・嘉靖六年・公元一五二七年・一歲】

十月生於福建泉州（晉江），生後母喪。初名載贄。後改單字贄，號卓吾，又號篤吾。因泉州是宋、溫陵（開元寺）戒環禪師福地，自號溫陵居士。又因三十歲時出任共城（河南輝縣）教諭，因該地有邵雍舊地——在蘇門山百泉之上，又自號百泉居士。復因自省個性激窄，改號「宏父」（宏甫）；又因思念父親，自號「思齋」。五十八歲時，歸隱湖北麻城龍潭湖，號「龍湖叟」。又因六十二歲時剃髮，號「禿翁」。

【明世宗・嘉靖十二年・公元一五三三年・七歲】

從父親白齋受學。

【明世宗・嘉靖十七年・公元一五三八年・十二歲】

試作〈老農老圃論〉。

〔大約到二十歲前後娶黃氏為妻〕

【明世宗・嘉靖三十一年・公元一五五二年・二十六歲】

福建鄉試中式（舉人）。

此後未再參加會試。

〔二十九歲時，長子殤。〕

【明世宗・嘉靖三十五年・公元一五五六年・三十歲】

被選任河南省輝縣（共城）教諭（教育局長）。

【明世宗・嘉靖三十九年・公元一五六〇年・三十四歲】

大約三年「教諭」任滿，升調南京國子監（也許是博士之類的教職）。不數月丁父憂歸。

【明世宗・嘉靖四十一年・公元一五六二年・三十六歲】

服喪滿，全家入京（北京）。

【明世宗・嘉靖四十二年・公元一五六三年・三十七歲】

入京候用十個月，不得官，開館授徒。

【明世宗・嘉靖四十三年・公元一五六四年・三十八歲】

得官，仍回國子監原職。次子〔可能已結婚後〕卒於京。

又因祖父母去世，返籍送喪。留妻及三女於共城（輝縣），購田自作。在泉州守喪三年。

【明世宗・嘉靖四十五年・公元一五六六年・四十歲】

再度入京，補禮部司務缺。

讀王守仁、王畿（龍溪）作品，服膺二王之學。

【明穆宗・隆慶四年・公元一五七〇年・四十四歲】

改官南京刑部郎。

【明穆宗・隆慶六年・公元一五七二年・四十六歲】

識湖北黃安耿定向、耿定理昆仲。

【明神宗・萬曆五年・公元一五七七年・五十一歲】

以南京刑部（尚書）郎，前後在南京約六年。出調雲南姚安知府（四品），攜眷同往。

在南京數年，分別結識王畿、羅汝芳、焦竑等大儒。赴滇途中，路過湖北黃安，訪耿定理（楚倥），並識其兄耿定向（天臺），留女及婿莊純夫依耿定理。

到任後，「法令清簡，不言而治，每至伽藍，判了公事，坐堂皇上，或寘名僧其間，簿書有隙，卽與參論玄虛，人皆怪之，公亦不顧。祿俸之外，了無長物……。」（見袁中道〈李溫陵傳〉）。

【明神宗・萬曆八年・公元一五八〇年・五十四歲】

三年任滿，致仕（退官）。

入滇西大理雞足山（稗史以爲迦葉道場）閱龍藏。此爲李氏入佛之始。

【明神宗・萬曆九年・公元一五八一年・五十五歲】

正月末，攜家到湖北黃安，依好友耿定理、周友山等，但與其兄耿定向不睦。

【明神宗・萬曆十年・公元一五八二年・五十六歲】

自此勤於讀書、著述。

【明神宗・萬曆十二年・公元一五八四年・五十八歲】

七月十二日好友耿定理卒。思想上的對頭耿定向出任都察院御史，埋下李氏殉道的禍苗。

遣妻女回故里——泉州。

「後因寓楚（湖北），欲親近良師友，而賤眷苦不肯留，故令小婿小女送之歸；然有親女、外甥等朝夕服侍，居官俸餘，又以盡數交與，只留我一身在外，則我黃宜人（官四品夫人稱宜人）雖然回歸，我實不用牽掛，以故我得安心寓此（湖北），與朋友嬉遊也。」（見＜焚書・二・與曾繼泉書＞）。

同時，辭離耿家，去麻城，依好友周友山之兄周柳塘。住麻城鄉野三十里龍潭湖東岸芝佛院。

芝佛院爲周柳塘私建，先請僧無念駐錫。當住芝佛院時，初有志同道合之僧無念、周友山、丘坦之、楊定見，往還。閉門讀書著述。

【明神宗・萬曆十四年・公元一五八六年・六十歲】

以長函批判耿定向。

【明神宗・萬曆十六年・公元一五八八年・六十二歲】

〈答周二魯書〉：「僕在黃安時，終日杜門，不能與衆同塵，到麻城，然後『遊戲三昧』，日入於『花街柳巷之間』，始能與衆同塵矣。而又未能『和光』也。何也？以與中丞（耿定向）猶有辯學諸書也。自今思之，辯有何益？」（見〈李氏文集・四〉、〈焚書・增補一〉）。（著者案：這可能眞是「遊戲三昧」語，正所謂「和光同塵」的試練妄心而已。）

同年夏，削髮，存鬚。此後且常自稱爲「卓吾和尙」。

「——其所以落髮者，則因〔泉州〕家中閑雜人等時時望我歸去，又時時不遠千里來迫我，以俗事強我，故我剃髮以示不歸，俗事亦決然不肯與理也。又此間無見識人多以『異端』目我，故我遂爲『異端』，以成彼豎子之名。兼此數者，陡然去髮，非其心也。實則以年齡老大，不多時居人世故耳。」（見〈焚書・二・與曾繼泉書〉）

〈初潭集〉成稿。

「初潭者何？初落髮龍潭卽纂此，故曰〈初潭〉也。夫卓吾子之落髮也有故，故雖落髮爲僧，而實儒也，是以首纂儒書焉。首纂儒書而復以德行冠其首，然則善讀儒書而善言德行者，實莫過於卓吾子也。」（見〈初潭集敍〉）。

【明神宗・萬曆十八年・公元一五九〇年・六十四歲】

春，公安派三子袁宗道、宏道、中道昆仲慕名連袂來訪。有文：

「柞林叟，不知何許人？遍遊天下，至於郢中，常提一籃，醉遊市上，語多顚狂，庚寅（萬曆十八年）春，止於林落野廟，伯修（宗道）時以予告寓家，入村共訪之，扣之，大奇人。再訪之，遂不知所在。予髣髴次其語，以傳于後。」（見〈李溫陵外記・卷二〉）。

袁宏道有詩「訪李卓吾不遇」：

我從觀裏拜青牛，
忽憶龍湖老比丘；
李贄便為今李耳，
西陵還似古西周。

【明神宗・萬曆十九年・公元一五九一年・六十五歲】

與耿定向及其門人益不睦。思想鬪爭激烈。

同年因送袁宏道，至武昌。又識大儒劉東星。

【明神宗・萬曆二十一年・公元一五九三年・六十七歲】

五月，袁宗道、中道，到龍湖問學。

【明神宗・萬曆二十二年・公元一五九四年・六十八歲】

私淑弟子汪本鈳從學。

【明神宗・萬曆二十四年・公元一五九六年・七十歲】

應劉東星約，數經波折，到山西上黨。

【明神宗・萬曆二十五年・公元一五九七年・七十一歲】

六月二十一日思想上的對手耿定向卒。但是其門徒蔡某僞道學仍在圍鬪他不止。

麻城老友日益離散。

到北京，寓西山極樂寺。會袁中郎。

【明神宗・萬曆二十六年・公元一五九八年・七十二歲】

春，焦竑迎李氏至南京。

著〈易因〉，成書。四年後改〈九正易因〉。

【明神宗・萬曆二十七年・公元一五九九年・七十三歲】

五月，住南京永慶寺，著〈永慶問答〉。三見意大利傳敎士利瑪竇。

〈藏書〉六十八卷，成稿刻版於金陵。此書主旨反道學，攻擊當時理學家。袁宗道稱：「禍在是矣」！

【明神宗・萬曆二十八年・公元一六〇〇年・七十四歲】

春，至濟上（山東）劉東星漕運官署，編成〈陽明先生道學鈔〉八卷。

秋，袁宗道卒。四十一歲。

冬讀〈易〉於黃蘗山（河南商城地，乃馬經綸爲李氏建舍而居）中，好友馬經綸自北通州（河北通縣）來訪。

【明神宗‧萬曆二十九年‧公元一六〇一年‧七十五歲】

受麻城腐儒們攻擊，不再回鄂。

二月，馬經綸迎李氏至河北通州，同住。

麻城人驅逐李氏，據馬氏〈與當道書〉：

「……吾友爲誰？李卓吾先生者是也，雖吾友，實我師也。

「顧卓吾儒老，其托迹禪林，殆若古人之逃於酒，隱於釣。其寄居麻城，亦若李太白之寓山東，邵堯夫（雍）、司馬君實（光）之流寓洛陽；古人得遂其高於流寓，至今後人載之邑乘，以爲地重；繪之圖畫，以爲世榮。而卓吾不能安其身於麻城，聞檄（政府下命令）被驅，狼狽以避，雖以皇堂四品大夫，大明律所謂『以禮致仕』，與現任官同者，而地方獨不相容，雖以七十五歲風燭殘年，孔大聖人所謂老者安之……而顧（竟）毀其盧，逐其人，並撤其埋藏此一具老骨頭之塔，忍令死無葬所而不顧，此豈古今之勢異哉？緣麻城人以『異端』惑世目之，以宣淫誣之耳……。」

在當時具旨彈劾他的諫官張問達在疏中稱：「李某……勾引士人妻女，入庵講法，至有攜衾枕而宿者，一境如狂。又作〈觀音問〉一書，所謂『觀音』者，皆士人妻女也。」

案：〈觀音問〉，見〈焚書〉卷四。意指——「問觀音事蹟因緣」，並非指「士人妻女」。

大概李氏論道的號召力太大了，引起麻城道學派眼紅，才扣他『宣淫』的黃帽子。

馬經綸次年又有「與當道書」：

「所謂麻城士女云者，蓋指梅衡湘〔爲一武官〕守節之女言也。」案梅女，是梅瓊宇，後已出家爲尼，法名澹然。見〈續焚書・一・答梅瓊宇〉。

又〈焚書〉卷四，〈豫約〉一文有云：

「劉近城是信愛我者，與楊鳳里（定見）實等。梅澹然是出世丈夫，雖是女身，然男子未易及之。今既學道，有端的知見，我無憂矣。雖不曾拜我爲師——彼知我不肯爲人師也——然已時時遣人走三十里問法，余雖欲不答得乎？……。」這就是麻城一干頑固道學以〈觀音問〉一案攻擊他的搭題人物。

這一次麻城耿定向派道學們攻擊他、驅逐他的手法是「毀了他住的精舍，廢了寺僧預爲他死後建的骨塔，並且波及護持他的私淑弟子楊定見，官方指楊定見私藏他。而最嚴重的罪名，是「宣淫」」。

【明神宗・萬曆三十年・公元一六〇二年・七十六歲】

到這一年爲止，〈焚書．續焚書〉均已成稿，但當年卽遭查禁。二十三年後（明熹宗天啓五年）再度被焚。大致官方一禁，民間就洛陽紙貴，所以才有第二度查禁。本年李氏仍寓通州馬家。忽盛傳他著書「詆醜」當時丞相沈一貫，於是在二月中，禮科給事中——張問達上書查辦他。

明熹宗隨卽下旨稱：

「李贄敢倡亂道，惑世誣民，便令〈廠衞〉（皇家情治單位）嚴拏治罪；其書籍已刻未刻，令所在官司盡搜燒燬，不許存留，如有黨徒曲庇私藏，該科道及各有司訪奏治罪……」（見顧炎武〈日知錄〉十八）

官方奉旨在馬家逮捕了李氏，乃有馬經綸上書之事爲他申辯。可是沒有效果。

而李氏當時的情況是：

「——參者（揭舉李氏之人）自風聞之常，何足以爲卓吾先生損？獨是先生臥病三月，僅餘喘息，門板擡來，一路昏迷，連日粒米未進，嘔吐相繼，診脈異常，醫者縮手，死將至矣，無生望矣。聞旨將下部，弟不惜不才之軀，願以身保候調理，查例未合，恐未見允……」這是馬經綸「與王翼廷主事書」所記。（見〈李溫陵外紀卷四〉）

入獄時，他的情形在馬經綸〈與黃愼軒宮諭書〉中稱：「今日之事，卓吾先生安然聽命，無他意，無他言，惟曰：『衰病老朽，死得甚奇，眞死得其所矣！如何不死？日來嘔吐狼狽，便溺不通，病苦之極，惟願一棒了當爲快事。弟此來所爲收骸骨，由今屈指計之，想亦不遠也。」

三月十五日，李氏呼侍者薙髮，然後持刀自割喉嚨；至十六日凌晨氣絕。

死後不久，友馬經綸亦病死。

關於李贄之死，在七十歲那年有一段奇事，李氏弟子汪靜峯在〈墓碑記〉中載：

「丙申歲（公元一五九八年）老子（李贄）以劉司空（東星）之約至上黨，余亦以校士至，約相允於上黨之精舍，老子問余曰：『試士何題？』余曰：『誠意章。』老子曰：『毋欺之義，只不作小人掩著便是。近得周少司農書，自謂以言事觸衆，懼且見逐，得聖意優容，喜之不勝，此可與語不欺矣；若使他人道之，便費多少說話，遮掩宦情。』余曰：『周君幸素聞道。』老子曰：『雖然恩愛太重，終當作兒孫之兒孫耳！』夜深，余請問宗門下事。老子曰：『猶有數年不死，可再晤談。』余曰：『先生末後一著如何？』老子曰：『吾當蒙利益於不知我者，得榮死詔獄，可以成就此生。』余意厭之。老子後大鼓掌曰：『那時名滿天下，快活快活！』余止勿寐語。夫安知其爲眞實語也。」

——李卓吾之卓識遠見，對自身生命動態及當時形勢之洞徹，可說是已到明察秋毫之境，才有這一番大死大活的殉道語。

卓吾死後，當事者（監獄當局）掘坑藏之，果如其遺言。

在〈續焚書・四〉李氏遺言中是這樣寫的：

「倘一旦死，急擇城外高阜，向南開作一坑，長一丈，濶五尺，深六尺即止。既如是深，如是濶，如是長矣，然後就中復掘二尺五寸深土，長不過六尺有半，濶不過二尺五寸，以守予魄；既掘深了二尺五寸，則用蘆蓆五張塡平其下，而安我其上，此豈有一毫不清淨者哉？……（萬曆三十年（公元一六〇二年）二月初五日）卓吾遺言，幸聽之！幸聽之！」

其弟子汪本鈳在遺言之後附記補稱：

「——聞之陶子曰：『卓老三月遇難，竟歿於鎭撫司，疏上，旨未下，當事者掘坑藏之，深、長、濶、狹，及蘆蓆纏蓋等，詎意果如其言，此則爲豫爲之計矣。誰謂卓老非先見耶？』」

不過，他的遺體終於由馬經綸收葬於通州，爲其建墓園、立碑記爲之紀念，在五濁惡世，卓吾地下有知，也大叫「快活」了！

現在，就李卓吾的生命風貌加以評估。

甲、他的「出家與在家」身分的糾結辯證：

李卓吾從五十三歲由雲南姚江知府任內退休，到大理鷄足山（相傳爲佛陀弟子迦葉道場）閱藏，五十六歲到湖北黃安，遣走了妻女回祖籍福建晉江，依耿定理、周友山；五十八歲時，他的朋友耿定理（楚倥）病故，乃遷到周友山之兄、周柳塘的麻城、龍湖潭右岸，私人精舍——芝佛院（在麻城郊野三十里）過閉門讀書、學佛、領衆的世外生活。

在這裏，他渡過了大約十七年的「出家」生活（他的剃髮情形見前文及袁中道〈李溫陵傳〉

），但是由於他的學養、思想、性格，都迥異常人，仰慕他的人，不乏當代高級知識份子，名流碩儒，所以，事實上他是一個「浪漫派」的「剃頭」未出家、又稱爲「和尚」的人物，在這裏做起「領導僧俗論經修道」的白衣上座的行當來了。

下面，透過他自己的作品，來例舉他如何「剃頭」，如何以「比丘」身分領導眞正的比丘，如何再度「蓄髮」而被逐離開「龐城」。

一、〈焚書・一・答劉憲長〉：

「自孔子後，學孔子者便以師道自任，未曾一日爲人弟子、便去終身爲人之師，以爲此乃孔子家法，不如是不成孔子也。不知一爲人師，便只有我敎人，無人肯來敎我矣……。

「弟每笑此等輩，是以情願終身爲人弟子，不肯一日爲人師父。玆承遠使童子前來出家，弟謂剃髮未易，且令觀政數時，果發心願，然後落髮未晚；縱不落髮，亦自不妨。在彼在此，可以任意，不必立定脚跟也。蓋生死事大，非辦鐵石心腸，未輕易造。如果眞怕生死，在家出家，等無有異。目今巍冠博帶多少肉身菩薩在於世上，何有棄家去髮，然後成佛子乎？……如『弟不才，倦於應酬，故托此以逃，非爲眞實究竟當如是也』。如丈，樸實英發，非再來菩薩而何？……卽今友山（周友山）現在西川，他何曾以做官做佛爲兩事哉？」

二、〈焚書・二・與周友山〉：

「不肖株守黃、麻一十二年矣，……近日方得一覽『黃鶴』（武昌黃鶴樓）之勝（李受劉東星之邀到武昌，時六十五歲）。」

「——即日『加冠蓄髮』，復完本來面目，二三侍者，人與圓帽一頂，『全不見有僧相矣』，如此服善從教，不知可逭左道之誅否（當時道學認李氏剃髮爲異端，羣起而攻，其友周友山有此一勸）……然弟改過實出本心，蓋一向以貪佛之故，不自知其陷於左道，非明知故犯比也……倘肯如此，弟當托兄先容，納拜大宗師門下，從頭指示孔門『親民』學術，庶幾行年六十有五，猶知六十四之非乎？」

三、〈焚書・二・與焦漪園（焦竑）〉：

「弟今又居武昌矣。江漢之上，獨自遨遊，道之難行，已可知也。……寫至此，一字一淚，不知向何人道，當與何人讀？想當照舊薙髮歸山去矣！」

四、〈焚書・二・與楊鳳里〉：

「我僧家清高出塵之士，不見山寺盡在絕頂白雲層乎！」

五、〈焚書・四・耿楚倥先生傳——附周友山為僧明玉（周思敬）書法語〉：

「——萬壽寺僧明玉，事溫陵李長者（周稱李仍作李長者）久矣，長者本爲出世故來此，然世人方履人間世，日夜整頓人世事尙無休時，而暇求出世之旨以事出世之人乎？雖出家兒猶然，何況在家者？且長者性方行獨，身世孤單，生平不愛見俗人、聞俗事，以故身世益孤，唯愛讀書。讀書每見古忠臣烈士，輒自感慨流涕，故亦喜聞人間忠義事……。」

六、〈同卷・三大士像議〉：

「——適居士楊定見攜寶石至，『和尚』（李自稱）呼侍者取水淨洗，因置一莖草於淨几之上，取石吸草，以辨眞不？……蓋必眞，乃可以安佛菩薩面頂肉髻也……一投卽吸……和尚甚喜，曰：『石果眞矣，此非我喜眞也。佛是一團眞香，故世有眞人，然後知有眞佛；有眞佛，故自然愛此眞人也……』」

七、〈同卷・又告〉：

「今卓吾和尚（俗名連和尚，形同綽號）爲塔屋於玆院之山以爲他年歸葬之所，不欲安期動衆，禮懺頌經，以爲非痛加懺悔，則誦念爲虛文，非專精念誦，則禮懺爲徒說……。」

八、〈焚書・四・豫約——小引〉：

「余年已七十矣，且暮死皆不可知；然余四方人也，無家屬僮僕於此，所賴以供朝夕者，皆本院（芝佛院）之僧，是故『豫爲之約』（預留遺言）。

「約曰：『我在則事體在我，人之敬慢亦在我；我若有德……且汝等今日亦自不暇，終年修理佛殿，塑像請經，鑄鐘鞔鼓，並早晚服事老人（李自稱），一動一息，恐不得所……今幸諸事粗具，塔屋已成（所謂塔屋，是他自己建的骨塔，預備死後用的），若封塔之後，汝等（指當時在芝佛上院的住衆——沙彌、比丘們）早晚必然守塔，人不見我，只看見汝；則汝等一言一動可苟乎哉？汝等若能加謹僧律，則人因汝敬，並益敬我，反思我矣。不然，則豈但不汝敬，將我此龍湖上院卽與興福等寺應赴僧一樣看待。其爲孱門敗種，寧空此院，置此塔，無人守護可矣。』……吾爲此故，豫設戒約，付常融、常中、常守、懷捷、懷林、懷喜、懷珠、懷玉等（僧），若餘幾衆，我死後無人管理，自宜遣之復還原處，不必強也。……」（案：龍湖上院，卽芝佛上院，爲周柳塘等爲李建的講經論道之處，以別於原『芝佛院』。）

九、〈焚書・四・豫約——早晚守塔〉：

「——李四官若來（可能李氏侄輩），叫他勿假哭作好看，汝等（指上文——常融僧等）亦不可遺報我死。我死不在今日也。自我遣家眷回鄉，獨自在此『落髮爲僧』時，卽是死了的人也，已欲他輩皆以死人待我了也……」（案：李很嚴肅地以僧自稱，是很滑稽的；其實不僅沒有正式被剃度，也沒有師承。）

十、〈焚書・四・豫約——感慨平生〉：

「——我今亦出家，寧有過人者。蓋大有不得已焉耳，非以出家爲好而後出家也；亦非以必出家乃可修道然後出家也……。

「我在此『落髮』，猶必設盡計較，而後刀得臨頭，……鄧鼎石見我落髮，泣涕甚哀，又述其母之言曰：『……且汝能勸得李老伯蓄髮，我便說爾是個眞孝子。』嗚呼！余之落髮，豈容易哉！余唯以不肯受人管束之故，然後落髮，又豈容易哉！」（案：由此可見，李之『出家』，只爲的是不受世俗所拘，而不是爲絕俗而做比丘。）

十一、〈焚書・四・寒燈小語・第二段〉：

「——是夜，懷林侍次（出家沙彌侍在家白衣居士），見有猫兒伏在禪椅之下，林曰：『這猫兒日間衹拾得幾塊帶肉的骨頭吃了，便知痛牠者是〈和尚〉，每每伏在和尚座下而不去……』……」（連懷林也呼爲和尚，而不稱老師或長者。）

十二、〈同上文第四段〉：

「九月二十七日〔懷〕林（僧）隨長者（李自稱）至西城……偶宅中有老姆從內出，見是長者，不覺發聲曰：『是卓吾老爹（可見李氏不是和尚，而是他自稱、諧稱），何不速報？』便番身入內，口中道：『卓吾老爹在堂，快報知！快報知！』」（既是和尚，那有稱老爹之理？）

十三、〈焚書・增補一・答周二魯〉：

「——僕在黃安時……故決意去髮，欲以入山之深，免與世人爭長較短。蓋未能面對忘情，其勢不得不復爲閉戶獨處之計耳。雖生死事大，不必如此，但自愧勞擾一生，年已六十二，風前之燭，曾無幾時，況自此以往，皆未死之年，待死之身，便宜歲月日時也乎……？」

十四、〈續焚書・一・答梅瓊宇〉：

「承念極感。生（李自謙稱，非出家者所稱）所以『出家』者，正謂無有牽罣，便於四方求友問道而已。」（案：梅瓊宇就是出家後的澹然，梅衡湘之女。〈觀音問〉事件主角。）

十五、〈續焚書・一・答周友山〉：

「我因人說要拆毀湖上芝佛院，故欲即刻蓋閣於後，使其便於一時好拆毀也。芝佛院是（周）柳塘分付無念（僧）蓋的，芝佛院匾是柳塘親手題的，今接蓋『上院』，又是十方尊貴大人布施俸金，蓋以供佛、爲國祈福者。今貴縣說啫者不見捨半文，而暗囑上司令其拆毀，是何賢不肖之相去遠乎？」（案：麻城人因李奉佛、傳道不分男女，又立說奇異，諷孔疾俗，一般腐儒與官方勾結，強拆芝佛院，李只好另建「上院」存身。）

「——我在此供養之所，名爲『芝佛上院』，即人間之『家〔庭〕佛堂』也，非寺非庵，不待請旨勅建而後敢創也。若供佛之所亦必請旨，不待請旨則必拆毀，則必先起柳塘於九泉而罪之。……」

十六、〈續焚書・一・與友人〉：

「——一者・自老拙寄身山寺（顯非出家受戒僧口吻），今且二十餘年，而未嘗有一毫補於出家兒，反費彼等辛勤服侍，驅馳萬里之苦……。」

十七、〈續焚書・一・與曾繼泉〉：

「——我所以『落髮』者，則因家中時時望我歸去，又時時不遠千里來迫我，以俗事強我，故我剃髮以示不歸，俗事亦決然不肯與理也……徒然去髮，非其心也。」（案：這表示他沒有心做眞和尙，只是不願從俗，才削髮而已。而袁中道〈李溫陵傳〉卻說：「——一日頭癢，倦於梳櫛，逕去其髮，獨存鬢鬚。」這都反證李不是眞正出家，而是「憤俗」的一種表示。）

十八、〈續焚書・二・釋子須知序〉：

「余自出滇，卽取道適楚……余悵然無以爲計，乃令人護送家眷回籍，遣散僮僕依親，隻身走厤城芝佛院與周柳塘先生爲侶。柳塘、友山兄，亦好學，雖居縣城，去芝佛院三十里，不得頻頻接膝。然守院僧無念者，以好學故，先期爲柳塘禮請在焉，故余遂依無念僧以居。日夕唯僧，安飽唯僧，不覺遂二十年，全忘其地之爲楚，身之爲孤，人之爲老，鬚盡白而髮盡禿也。（李留鬚，髮盡禿，不待剃髮，也可自嘲爲「和尚」了。）余今年七十又五矣，旦暮且死，……非敢爲僧說法也。（剛好，他確實爲僧說法。詳見下文。）

十九、〈同卷・壽王母田淑人九十序〉：

「卓吾居士（又自稱居士）曰：楚之厤城有梅姓者，實爲世家名族……梅氏同胞昆弟六人，長卽『客生』……。今萬曆二十五年丁酉（公元一五九七年，李氏時七十一歲），余復旅寓沁水之坪上，而獲見劉晉川（東星）之婿王洽者，每爲余道其祖母田淑人之壽，見今九十歲，其修齋誦經，念佛作福，猶五六十歲時也……。

二十、〈同卷・二・窮途說〉：

「卓吾和尚（又自稱和尚）曰：『天下唯知己最難，吾〔出家〕以來，本欲遊遍天下，以求勝我之友……。』

「住龍湖爲『龍湖長老者』則深有僧（無念之號）；近龍湖居而時時上龍湖作方外侶伴者，

則楊定見秀才。余賴二人，又得以不寂寞，雖不可以稱相知，然不可以不稱相愛矣。老死龍湖，又何疑焉！（案：由上文可見李非眞正出家，只是依寺院作客、講經論道、交友著書，與友朋間有時自稱和尚，或稱居士而已。由於此寺爲友人周柳塘所建，請僧住持，而李氏也足可終身依之，而爲衆說法了。）

（承上文）「楊定見勸我曰：『和尚且坐一坐！』（這裏稱和尚是敬稱，猶如老師，並非世俗見出家人之習稱和尚）……若深有與我三人聯臂同席十餘年矣，學同術、業同方、憂樂同事，（深有——無念）徒弟徒孫三四十人，視我如大父母（祖父母）、眞骨血一般（可見常住師徒對李氏之尊重），建塔蓋殿，卽已事不若如是勤也。……」

二十一、〈同卷・三教歸儒說〉：

「今之欲眞實講道學以求儒釋道出世之旨，免富貴之苦者，斷斷乎不可以不剃頭做和尚矣！」（案：李竟以儒家也是出世，是就「朝聞道夕死可矣」之第一義來搭題；言之差矣，也可以說在了生死上，擡高了儒家形上地位，是他的腐氣未蕩除乾淨的毛病。）

乙、他的「素食與肉食」的戒律辯證：

如果是一個出家人，並且著書立說、稱師作祖，在大乘佛法支配下，是不可能不素食的。依戒律，居士受菩薩戒都應該「嚴格素食」，何況「和尚」？而李卓吾住寺，一時自稱和尚，又或稱居士，但是他沒有素食，當然也沒有受過任何戒？更看不到他的師承的影子。他只是芝佛院裏一位「客卿」，一位受到施主（周柳塘）所重，方丈深有（無念）僧所敬，全院的沙彌、和尚所愛的「教授師」罷了。在他，幾幾乎反客為主地決定了芝佛院一切——甚至連死後事也交代和尚們辦理——他沒有家了。妻子早在故鄉死掉，他也與故鄉隔絕多年，本也以龍湖為他埋骨之所，但因為他的「奇行異想」「特立獨行」樹大招風，終被麻城惡紳拆寺逐僧，把他逼走。下面就素食問題，看他怎麼說法：

一、〈焚書・一・復鄧石陽〉：

「——年來每深嘆憾，光陰去矣，而一官三十餘年，未嘗分毫為國出力，徒竊俸餘以自潤，既倖雙親歸土，弟妹七人婚嫁各畢，各幸而不缺衣食，各生兒孫。獨余連生四男三女，惟留一女耳（嫁莊純夫）……惟此一件『人生大事』未能明了，心下時時煩懣，故遂棄官入楚（湖北黃安、麻城），事善知識以求少得。蓋皆陷溺之久，老而始覺，絕未曾自棄於人倫之外者。「平生師友散在四方……願作聖者師聖，願宗佛者宗佛，不問出家在家，人知與否，隨其資性，一任進道，故得相與共為學耳。」（案：這是李氏入楚的根本因緣，他是因「人生大事未能明了」、「老而始覺」，而且已放下俗務——有心入佛的。）

二、〈焚書・二・與李惟清〉：

「——所諭禁殺生事，卽當如命戒殺（可見李氏尚未戒殺、食素）。又謂僕性氣重者，此則僕膏肓之疾，從今聞教，卽有瘳矣。第亦未可全戒全瘳；若全戒全瘳，卽不得入阿修羅之域，與毒龍魔王等爲侶矣！」（案：李氏此信中諷譏地自詡爲「阿修羅」，爲了要與「毒龍魔王」爲伍——係指當時一些死硬派理學家。當然他此時也未戒殺。他要入地獄的作略，來與餓鬼同其行藏的，所以他未戒殺……。）

三、〈焚書．四．禮誦藥師經畢告文〉：

「和尚爲幸免病喘（李有氣喘病），結經謝佛事。……九部經於今日是爲已完。誦經方至兩部，我喘病卽減九分；再誦未及四部，我忍口便能『齋素』。齋素既久，喘病愈痊；喘病既痊，齋素益喜，此非佛力，我安能然？」

四、〈續焚書．卷首．讀卓吾老子書述〉：

「或謂卓吾老子（是譽稱，比李爲當代老子）削髮奇，蓄髮奇（可見他離開龍湖又蓄了髮），髡而髭鬚奇（雖削了髮還留了鬍子），誦經而葷血奇（卽學佛住寺而吃肉），而不知——死又奇（李氏最後入獄自割而死），余謂此非卓吾老子之精神面目也。……卓吾卽不髡、不葷、不刎死，奇固自在。然則卓吾之書益難讀矣。今贋而溷者，是學其髡、學其葷血而刀鋸以死也，豈不誤人甚哉……」（時在萬曆戊午公元一六一八年，李氏死後十六年，張鼐撰）（案：李氏是出入三教之外，驚世駭世可見。雖虔誠信佛，領衆修行說教，甚至以寺爲家，而在衆僧之中竟然食肉，在世俗人爲奇，在佛門則爲離經背道了。）

五、〈續焚書．一．復夏道甫〉：

「承惠感感，當不得也。生（謙稱）不敢殺生，肉謹領，活物二謹璧，幸照之。」（有朋友送他活雞鴨吧，他不敢收，強調他不殺生，但是肉收下了。他是吃三淨肉的。）

六、〈續焚書・二・書小修手卷後〉：

「歲辛丑（一六〇一、李七十五歲），余在潞河（通州）馬誠所所，又遇袁小修三弟，雖不獲見太史家兄，得見小修足矣，況復見此卷乎！

「小修（袁宗道）勸我勿喫葷。余問之曰：『爾欲我不用葷何故？』曰：『恐閻王怪怒，別有差委，不得徑生淨土耳。』余謂：『閻王喫葷者，安敢問李卓吾耶！我但禁殺不禁嘴，亦足以免矣。孟子不云七十非肉不飽？我老，又信儒敎，復留鬚，是宜吃。』小修曰：『聖人爲祭祀故遠庖廚，亦是禁吃葷者。其言非肉不飽，特爲世間鄉間老耳，豈爲李卓老設此言乎？願勿作此搪塞也！』余謂：『我一生病潔，凡世間酒色財半點汚染我不得。今七十有五，素行質鬼神，鬼神決不以此共見小醜，難問李老也。』小修曰：『世間有志人少，好學人益少，今幸我明世界大明升天，人人皆具隻眼，直思出世爲學究竟大事。先生向棲止山林，棄絕人世，任在喫葷猶可；今日已埋名不得，盡知有卓吾老子棄家學道，作出世人豪矣，十目共視，十手共指，有一毫不愼，卽便退心，有志者以爲大恨。故我願先生不茹葷，以興起此一時聰明有志向之者。忍一時之口嘴，而可以度一世人士，先生又何憚不爲？』余翻然喜曰：『若說他等皆眞實向道，我願斷一指，誓不喫葷』。」（案：袁宗道要他不要吃葷，這是他的一大堆理由。）

由本節所引證明，不管是李卓吾自說、他說，他是吃肉的、住佛寺的，以白衣領衆、剃髮的居士，而非和尚。所謂「和尚」，只是他自己和他的朋友給他的諢稱、雅號罷了，對一個「特立獨行」人而言，是沒有什麼値得大驚小怪的，問題在，這種事在佛門不能魚目混珠，沆瀣一氣，必須弄個明白。出家受戒的比丘，和未受皈戒的結緣居士而又剃頭葷食，是不可混淆的。

丙、他的佛道之旅的定位問題

一、〈焚書・二・答劉晉川書〉：

「弟近古稀矣，單身行遊，只爲死期日逼，閻君鐵棒難支，且生死之苦目擊又如此，使我學道之念轉轉急迫也……」

二、〈焚書・二・與李惟清〉：

「昨領教，深覺有益，因知公之所造已到『聲聞佛』（四果羅漢）矣……。

「蒙勸諭同皈西方，甚善。但僕以西方是『阿彌陀佛』道場，是他一佛世界，若願生彼世界者，卽是他家兒孫……卽得暫免輪廻，不爲一切天堂地獄諸趣所攝是的……。

「……天堂有佛，卽赴天堂；地獄有佛，卽赴地獄；何必拘拘如白樂天之專往兜率內院？天臺智者、永明壽禪師之專一求生西方乎？此不肖之志也。……」（案：這是李卓吾的不定向淨土觀，佛在何處，他便要往生何處！但是他教導後學，還是以西方淨土爲依皈。）

三、〈焚書・二・與明因〉：

「世上人總無甚差別，唯學出世法，非出格丈夫不能。今我等既爲出格丈夫之事，而欲世人知我、信我，不亦惑乎？……成佛是何事？作佛是何等人？而可以世間情量爲之！」（案：明因，是李卓吾方外私淑，所以他以「我等」含概之，以勉明因切掉世俗之見，而業盡情空。）

四、〈焚書．二．又與楊鳳里〉：

「——我回，只主張衆人念佛，專修西方，不許一個閑說嘴。」（案：李勉其私淑生徒，只要專心念佛，不可終日閑居說長道短，浪費時光。）

五、〈焚書．二．復澹然大士〉：

「——過暑毒，即回龍湖矣。回湖唯有主張淨土，督課〈西方公案〉，更不作小學生鑽故紙事也。參禪事大，量非根器淺弱者所能擔。今時人最高者唯有好名，無眞實爲生死苦惱怕，欲求出脫也……。」（案：澹然大士，即梅衡湘之女，從李氏爲私淑，學佛後出家。）

六、〈焚書．四．戒衆僧〉：

「佛說波羅蜜。波羅蜜有六，而持戒其一也。佛說戒、定、慧。戒、定、慧有三，而戒行其先也。戒之一字，誠未易言。戒生定，定生慧。慧復生戒，非慧離戒；慧出於戒，非慧滅戒。然則定、慧者成佛之因，戒者又定、慧之因。我釋迦老子未成佛之先，前後苦行一十二年，其戒也如此，汝大衆所知也。……所謂一子成道，九族生天，非妄言也。十方顆粒之施難消，必須精進以消之，所謂披毛戴角，酬還信施，豈誑語耶！

「然則戒之一字，衆妙之門；破戒一言，衆禍之本。戒之一字，如臨三軍，須臾不戒，喪敗而奔；戒之一字，如履深谷，須臾不戒，失足而殞。故知三千威儀，重於山岳；八萬細行，密如牛毛。……一念不戒，鬼將誅之，旁觀而嗔者，非但一手十手，蓋千億手共指之矣。

「嚴而又嚴，戒之又戒。自今以往，作如是觀：坐受齋供，如呑熱鐵之丸，若不膽顫心寒，與犬豕其何異？行覓戒珠，如入淸涼之閣，若復魂飛魄散，等乞丐以何殊！如此用心，始稱衲子。……凡我大衆，其愼之，間有新到比丘未知慚愧，不得不更與申明之耳。凡此大衆，幸各策勵，庶稱芝佛道場，猛着精神，共成龍潭勝會可矣。（以上三節，李對住龍湖芝佛院衆僧一再開示戒律之莊嚴神聖，不可輕心，要嚴持淨戒。）

七、〈同卷・六度解〉：

「我所喜者學道之人，汝肯向道，吾又何說？道從六度入。六度之中，持戒禪定其一也。戒如田地，有田地方有根基，可以爲屋種田。然須忍辱。忍辱者，謙下以自持，虛心以受善，不敢以貢高爲也。如有田地，須時時澆糞灌水，方得有秋之穫。不然，雖有田地何益？精進則進此持戒忍辱兩者而已。此兩者日進不已，則自然得入禪定眞法門矣。既禪定，不愁不生智慧而得解脫也。故知布施、持戒、忍辱眞禪定之本，而禪定又爲智慧解脫之本。六者始終不舍，如濟渡然，故曰六度。

八、〈焚書・四・觀音問・答澹然之一〉：

「昨來書，謂：『觀世音大士發大弘願，我亦欲如是發願：願得如大士圓通無障礙。聞庵僧欲塑大士像，我願爲之，以致皈依，祇望卓公爲我作記也。』余時作筆走答云：『觀音大士發大弘願，似矣。但大士之願，慈悲爲主：以救苦救難爲悲，以接引念佛衆生皈依西方佛爲慈。彼一切圓通無障礙，則佛佛皆然，不獨觀音大士也。彼塑像直布施功德耳，何必問余？或可或否，我不敢與。』余時作答之語如此，然尚未明成佛發願事，故復言之。

「蓋言成佛者，佛本自成，若言成佛，已是不中理之談矣，況欲發願以成之哉！成佛者，成無佛可成之佛，此千佛萬佛之所同也。發願者，發佛佛各所欲爲之願，此千佛萬佛之所不能同也。故有佛而後有願，佛同而願各異，是謂同中有異也。發願盡出於佛，故願異而佛本同，是謂異中有同也。然則謂願由於佛可也，而謂欲發願以成佛可乎？是豈中理之談哉……唯有菩薩如觀音、大勢至、文殊、普賢等，始爲諸佛發願矣。故有釋迦佛則必有文殊、普賢，釋迦爲佛而文殊、普賢爲願也。有阿彌陀佛則必有觀音、勢至，彌陀是佛而觀音、勢至是願也。此爲佛願，我願澹師似之！」（案：澹然，卽李被龐城攻擊之主角——梅衡湘之女，出家之法名。）

九、〈同卷・答澹然之二〉：

「佛之心法，盡載之經。經中一字透不得，卽是自家生死透不得，唯不識字者無可奈何耳。若謂經不必讀，則是經亦不必留，佛亦不用有經矣。昔人謂讀經有三益：有起發之益，有開悟之益，又有印證之益。其益如此，曷可不讀也！世人忙忙不暇讀，愚人懵懵不能讀，今幸生此閒身，得爲世間讀經之人而不肯讀！……」

十、〈同卷・答澹然之三〉：

「世人貪生怕死，蠅營狗苟，無所不至，若見此僧端坐烈焰之中，無一毫恐怖，或遂頓生念佛念法之想，未可知也。其有益於塵世之人甚大，若欲湖僧爲之津送則不可。蓋凡津送亡僧者，皆緣亡者神識飛揚，莫知去向，故藉平時持戒僧衆誦念經咒以助之。今此火化之僧，必是了然自知去向者，又何用湖僧爲之津送耶？且湖上僧雖能守戒行，然其貪生怕死，遠出亡僧之下，有何力量可以資送此僧？若我則又貪生怕死之尤者，雖死後猶怕焚化，故特地爲塔屋於龍湖之上，敢以未死之身自入於紅爐乎？其不如此僧又已甚遠。自信、明因嚮往俱切，皆因爾澹師倡導，火力甚大，故衆菩薩不覺不知自努力向前也。此其火力比今火化之僧又大矣。何也？火化之僧只能化得自己，若澹師則無所不化……。」（案：想必在澹然信中，談到有一僧舉火自焚，李卓吾才有開示，以教明因等方外私淑弟子……。）

十一、〈焚書・四・觀音問・答自信之四〉：

「念佛是便宜一條路，昨日『火化僧』只是念佛得力。人人能念佛，人人得生西方，不但此僧爲然，亦不必似此火化乃見念佛功效也。」

十二、〈同卷・答自信之五〉：

「──今但有念佛一路最端的（最徹底），念佛者，念阿彌陀佛也……」

十三、〈焚書・四・豫約・早晚守塔〉：

「於澹然稱師者，澹然已落髮爲佛子也。於衆位稱菩薩者，衆位皆在家，故稱菩薩也……況爾等出家兒，安可不安心，安可不念佛耶？

「——我有『西方訣』，最說得親切；念佛求生西方者，須知此趣向，則有端的志向矣……故念佛者定須看通了『西方訣』，方爲眞修西方之人。夫念佛者，欲見西方彌陀佛也。見阿彌陀佛了，卽是生西方了，無別有西方可生也。見性者，見『自性阿彌陀佛』也……故詳列之，以爲早晚念佛之因。」（案：李氏一再告誡私淑僧徒弟子，以念佛爲職志。）

十四、〈焚書・增補一・答李如眞〉：

「弟學佛人也，異端者流，聖門（儒門）之所深闢，弟是以於孔氏之徒，不敢輕易請敎者，非一日矣！」（案：當時儒生排佛風氣極盛，視佛徒爲「異端」，尤其由儒入佛，更視爲眼中釘，此李卓吾慨乎言之也！）

十五、〈續焚書・一・與周友山（之一）〉：

「今年不死，明年不死，年年等死，等不出死，反等出禍。（指麻城宮方與儒生結合逼他出走事）……夫福來何以受之乎？唯有禮三寶、塑佛誦經、以祈國泰民安、主壽臣賢也。」（李卓吾這幾句話，又冬烘了。香火味又濃了！）

十六、〈續焚書・一・與汪鼎甫（本鈳）〉：

「千萬勿念我，并諭〔芝佛院〕懷捷（僧）等，安意守舍，多多念佛。」（案：汪鼎甫，爲李私淑弟子，李死後，爲之處理後事，并編印遺著，視李如父師。）

以本節所述，可以肯定李氏學佛是眞的，而教導私淑弟子修淨土法門，也老婆心切，不容置疑；由於他的思想視界廣、見地深，不受世俗羅網所羈，難免爲俗夫庸婦所驚駭，而李氏以佛家「眞自由、眞平等精神」笑傲天下，行其所當行，其在思想上之地位，自然高標出羣了。

丁、李氏之三敎平等觀

一、〈續焚書・卷首・讀卓吾老子書述〉：

「卓吾死而其書重，卓吾之書重——而眞書、贋書並傳於天下……。「卓吾疾末世爲人之儒，假義理，設牆壁，種種章句解說，俱逐耳目之流，不認性命之源，遂以脫落世法之踪，破人間塗面登場之習，事可怪而心則眞，跡若奇而腸則熱，……嗚乎：我安得具眼之人讀李氏之書哉……」（這是張鼐爲李氏死後，其著述爲世所重而又「眞書、僞書」并行，並直言李氏反僞儒、立眞性之値得推敬。）

二、〈續焚書・一・復李士龍〉：

「——名利無兼得之理，超然於名利之外，不與名利作對者，唯孔夫子、李老子、釋迦佛三大聖人爾。……」

三、〈續焚書・二・三敎歸儒說〉：

「儒道釋之學，一也。以其初皆期於聞道也。必聞道然後可以死，故曰：『朝聞道，夕死可矣！』……蓋必出世，然後可以免富貴之苦也。」

除〈焚書〉〈續焚書〉之外，〈初潭集〉〈言善篇〉……等李氏著述，並非「獨尊一佛」，他是把「儒道釋」一齊提到「第一義」層面去的。雖然，他把三家溶於一爐而最後仍歸於「一佛」。謂「人」，非「出世」衝決羅網不可，難怪他的行徑就與庸儒格格不入，而法乎禪門奇行異迹之事，不把臭皮囊當一回事了！

宋明之際，逐漸有「三教合流」的思想在一些「大儒們」心中流盪，像王陽明以下的王龍溪、羅近溪、李卓吾都是；他們一方面凜然佛法之浩大而無法不接納，又卑於身出儒門，根身所繫，才提出兩全其美之方。讓他們「儒道釋，其義一也」算了。其實這何嘗是一種「眞解脫」？

戊、李卓吾詩作裏的佛法面目：

一、〈焚書・六・讀書樂——幷引〉

「……余蓋有天幸焉。天幸生我目，雖古稀猶能視細書；天幸生我手，雖古稀猶能書細字；然此未爲幸也。天幸生我『性』，平生不喜見俗人，故自壯至老，無有親賓往來之擾，得以一意讀書。天幸生我『情』，平生不愛近家人，故終老龍湖，幸免俯仰逼迫之苦，而又得以一意讀書。然此未爲幸也。天幸生我心眼，開卷便見人，便見其人始終之概。……此余之自謂得天幸者一也。……天幸生我大膽，凡昔人之所忻艷以爲賢者，余多以爲假，多以爲迂腐不才而不切于用；

其所鄙者、棄者、唾且罵者，余皆以爲可託國、託家而託身也。其是非大戾昔人如此，非大膽而何?此又余之所謂得天之幸者二也。……故作〈讀書樂〉以自樂焉。詩云：

「天生龍湖，以待卓吾；天生卓吾，乃在龍湖；龍湖卓吾，其樂何如?……」

二、〈焚書・六・題繡佛精舍三首〉：

〔之一〕

聞說澹然此日生，
澹然此日卻爲僧；
僧寶世間猶時有，
佛寶今看繡佛燈。

〔之二〕

可笑成男月上女，
大驚小怪稱奇事；
陡然不見舍利弗，
男身復隱知誰是?

〔之三〕

我勸世人莫浪猜，

繡佛精舍是天臺；
天欲散花愁汝著，
龍女成佛今又來。

三、〈焚書・六〉：

〔薙髮〕

空潭一老醜，薙髮便爲僧；
願度恒沙衆，長明日月燈。

四、〈續焚書・五〉

〔哭貴兒〕（註）

汝婦當更嫁，汝子是吾孫；
汝魂定何往？皈依佛世尊。

〔註〕：貴兒，疑爲李氏次子，死於李氏四十歲時。

五、〈同卷〉：

〔憶黃宜人・之一〕（註）

今日知汝死，汝今眞佛子；
何須變女身，然後稱開士。

〔註〕：黃宜人爲卓吾之妻，歸籍死於晉江故鄉。

〔憶黃宜人・之二〕（註）

我有一篇書，頗言成佛事；

時時讀一遍，成佛只如此。

〔註〕：詩仿「寒山子體」。

六、〈同卷〉：

〔讀書燈〕

昔日貧儒今日僧，

的然於世渾無能；

瘦瓢倒掛三雲樹，

肉眼頻觀古佛燈。

七、〈同卷〉：

〔因方子及戲陸仲鶴・之二〕

帶髮辭家一老僧，

三年長伴佛前燈；

歸鴻日夜聲相續，

不到滇南不敢憎。

八、〈同卷〉：

〔初往招隱堂・堂在謝公墩下・之二〕

盡日阿蘭若，吾生事若何？

白雲留客易，黃髮閱人多；

鳥爲高飛倦，墩因向晚過；

無邊苦作海，曷不念彌陀。

在〈焚書〉〈續焚書〉所收一九一首詩中撿出這十一首詩，以觀李氏對佛法的信仰態度。除上屬八首詩之外，在李氏詩中關於佛道的詩，還是很多，不再細舉。不過「言爲心聲」，從這些詩情，也可見李氏對佛道的虔誠、皈依，是無庸置疑的了。

己、關於李氏的性格、思想、癖好之評價：

〔一、李氏的癖好〕

(1)潔癖：

據〈焚書・卷首・李溫陵傳〉稱：

「——一日，惡頭癢，倦於梳櫛，遂去其髮，獨存其鬚。」這李氏削髮的初因，但與其自述因「厭人世」而削髮情況不同。袁中道在傳中又說：「〔李卓吾〕體素癯（瘦），澹於聲色；又潔癖，惡近婦人，故雖無子，不置婢妾。」

他的「潔癖」，根據袁中道說，可分四點：

一、他喜愛掃地，可能每天掃許多次，幾個人製作掃把都供應不及。

二、他的衣裙袍袂，全是自己洗滌，洗得極其清淨、潔白，一塵不沾。

三、他整天愛洗臉、洗頭，彷彿「水淫」。

四、他不喜俗人，一旦有人未經承允而來，一見面，便叫對方遠坐，嫌對方又髒又臭。至於他欣賞的人，整天熱情相待；如不合意者，便默然無語，不理對方。

⑵讀書癖：

一、他所愛讀的書，皆寫爲「善本」，一筆不苟。

二、所謂「東國之秘語（指中國之易理等儒道書）、西方之靈文（佛典）、離騷，馬（司馬遷）、班（班固）之篇，陶（陶潛）、謝（靈運）、柳（宗元）、杜（甫）之詩，下至稗官小說之奇，宋、元名人之曲，雪籐丹筆，逐字校讎，肌擘理分，時出『新意』。」

三、李氏爲文，不阡不陌，攄其胸中之獨見，精光凜凜，不可迫視。

四、詩不多作，大有神境；亦喜作書（寫字），每研墨伸楮，則解衣大叫，作兎起鶻落之狀。其得意者（滿意的字），亦甚可愛；瘦勁險絕，鐵腕萬鈞，骨稜稜紙上。

袁中道又說：

「公素不愛著書，初與耿公「定向」辯論之語，多爲掌記者所錄，遂裒之爲〈焚書〉；後以時義詮聖賢深旨，爲〈說書〉；最後理其先所詮次之史，焦公(竑・漪園)刻之於南京，是爲〈藏書〉。」

基本上，李氏這三種書，多爲「隨筆、札記、信函、開示、詩文雜說」。〈焚書〉〈續焚書〉以佛理爲主，兼及批儒雜文；疏解先賢大義深旨，爲〈說書〉；最後才是〈藏書〉，是論史之作。至於〈初潭集〉〈言善篇〉，多少也涉及佛家，綜以儒家經史義理，立言精闢，慧眼獨具。

李卓吾不僅讀書精、見識精，尤能言人之不敢言；深入學海，從五十六歲著述，六十二歲出〈初潭集〉。此後之晚年，筆如萬馬千軍，卒爲晚明思想巨擘，在文學上開公安派簡潔鋒利之先河。

(3)性格癖：

一、〈焚書・三・高潔說〉

「余(李自稱)性好高，好高則倨傲而不能下；然所不能下者，不能下彼等倚勢仗富之人耳。否則，雖有片長寸善，雖隸卒人奴，無不拜也。

「余性好潔，好潔則狷隘而不能容；然所不能容者，不能容彼一等趨勢諂富之人耳。否則，果有片善寸長，縱身爲大人王公，無不賓也。」

二、〈焚書・三・三蠢記〉：

「——余性亦好罵人，人亦未嘗恨我，何也？以我口惡而心善，言惡而意善也。」

三、〈焚書・四・豫約・感慨平生〉：

「——爾等切勿以落髮爲好事，而輕易受人布施也。……雖然余之多事亦已極矣。余唯以不受管束之故，受盡磨難，一生坎坷，將大地爲墨，難盡寫也！『爲縣博士，卽與縣令、提學觸；爲太學博士，卽與祭酒、司業觸；……〔爲〕司禮曹務，卽與高尚書、殷尚書、王侍郎盡觸也……最後爲郡守（姚安知府），卽與巡撫（省主席）王（某）觸，與守道駱（某）觸，……何耶？渠（等）過於刻厲，故遂不免成觸也。』……」

由以上三節，李氏自述可見，由於他太不願適應世俗社會，不容納邪曲不正之徒，所以平生飽受磨難。而對官場中那些「俗吏、酷吏」，他與他們個個作對，所以不得不棄官退隱。最後，又不得不被麻城人趕走，終於不得不被明帝國官僚抓去坐牢，乃至自殺而死。

袁中郎評論他之遭禍，如是說：

「——窮公之所以罹禍，又不自〔他的〕書中來也。大都公之爲人，眞有不可知者——〔他〕本絕仕進人也，而專談用世之略（刻意要做在野黨、清流、只要有人間不平他就反，就諷刺政治……），謂『天下事決非好名小儒之所能爲』；本狷潔自勵，操若冰霜人也，而深惡枯清自矜，刻薄瑣細者（不僅他反官僚，對那些自鳴清高、而行爲鄙薄淺陋之輩也不屑一顧），謂其必害在子孫；本屏絕聲色、視情欲如糞土人也，而愛憐光景，於花月兒女之情狀亦極其賞玩，若借以文其寂寞；（換句話說，他雖不沾聲色，但卻同情那淪落煙花歡場中不幸之女子，就彷彿藉以掩飾他內心的寂寞。）本多怪少可、與人不和人也，而於士之有一長一能者，傾注愛慕，自以為不如；（李卓吾極爲愛才、憐才，對只要有一點長處，他都隨喜、讚歎，認爲強過自己多多。）本息機忘世、槁木死灰人也，而於古之忠臣義士、俠兒劍客，存亡雅誼，生死交情，讀其遺事，爲之咋指斫案，投袂而起，泣淚橫流，痛哭流涕而不自禁……。」看到這裏，我們就不得不深深慨歎，李卓吾實在是一個赤心流露，可以肝膽相照的大丈夫、奇男子了。

這一番話，對李卓吾性格的評論，眞可說淋漓盡致矣。末了，袁中道認爲李卓吾其人，有「五不能學」、「三不願學」之處。所謂「五不能學」：

一、公爲士居官，淸節凛凛；而吾輩隨來輒受，操同中人，一不能學也；

二、公不入季女之室，不登冶童之牀，而吾輩不斷情欲，未絕孌寵，二不能學；

三、公深入至道，見其大者，而吾輩株守文字，不得玄旨，三不能學；

四、公自少至老，惟知讀書，而吾輩汨沒塵緣，不親韋編，四不能學；

五、公直氣勁節，不爲人屈，而吾輩膽力怯弱，隨人俯仰，五不能學。

袁中道標舉的李氏「五不能學」，都是李氏「出汚泥而不染」、「入濁世而高潔」的「特立獨行」的精要之論。

至於「三不願學」：

一、若好剛使氣，快意恩讎，意所不可，動筆書之，不願學者一；

二、既離仕而隱，卽宜遁迹入山，而乃徘徊人世，禍逐名起，不願學者二；

三、急乘緩戒，細行不修，任情適口，鸞刀狼藉，不願學者三。

這三點，我要代李氏有所說明：

一、李卓吾，生就一副俠義心腸，只要世間還有一人苦難，他都難嚥一口悶氣，所以應學；

二；李卓吾雖棄官入寺學佛，仍以聲名文字入世，這是他爲人間打抱不平性格的一部份，寧爲義死，不爲苟生；他願擔負天下人苦難，學地藏王精神，所以應學；

三、他「急乘緩戒」，是大乘菩薩心腸；他細行不修，任情適口，鸞刀狼藉，與他「心無葛藤」的性格不可分，世間如果沒有這種人，僞君子、假道學，欺世亂名之輩，鄉愿德賊，永遠橫行，因此應學。

也正是因爲世間這種人太少，所以中國社會充滿了毒霧迷漫的妖氛，政治永遠沉淪，人民永遠遭殃。也正因爲人間有一位李卓吾，主張「三教平等」（其實當時僞儒闢佛如狂，李才因有此說，護持佛法），主張女子自由婚嫁，寡婦不必守節，主張粉碎道學的面具，主張敲破官僚的那一臉尊嚴，他的光影之下，才有日後一些「衝決羅網」的金聖歎、梁啓超、譚嗣同這些人間豪傑出現……。

〔二、李氏的思想面貌〕

現在，我們最後之一瞥，來一觀李氏「思想面目」：

李卓吾在〈焚書・一・答周西巖書〉中云：

「——天下無一人不『生知』（生而具良知），無一物不『生知』（無一物不生具佛性）；亦無一刻不生知者（沒有任何時間能逃得了良知、佛性的反照），但不自知耳。然又未嘗不可使之知也。惟是土木瓦石不可使知者，以其無情、難告語也；賢智愚不肖不可使知者，以其有情，難告語也。除是二種，則雖牛馬驢駝等，當其深愁痛苦之時，無不可告以『生知』，語以『佛乘』也。

「據渠見處，恰似有人生知，又有人不生知；生知者便是佛，非生知者未便是佛……天下寧有人外之佛，佛外之人乎？……」

這是李卓吾的「新良知」說，把「良知」與「佛性」劃一等線。李卓吾在形上學上思想淵源雖然私淑姚江學派，從王陽明的「致良知」，到王龍溪的「良知是當下卽是」（彷佛卽心卽佛），其實，王陽明本人便是佛教宗徒，再倒過來重建新儒學路基，因此他們的學說細胞總與佛家「如來藏」思想有混不清之嫌；你說這是「撿佛性之牙慧而塡儒門之淡薄」的深井，然後作韓愈以後死儒學的廻光也可以！

從王系儒學向上推，朱、程、陸、周，那一家儒學的垂老的生命裏又沒有佛法的大量血液？

李卓吾在佛法上得個入處，以居士身結廬領衆學佛，可是他那三教平等的新儒學尾巴不割掉，「孔、道、釋」「第一義」均等思想一再湧現，要想在佛門稱師作祖也就難了。這也正是他爲「儒門之宗師有餘、佛門之菩薩不足」，良有以也！

——一九八七年十二月二日成稿

一、李氏藏書・六十八卷
二、李氏續藏書・二十七卷（成於金陵）
三、李氏焚書・六卷
四、李氏續焚書・五卷
以上二書今合篇入四部刊要・七十三年臺北漢京文化翻印。
五、言善篇（又名〈三教妙述〉）・四集
六、初潭集・十二卷
七、李卓吾遺書・十二種
1. 道古錄・二卷
2. 心經提綱・一卷
3. 觀音問・一卷
4. 老子解・一卷

5. 莊子解・二卷
6. 孫子參同・三卷
7. 墨子批選・二卷
8. 因果錄・三卷
9. 淨土決・一卷
10. 闇然錄・四卷
11. 三教品・一卷
12. 永慶答問・一卷

八、李氏文集・十八卷（胡適之收藏）

九、易因・二卷（李七十五歲時，改〈易因〉爲〈九正易因〉四庫提要有目）

十、李氏六書：

1. 歷朝藏書・一卷
2. 皇明藏書・一卷
3. 焚書書答・一卷
4. 焚書雜述・一卷
5. 叢書彙彙・一卷
6. 說書・一卷

十一、陽明先生道學鈔八卷（附陽明年譜二卷）

十二、龍溪王（畿）先生文錄鈔・九卷

十三、枕中十書・六卷

1. 精騎集
2. 篔窗筆記
3. 賢奕選
4. 文字禪
5. 異史
6. 博識
7. 尊重口
8. 養王醍醐
9. 理談
10. 騷談千金訣

十四、李溫陵集・二十卷（四庫總目提要存目）

十五、李氏說書・九卷（福建通志卷七十二・有目）

十六、史綱評要・三十三卷（福建通志卷七十二・有目）

十七・姑妄編・七卷（千頃堂書目卷十二・有目）

十八、批註書：有「水滸、西廂、浣紗記、三異人集」各一種。「讀升庵集・二十卷」、「世說新語補・二十卷」、「方正學文集・十一卷、傳狀一卷」、「于節闇奏疏四卷、文集一卷、詩一卷、傳狀一卷」、「楊椒山奏疏一卷、詩一卷、自著年譜一卷、傳狀一卷」。

此外有關著作：

一、袁中道・李溫陵傳。

二、潘曾紘・李溫陵外紀。

三、容肇祖・李卓吾評傳。

李氏思想代表作，以<焚書・續焚書>、<藏書、續藏書>、<初潭集>等最爲突出。在其著述中，彼此混收者亦不少。因爲他所有文章內容，多爲「隨筆、札記、書信」彙集。而思想則不脫一貫的「衡決羅網」的作風。有目無文之書，如「釋子須知」，亦遍查無著。而後以李氏之名寫書者亦有其人。

李卓吾佛學著作入藏書目：

一、華嚴合論簡要　卍字續藏・七

二、淨土決　卍字續藏（甲）十三

三、心經提綱　卍字續藏・四一

四、因果錄　義門三六・中華藏・第三輯（六）

論杜工部懷古詩

㈠

支離東北風塵際，飄泊西南天地間；
三峽樓臺淹日月，五溪衣服共雲山；
羯胡事主終無賴，詞客哀時且未還；
庾信平生最蕭瑟，暮年詩賦動江關！

㈡

搖落深知宋玉悲，風流儒雅亦吾師；
悵望千秋一灑淚，蕭條異代不同時！
江山故宅空文藻，雲雨荒臺豈夢思；
最是楚宮俱泯滅，舟人指點到今疑！

㈢

羣山萬壑赴荊門，生長明妃尚有村；

一去紫臺連朔漠，獨留青塚向黃昏。
畫圖省識春風面，環珮空歸月夜魂；
千載琵琶作胡語，分明怨恨曲中論！

(四)

蜀主窺吳幸三峽，崩年亦在永安宮；
翠華想像空山裏，玉殿虛無野寺中；
古廟杉松巢水鶴，歲時伏臘走村翁；
武侯祠屋常鄰近，一體君臣祭祀同。

(五)

諸葛大名垂宇宙，宗臣遺像肅清高；
三分割據紆籌策，萬古雲霄一羽毛；
伯仲之間見伊呂，指揮若定失蕭曹；
運移漢祚終難復，志決身殲軍務勞！

生平與詩境

杜甫，子美，公元七一二年——唐睿宗太極元年（祖籍京兆杜陵首都長安附近），生於湖北襄陽；七七〇年（生卒月日闕），代宗大曆五年五月，卒於湖南耒陽，後葬於岳陽，死年五十九歲。老杜一生久經離亂，顛沛乖舛，除四十八歲底入蜀，住成都草堂，有一段平淡寧靜的八年生活之外，幾乎全在飢寒流離中渡過。

杜甫的詩與他的久歷流離生活，目擊安史的動亂，自身的妻離子散，個性的深大寬宏，有絕大的關係。「歷史」要「成就」一位偉大的人物，似乎必須要「苦其心志，勞其筋骨，餓其體膚，空乏其身」，「行拂亂其所爲，增益其所不能」，才算大功告成；上天給予他們的，眞是殘忍而又無道了。

老杜的一生，剛好就面對孟夫子的這一段「生命箴言」，他的影響，就詩的本身言，在我的評量下，遠超過「屈原、陶潛、李白」，唐宋以下諸家，便更無論矣。

老杜的詩，版本之多，注疏之繁，流傳之廣，名句之富，境界之深；他的整體的重量，恐怕歷史上很難找到第二人。後人學詩，不讀杜詩，幾乎無第二條路可走。

我們套王國維的話：「詩至老杜，才感慨遂深，眼界乃大。」一個沒有到過「雪山」的人，絕對想不到天地之雄拔驚兀！

我於近日讀畢「杜詩鏡銓」，兼及錢牧齋「杜詩注」，深玩潛味，感覺只有讀杜詩，才會體會到「中國」民族的深沉、渾厚與偉大處。尤其在他的「詠史」諸作中，更突出了老杜的松柏不凋、奇岩不朽的氣象！

杜詩的好處，在於「沉厚遼濶，開闔縱橫，謹嚴細密，造極登峯」，無懈可擊。他的「史詩」，給人的衝擊，是「熱血沸騰」與「長歌浩歎」兼而有之的震撼。

簡述懷古詩

現在，就他的「詠懷古跡」五首，簡述其情境。

＊　＊

這五首律詩，是老杜從天寶之亂，逃亡的旅途中，所凝集的感慨。歷史人物，從庾信、宋玉、王嫱、劉備，寫到諸葛亮；再把自己的生命情調，與他們相結合，發而爲詞，遂爲千古之浩歌！

第一首，他寫庾信以自況。他自述道：「自從安祿山造反，中原大亂，皇室西奔，我隨著亂流，逃到西蜀，一路上經過消磨餘生歲月的『三峽』之險，也走過雲山蠻地的湘西『五溪』的古夷之地；我深深地感覺一個異族歸附中國太不可靠了，而我這個哀時悲世的詩人，到現在還無家可還；想起庾信（南朝梁人，後入北魏爲官，但終生不得志）的一生，是夠淒凉了，因此，他晚年的時候，寫的詩賦，都是懷念鄉土的名作啊。（庾信的詩與賦在南北朝，極負盛名，杜甫宗之。）——而我又何嘗不是如此呢！」

第二首，寫宋玉的故事，是說「當秋景深沉的時候，我才體會出宋玉的內心憂悶悲痛，像他這樣的才華、風雅也夠作爲我們的老師啊！面對千載以前的他，不覺爲之一哭，我們兩個凄涼的人，卻不在同一個時代；而宋玉當年的故居（後來庾信也住過），已看不到了，但江山依舊；那『高唐賦』（宋玉作）裏，描寫的楚襄王會神女的樓臺，那裏眞有那回事呢？令人最感慨的是，楚王宮殿，已隨歲月消逝了。而如今，江上船伕還指點著當年『襄王神女』之會，懷疑它究竟有沒有這回事呢？」

第三首，寫的是王昭君古跡。他寫道：「千山萬壑，連連綿綿地從西蜀向東，迤邐到荆門來，而生長昭君的秭歸縣到今天還有村落的舊跡呢！想當年她在這裏被選入宮廷，然後再被送到塞外給異族爲妻，在那遼遠的沙漠裏（據說在內蒙歸綏附近有昭君墓）還有她的墳墓，黯淡地沒入黃昏的殘照裏；我們祇能從圖畫中依稀看到她那絕美的容顏，而每當月夜，恍惚聽得一陣環珮之聲，那大約就是她的靈魂歸來了。現在已經上千年了，我們在琵琶的聲調中，仍舊感覺那是淪入異族的曲調，而那種悲恨之情，依然在那些曲子中淒淒地述說出來。」

第四首，他已到西蜀，看到四川奉節縣劉備的遺跡了。他寫道：「西蜀的劉先主，爲了征討吳國到了『三峽』，而死的那一年也就在不遠的白帝城附近的永安宮中；我們可以想像到，當年插着羽毛的軍旗在這一帶空山裏招展；而當年的蜀主駐蹕的宮殿，可能已爲那些荒涼的野寺代替了。現在古廟裏的杉樹上，祇有野鶴的窩巢；而每逢冬夏忌日，大約只有一些老人來這裏祭悼了。至於諸葛武侯的祠堂，也在鄰近，他們君臣原是志同道合的，而受的祭祀也都是一樣了。」

第五首，老杜已到成都，在錦官城外看到「武侯祠」。他劈頭就寫着：「諸葛武侯的大名，已留傳在天地之間，而這位歷史重臣的遺像也清高得令人肅然起敬，因爲當年的天下，三分割據已定，弄得他的大略雄才，無處伸展；但是他的人格才識，卻是升騰雲霄的鸞鳳之儔，令人萬古仰慕；論經世治國，他與伊尹、姜子牙同流；論運籌大軍作戰，就連蕭何、曹參也難以企及；可惜的是漢家的氣運已盡，終難恢復，而這位老臣，終於鞠躬盡瘁，死於戎馬倥偬之中！」【案：這首詩的寫作年代，有很多爭論。歷年來文學史家（包括李辰冬教授的「杜詩繫年」），都認爲寫在公元七六六年（大曆元年）老杜五十六歲時，余以爲寫在四十九歲，卽公元七五九年。】

＊　＊

這五首詩，一氣如長江大河滾滾而來，成爲文學史上氣勢最爲磅礴的「組詩」之翹楚，全詩沒有一字一句，不是千錘百鍊而又動人心魄。如果說這五首詩代表老杜的整個作品的精神，並不爲過。

老杜最喜愛諸葛了，除這五首之外，像「蜀相」、「八陣圖」，也詠諸葛亮，亦都是千古名作。

老杜活在世間五十九歲，從他的詩集統計，共得詩作（包括樂府）計一千四百七十二首。杜詩在流傳的份量上不算是少；但他的好詩在詩人作品比較上，卻最多，而名句尤其多。這些名句，都成了我們生活、語言的一部份。現在我把他的名句中最常見的引述下來。

名句精選

「海右此亭古，濟南名士多。」（集卷一，陪李北海宴歷下亭。）

「李白斗酒詩百篇，長安市上酒家眠，天子呼來不上船，自稱臣是酒中仙。」（集卷一，飲中八仙歌。）

「——紈袴不餓死，儒冠多誤身；

「——讀書破萬卷，下筆如有神；

「——騎驢三十載，旅食京華春。」（集卷一，奉贈韋左丞丈二十二韻。）

「翻手作雲覆作雨。」（集卷二，貧交行。）

「射人先射馬，擒賊先擒王。」（集卷二，前出塞之五。）

「長安水邊多麗人。」（集卷二，麗人行。）

「男兒生世間，及壯當封侯。」（集卷三，後出塞之一。）

「落日照大旗，馬鳴風蕭蕭。」（集卷三，後出塞之二。）

「朱門酒肉臭，路有凍死骨。」（集卷三，自京赴奉先縣詠懷。）

「國破山河在，城春草木深，感時花濺淚，恨別鳥驚心；

「烽火連三月，家書抵萬金，白頭搔更短，渾欲不勝簪。」（集卷三，春望。）

「白髮千莖雪，丹心一寸灰。」（集卷三，鄭駙馬池臺喜遇鄭廣文同飲。）

「風塵三尺劍，社稷一戎衣。」（集卷四，重經昭陵。）

「酒債尋常行處有，人生七十古來稀，
穿花蛺蝶深深見，點水蜻蜓款款飛。」（集卷四，曲江之二。）

「但見新人笑，那聞舊人哭；
在山泉水清，出山泉水濁。」（集卷五，佳人。）

「冠蓋滿京華，斯人獨憔悴；
千秋萬歲名，寂寞身後事。」（集卷五，夢李白之二。）

「文章憎命達，魑魅喜人過；
應共寃魂語，投詩贈汨羅。」（集卷六，天末懷李白。）

「昔年有狂客，號爾『謫仙人』；
落筆驚風雨，詩成泣鬼神。」（集卷六，寄李十二白。）

「出師未捷身先死，長使英雄淚滿襟！」（集卷七，蜀相。）

「花徑不曾緣客掃，蓬門今始爲君開。」（集卷八，客至。）

「爲人性僻耽佳句，語不驚人死不休。」（集卷八，江上值水如海勢聊短述。）

「細雨魚兒出，微風燕子斜。」（集卷八，水檻遣心之一。）

「桃花一簇開無主，可愛深紅愛淺紅。」（集卷八，江畔獨步尋花之五。）

「繁枝容易紛紛落，嫩蕊商量細細開。」（集卷八，江畔獨步尋花之七。）

「顛狂柳絮隨風舞，輕薄桃花逐水流。」（集卷八，絕句漫興之五。）

「隔戶楊柳弱嫋嫋，恰似十五女兒腰；

「誰謂朝來不作意，狂風挽斷最長條。」（集卷八，絕句漫興之九。）

「安得廣厦千百間，大庇天下寒士俱歡顏，風雨不動安如山。」（集卷八，茅屋為秋風所破歌。）

「錦城絲管日紛紛，半入江風半入雲；

「此曲祇應天上有，人間那得幾回聞。」（集卷八，贈花卿。）

「不見李生久，佯狂眞可哀，世人皆欲殺，吾意獨憐才。」（集卷八，不見。）

「西山白雪三城戍，南浦淸江萬里橋，海內風塵諸弟隔，天涯涕淚一身遙！」（集卷八，野望。）

「王楊盧駱當時體，輕薄爲文哂未休；爾曹身與名俱滅，不廢江河萬古流！」（集卷九，戲為六絕句之二。）

「不薄今人愛古人，淸詞麗句必爲鄰。」（同卷，同題之五。）

「立馬千山暮，迴舟一水香；

「使君自有婦，莫學野鴛鴦。」（集卷十，數陪李梓州泛江，有女樂在諸舫，戲為艷曲二首贈李之二。）

「青青竹笋迎船出，白白江魚入饌來！」（集卷十，送王十五判官扶侍還黔中得開字。）

「臨風欲慟哭，聲出已復呑。」（集卷十，閬州東樓筵奉送十一舅往青城得昏字。）

「花近高樓傷客心，萬方多難此登臨。」（集卷十一，登樓。）

「英雄割據雖已矣，文采風流今尚存；

「丹青不知老將至，富貴於我如浮雲。」（集卷十一，丹青引贈曹將軍霸。）

「窗含西嶺千秋雪，門泊東吳萬里船。」（集卷十二，絕句之三。）

「細草微風岸，危檣獨夜舟，星垂平野闊，月湧大江流；名豈文章著，官應老病休，飄飄何所似，天地一沙鷗。」（集卷十二，旅夜書懷。）

「信宿漁人還泛泛，清秋燕子故飛飛。」（集卷十三，秋興八首之三。）

「西望瑤池降王母，東來紫氣滿函關。」（同卷、同題之五。）

「文章千古事，得失寸心知。」（集卷十五，偶題。）

「五更鼓角聲悲壯，三峽星河影動搖。」（集卷十五，閣夜。）

「晚節漸於詩律細，誰家數去酒杯寬。」（集卷十五，遣悶戲呈路十九曹長。）

「忽驚屋裏琴書冷，復亂簷前星宿稀。」（集卷十六，見螢火。）

「無邊落木蕭蕭下，不盡長江滾滾來；
「萬里悲秋常作客，百年多病獨登臺。」（集卷十七，登高。）
「天寒不成寐，無夢寄歸魂！」（集卷十七，東屯月色。）
「江漢思歸客，乾坤一腐儒；
「片雲天共遠，永夜月同孤。」（集卷十九，江漢。）
「吳楚東南坼，乾坤日月浮；
「親朋無一字，老病有孤舟。」（集卷十九，登岳陽樓。）
「五月寒風冷佛骨，六時天樂朝香爐；
「地靈步步雪山草，僧寶人人滄海珠。」（集卷十九，岳麓山道林二寺行。）
「正是江南好風景，落花時節又逢君。」（集卷二十，江南逢李龜年。）
「春水船如天上坐，老年花似霧中看。」（集卷二十，小寒食舟中作。）

結語

老杜的名句繽紛，如繁花遍地；以上不過是經常被人引用的。這些嘔心瀝血的不朽之作，正是才華、生活與功力的結晶。杜詩擁有這麼多的名句，所以他之被封為「詩國之聖」可說無愧！

老杜與李白同時，一為仙，一為聖；惺惺相惜，同病相憐，在杜詩裏，替李青蓮洗刷白壁之玷的，觸目皆是。老杜的寬厚，從他的詩裏，是可以體會出來的。

在思想上，李白是儒生兼及道情與俠情，有莊子餘風；而老杜則以一介寒儒兼判佛理與悲情，他們都能以生命介入自己的作品，絕不作無病呻吟的吟風弄月之調。

老杜以「詩」開創一千多年來「窮而後工」的文學天下，老杜生命，又不是我這枝拙筆所能莊嚴的了。

——一九七九年十二月七日

論寒山子思想詩

(一)表佛理

人問寒山道，寒山路不通；
夏天冰未釋，日出霧朦朧；
似我何由屆，與君心不同；
君心若似我，還得到其中。

(二)表佛境

吾心似秋月，碧潭清皎潔；
無物堪比倫，教我如何說。

(三)敘事詩

吁嗟貧復病，為人絕友親；
甕裏常無飯，甑中屢生塵；
蓬庵不免雨，漏榻劣容身；

莫怪今憔悴，多愁定損人。

㈣象徵詩

貧驢欠一尺，富狗剩三寸；
若分貧不平，中半富與困；
始取驢足飽，却令狗飢頓；
為汝熟思量，令我也愁悶！

㈤理性詩

我見瞞人漢，如籃盛水走；
一氣將歸家，籃裏何所有；
我見被人瞞，一似園中韮；
日日被刀傷，天生還自有。

現在，我從寒山子詩中選出五首「思想性」的詩來研究。這五首詩，幾乎沒有一首用「典」，全是唐代的「白話」，如用現代人的水平，當然要加以分析一下。

＊　　＊

第一首：表佛理的，是「半格詩」，既非「五律」（因無對偶），亦非古體；詩意前四句古樸，後四句曲徑飄逸。

此詩的表現，完全是「隱喻」，用的是雙層手法白描，因爲「寒山道」既是寒巖山間那條小徑，又是寒山心目中的佛性、靈山。現在模譯如後：

如若——有人問我寒山的路徑，
我說——寒山之路永遠無迹可通；
——在夏天，冰雪依然未化；
——清晨日出，煙霧依然朦朧；
——像我，爲何能踏上寒山，常住寒山？
——因爲，「我的心」與「你的心」不同；
——若果，「你的心」也像「我的心」；
——那麼你也會踏上寒山，常住寒巖，像我老翁！

這首詩裏，「你心」與「我心」的交換，那個「客位」的「凡夫俗子」，便能通過寒山小徑了。那麼，能進入「寒山」的先決條件，必須是他的心裏沒有冰雪，沒有煙霧(象徵人欲)；因此，詩裏的「寒山」是「靈山」，詩裏的「我心」是「佛心」。但是在表象上，詩人卻用有形的物象把它遮住，看來好像寒山眞像喜瑪拉雅山一樣高深難測；實際上，表現主題的，卻在後面四句，「你心」與「我心」的交換上。

如果寒山子沒有這一層境界，這首詩是無法表達的。因此，我們肯定寒山子的情境，已到達了一種絕對之峯。

第二首：表佛境的，在形式上，是李白式的小品，同時，這首詩意只有從「形而上」會意，不可作寫實的分析。

此詩所寫的是：赤裸裸、圓陀陀、光灼灼的無相之相；無物之物；非道之道；禪心不可說不可說。強爲之說，只有說——

我心如秋月，
照耀在碧波上，清瑩，皎潔；
我心，月色，無物堪比，
只可意會，不可言說。

這首詩境之純形上化，由形上再轉入「抽象的意象」，這是佛家禪語詩的特色。是由文字表達「靈明妙心」的上乘手法。我們說「禪悟」，禪字不一定就是達摩以後「祖師禪」，凡透過佛家的方法論，進入「三昧」境界的一切覺悟，都可謂「禪」，不過達摩以後的禪，直到六祖慧能，才「中國化、個性化」，變爲「直指人心，見性成佛」的 Zen，與禪那（Dhyana）分道揚鑣！這首小詩，給人以「宇宙之大，不過在我彀中」之概！

＊ ＊

第三首：敍事詩，是自訴，也是訴人。是一種唐代中國下層社會的「顏子圖」，令人感慨萬分。

這首詩的形式，要歸入「五律」範疇。雖然第一、二兩句，平仄不盡適當，似運用古詩手法，且第四句「甑中屢生塵」這句中的「生」字，應作「仄聲」而用「平聲」，在韻律安排上，不無非議，但是詩人卻「扭」了一下，擺脫了聲律的羈絆。

雖在聲律上不拘格調，但並非寒山不諳格律。

這首詩頭兩句，明的是「因」，中間四句，寫的是「境」，末二句，表的是「情」。此情，是因貧而愁，因愁而憔悴，而苦難之情狀，眞正是這位「天臺貧士」的自畫像。全詩無一句一詞不寫「愁」字。貧得生病，貧得親友斷絕往來，貧得鍋裏沒有飯，甑裏沒一粒米；貧得茅蓬漏雨，床舖不能容身；貧得形銷骨立，面目全非。細心體會這首詩境，恐怕比陶潛沒錢買酒喝那種苦況，又不知苦到甚麼地步了。

此詩，雖屬律體，但是詩人的情感、個性，並沒有被格律束死，詩人運用通俗的語言，表達生活上最眞實的景象，引起讀者的共鳴。所謂「莫怪今憔悴，多愁定損人」，只有身逢其境的人，才能體會貧的辛酸與加諸心靈的折磨；古今不知有多少天才，被五斗米困死，實屬人間悲劇。

＊　＊

第四首：象徵詩，也是「問題詩」，是中國自古到今的「問題」；也是由於這個「歷史的問題」，使人類因民生問題而產生的悲劇，在世界每一個未開發的角落，陸續上演！

這首半格詩，用「直韻」，從直韻詩觀點看詩格是沒有問題的。而詩中的主題，卻寫的是中國幾千年來「貧富不均」的問題，同時使這位身受其困的大詩人面對這種問題也束手無策。在基本上，中國的問題太大了，中國倒不是「貧富懸殊」的死結，而是中國人是整個「窮絕」的大病，寒山子又如何解決？

詩裏的「貧驢」與「富狗」，祇是詩人用象徵手法，對中國同胞作苦笑狀的哀詞，我現在來翻譯一下：

窮驢哥家裏缺了十天糧（詩人用一尺布來象徵）；①

能吃飽的狗爺家裏卻餘三斤米（可憐！祇有這一點剩餘。）②

如果讓這貧富兩家來一個「共產黨」（第四句先講，這是倒寫。）④

必定惹得狗爺全家感不平（狗爺雖未挨餓，但也不是企業家啊！不過比驢哥略好一點。）③

這樣硬幹固然能讓窮驢得一飽；⑤

但是哄好一個又打哭一個，狗爺一家又缺糧！⑥

此事我代老哥哥你想一想。⑦

想來想去叫我也弄得滿腹是愁腸！⑧

這便是寒山子看到的中國唐代民間的社會，共產吧！一共全都成了窮哈哈，所以寒山子祇有「安貧樂道」了。

* *

第五首：是理性詩，也是誘發人類良知的宣言。

詩人，寫兩個相反性格的人，他們的行爲，都突破了自我的「預期」，服從「因果律」的裁決。主題雖是「勸世」，但絲毫沒有香火味，本來「如籃盛水，如刀割韮」，是佛經的喻言，從對比手法表現，把「偈子」的枯澀變爲對奸狡者的告誡，與對忠愚者的安慰；透過古詩的形式，使經文的譬喻，產生了活的生命。

瞞人者，上天給你的，是虛無；

被瞞者，上天給你的，是滿足。

正如老子所說：「天道無親，常佑善人。」

如果說寒山子的詩，對世界有什麼冲激力量，這首詩給人的暗示，是善良的人，有時候不免失多於得；但是，上天給他的，是充實著生命的自信與力量，像園中的韮一樣，「快刀割不盡，春風吹又生」。

綜觀寒山子的詩，對人生、歷史、宗教、都令人有問題可發現，可深思；其中有愉悅，有悲哀，有平靜；他的詩的生命與人的生命是永恆的，他的生命，將是中國歷史的活泉。

寒山子，唐咸陽人。生於睿宗景雲初年，歿於憲宗元和年間，相當公元七一〇到八一五年之間。是一個老壽翁。他無名無姓，出處了無痕跡，一生隱姓埋名到底，也極度貧窮到底，他的詩便是他的生活。他三十歲之後，隱名天臺學道，晚年入佛，「大開眼界」，「親見爹娘」。他寫詩六百多首，而今可見的衹有三百十四首，他的詩對民間及佛教的衝激力很大，同時對中國文化的素質也改變很大。此人在近代極受西方及日本學界重視，而我們對之也不過曇花一現，談過就算！實在是肉眼看人，缺乏靈氣！

寒山子詩「空靈高遠」，實非凡品可比，撇開佛教價值不說，在中國文學史上，已有定論。寒山子，可說是中國歷史上一個決定性的，岩石般的巨像。

——一九七九年十一月五日

論蘇曼殊本事詩

(一)

桃腮檀口坐吹笙，春水難量舊恨盈；
華嚴瀑布高千尺，不及卿卿愛我情！

(二)

烏舍凌波肌似雪，親持紅葉索題詩；
還卿一鉢無情淚，恨不相逢未鬀時。

(三)

相憐病骨輕於蝶，夢入羅浮萬里雲；
贈爾多情書一卷，他年重檢石榴裙。

(四)

春雨樓頭尺八簫，何時歸看浙江潮；
芒鞋破鉢無人識，踏過櫻花第幾橋。

＊　＊

蘇曼殊，一八八四年（月日不詳）生於日本江戶，母親河合仙，父系是日本人。母後適廣東香山縣商人蘇傑生爲妾，因此從繼父姓。但據傳記文學三十二卷第二期蘇惠珊的「關於曼殊身世」一文，認定是河合之妹若子所生，若子亦是蘇某之妾。蘇氏在日營商，其妻妾共有四人，原配在粵，河合、若子均在日本。若子是第二妾，想河合是第一妾。因此，曼殊實出自蘇氏骨血。照柳亞子所編「曼殊年譜」等文，曼殊祖父忠郎，父宗郎，均日本人，曼殊被蘇收養，乳名「宗之助」，這就與蘇惠珊的文章所說不同了。可是，蘇惠珊自述她是曼殊同父異母的九妹。她說，若子與河合到廣州後，不容於蘇氏家族，乃移住蘇之外祖家，後因蘇家男丁不旺，曼殊才被接回家，但摒棄了他的母親及姨母河合。若子將曼殊交還後，由河合撫養，她自己則在日本另嫁別人，那時曼殊只有四歲，而蘇惠珊三歲。這中間兩種說法，是否有隱情不得而知！

曼殊的身世，說起來是非常淒苦的。只活了三十五歲，在民國七年三月二十二日因嚴重的腸病死於上海廣慈醫院，他短短一生，太好吃，有泄瀉的病，我懷疑他死於「腸癌」。曼殊由出生、出家、享盛名於文壇與革命之間，直到死亡，彷彿慧星的光束，自夜空一閃即逝，卻留下了永恒的銀帶。

曼殊的人同他的詩一樣，是至情、至美、至眞的流露。我們現從六方面來鋪述。

一、曼殊的身世

前面說過，曼殊四歲回國到香山蘇家，母親走後備受歧視，父死後終被迫於十二歲出家在廣州長壽寺，不久到博羅受比丘大戒（依律童年不可受比丘戒），承曹洞宗衣鉢。後奉師示還廣州，才東渡日本，隨河合氏（河合即曼殊稱之爲母親的日本女子），住在神奈川。

這位「母親」（也許是姨母）對曼殊眞是愛之備至，曼殊十三歲到日本，便受母命，入上野美術學校，學畫二年。十五歲再進早稻田大學，學政治三年。十九歲由中國政府公費，進陸軍成城學校，八個月後退學。這是曼殊的全部學程。自此以後，他與革命、文學藝術、酥糖、黃魚、酒，終其一生。而他身雖溷迹於世俗，一時住寺，一時住酒店，但是終其身，並沒有還俗。

二、曼殊的名號

曼殊幼名，「宗之助」（四歲之前），接着是「三郎」（五歲，回香山後）。

元瑛（正名）、子穀（號）、子谷（號）、博經（出家法名）、曼殊（出家字）、蘇湜（陸軍學名）、雪蜨（自號、與劉三）、阿難（自號、與高劍父）、英（與柳亞子）、糖僧（因愛吃糖，自號，與何震生）、燕影（自號、與平智礎）、阿瑛（與柳亞子）、燕影子（與何震生）、淚香（與劉三）、太倉郭僕（與徐忍茹）、王昌（與邵元冲）、宋玉（與鄧孟碩）、洋皇帝（同上)、孝穆(與鄭桐蓀、柳亞子)、欒弘、弘(與柳亞子、邵元冲)、瀛(與徐忍茹)、阿曇(與楊滄白)、曇鸞(與劉半農)、玄瑛(與柳亞子)、林惠連(與柳亞子)、元英(與蕭紉秋)……。此外散失的信當比這更多。曼殊交遊遍天下，由此可見一代文曲星的浪漫。

三、曼殊的交遊

曼殊的一生，可說是「詩與劍齊飛，色與空共在」。他時際革命之會，足跡遍亞洲，結交天下英雄豪傑名士，自己也是名震八方的野遊僧，他是不避時俗、不侑於塵網的開闔自由之輩，他從不把這副「臭皮囊」當回事。

依據目前可見的史料記載，他與下列人物都有非平凡的交往。不依次排列如是：

章太炎、劉師培、趙伯先、陳獨秀、蔡孑民、柳亞子、章士釗、高劍父、劉三、居正、楊仁山、張繼、鄭桐蓀、劉半農、鄧孟碩、葉楚傖、張默君、邵元冲、何震生、徐忍茹、陳陶怡、沈燕謀、平智礎、朱少屏、蔡哲夫、黃晦聞、馬君武、鄧以蟄、鄧慶初、鄧繩侯、盧仲農、盧謙之、孫伯純、蕭紉秋、丁景梁、楊滄白、陳英士、任伯年、何震(女弟子)、蕙娘、三寶、五姑、黃九、明珠(上均花國之姝)。……在他的往返書信中，有許多以「字行」，一時無法查出眞名，像「阿玉、國香、慧劍」……均不知何人。曼殊的友朋中，最契者當爲劉三與柳亞子二氏，對身無扎錐之地的他，關懷最多。劉三是陸軍同學；柳亞子，本是他的南社社友。凡與曼殊交遊之士，許多人都得到他的「畫」，我想曼殊的「經濟來源」，與他的畫不無關係，否則他早已餓死。

四、曼殊的嗜好

以一個幼年出家、受比丘具戒的沙門而言，他彷彿未在寺裏掛過單，不是住他母親家，就是住旅館、住朋友家、住醫院。他的行徑自是佛門的異類。而他的嗜好，與一個比丘相較，已差十萬八千里。

(一)他天生愛吃冰，一天吃五六斤，吃暈過去，胃痛死，醒後再吃。（章太炎語）

(二)愛吃糖：摩爾敦糖、酥糖，一天可吃三十盒，形同瘋狂，自命「糖僧」。

(三)在「紅燒牛肉、鷄片、黃魚之畔。」（寄葉楚傖等信中）

(四)八寶飯。（陸素靈「曼殊上人軼事」）

(五)生鮑魚加糖。（與費公直書）

(六)火腿、嘉興大頭菜、棗泥月餅、黃埔糟蛋。（與柳亞子書）

(七)柏葉酒（與柳亞子），其他的酒，也可以痛飲。

(八)雪茄。（與何震生書）

㈨上海年糕。（同上）

㈩食生薑炒鷄三大碟，蝦仁麵一小碗，蘋果五個。（與邵元冲書）

㈩㈠呂宋烟。（與劉半農）

這就是一位自稱「寒僧」的仙和尚平日的口味。

此外，他的嗜好，是畫畫、寫詩、小說，在「花國」鬆散鬆散筋骨，但不留戀。也許是他「心不著相」，否則他早已生了孩子，「身與名俱裂」了。

五、曼殊的詩及其藝事

民初前後到現在，曼殊的詩，飄逸靈慧，一直受到青年人強烈的喜愛。在三十年代，讀書人幾乎沒有幾個不會背幾首曼殊的「絕句」。

「絕句」，正如曼殊的生命，在詩的園地，是「短歌」。而他的短歌在中國文學史上，已留下了他的情感與靈魂所混合譜成的「神曲」。絕句自唐宋以下，名家輩出，但如曼殊，全攻絕句者，便沒有。曼殊與前人均不同。他除了天縱的才情，尤其那悲苦自虐的生命——以一個比丘身，寫下那麼多「多情多感」之作，實在是「禪門絕響」。因此，他被人目之爲「情僧」，當不是「口業」。

曼殊的「詩魂」，一來自他出處未明的色身；二來自他幼年出家、青年浪迹革命與文藝的經驗；三來自他的多情。他生命中第一個女孩——雪梅，爲他而早死（「非夢記」的薇香）；第二個女孩，是西班牙傳教士之女雪鴻（「碎簪記」中的蓮佩）；第三個女孩是他的日籍表姊靜子（「斷鴻零雁記」中的靜子）。這三個女子，都成了他那靈感與悲劇性人生的泉水。這三個女子之在他生命中所以造成悲劇，一是雪梅因爲他的家庭壓力而絕決；雪鴻與靜子，則是他出家後的同情者，當時他們竟然不顧他是一個和尚身，而對他付出「柏拉圖」式的情感，便上演了一場沒有結局的愛。

本文所列的四首本事，全是寄情給他表姊靜子。

他那些艷美淒涼而無可奈何的詩句，讀之都令人心爲之碎，神爲之搖。下面再錄四首，以見其情。

㈠**本事之二**

丹頓拜倫是我師，才如江海命如絲；
朱弦休為佳人絕，孤憤酸情欲語誰？

㈡**示仲兄**

契濶死生君莫問，行雲流水一孤僧；
無端狂笑無端哭，縱有歡腸已似冰！

㈢**偶成**

人間花草太匆匆，春未殘時花已空；
自是神仙淪小謫，不須惆悵憶芳容。

㈣過延平誕生處

行人遙指鄭公石，沙白松青夕照邊；
極目神州餘子盡，袈裟和淚伏碑前。

* *

曼殊的詩太美、太淒涼、太殘酷了。前人強可與之相似的，我想詩人黃仲則、詞人納蘭性德有幾分。由哀情產生出來的詩篇，美是美了，奈何太纖弱柔荏了些。天才薄命，這也是造化太弄人了。

「曼殊集」中有九十七首詩，除三數首五言外，全是「七絕」，曼殊是「七絕」奇葩。在曼殊所有著作中，有「無題詩」三百首，見不到。集中收無題詩只有八首，而「本事詩」倒有十首。

曼殊除了詩作外，他的小說風靡了民初文壇。他的「非夢記、碎簪記、焚劍記、絳紗記、斷鴻零雁記、天涯紅淚記」，全是哀情、奇情、纏綿悱惻之作。小說之外，曼殊精通英、日、梵文。有許多譯作、雜著。他譯拜倫詩，雨果的「悲慘世界」，著「梵文字典」，一世英才，竟以早凋，天何言哉！

六、曼殊的思想意識

在坊間，我們可以看到一本面目寒傖的「曼殊大師全集」。至於他的作品（包括畫），究竟佚失多少，沒人知道。自他死後，並沒有一本專門研究他的著作出現。他的材料，早已隨大陸淪陷而湮沒了。我們研究他，只能靠這本「語焉不詳」的全集，和零星的雜文。

全集裏，收有他關於佛家文字的，有三篇：

㈠是「儆告十方佛弟子啓」。

㈡是「告宰官白衣啓」。

㈢是「嶺海幽光錄」（含二僧事）。

不要小看這三篇埋沒多年的文字，就它對佛門而言，倒足以使「貪夫廉，頑夫立」的，其護法情懷，至爲感人。

我們不要以爲曼殊是一個佛門浪子，是「不清淨的沙門」，但是他「身在曹營，心存漢室」。他的友人「都是當時俊彥」，來往應酬，雖然不像一個戒行清淨的比丘，而卻也沒有忘記隨時與人以文字結佛緣；相反的是，他的友朋圈內，沒有一個和尚；我不知道他目中是否認爲世間的逐飯僧太多，而不願多費精神；還是佛門大德，本來就不屑與之爲伍？

曼殊雖然是仙子般謫下凡塵，黃魚、酒、雪茄一齊來，甚至隨緣與名花作詩文之戲，但是他的人，卻是相當淸白無瑕的！

曼殊之淪爲文學僧，我想主要原故，是因爲他十八歲時，披鬀師贊初長老之圓寂與師兄遠遊，剩下他東飄西蕩，等到日本後，隨俗入流，才逐漸走上日本僧的道路。

曼殊初在曼谷會學梵文於喬悉摩比丘。二十五歲與楊仁山居士往還，次年去爪哇，講法於中華會館。二十七歲朝禮印度聖迹。作爲一個比丘僧，他沒有維持中國比丘的「戒體」，作爲一個「人」，他還是夠了。

——一位天性純潔的短命詩人，一位葬在西湖之濱的流浪釋子。

——一九七〇年一月十日

註：臺北三民書局於本書出版前，已有劉心皇著「蘇曼殊大師新傳」發行。

正法品

論佛家思想與世情的衝突

各位先生，各位同學：

今天，我們要談的問題，是「佛家思想與一般世情的衝突面」。今天，我們談的也是「反面問題」。

由於一般人在常識上，不了解佛法，總有人在概念上認爲佛法應該歸入深山裏去，它與「人性」有一段距離。今天，在常識上，來討論這一距離——人性與佛法的衝突，應該如何調和？而它們底距離，基本因素在何處？我現在就提出五個基本論點，來與大家研討。

第一是出家與在家的問題。很多人說，如果天下男人全都出家了，那世界怎麼辦？

第二是欲與無欲的問題。所謂「欲」，就是「愛欲」、「欲念」，也就是生殖問題。如果斷欲了，那麼生命無以延續，怎麼辦？

第三是吃肉與素食的問題。如果天下人都吃素，禽獸横行天下，素食尤其無法滿足人類的口腹，怎麼行？

第四是靈與物的問題。這個宇宙間，是否確有「靈」的存在？現在透過科學來實驗，還無法愷切地告訴我們，鬼神是有還是沒有？

第五是「善」的層次問題。我們時常聽到人說，每一種宗教都是「勸人向善」的，既然如此，那麼我們信鴨蛋教、統一教也一樣；不一定信佛教，是不是？換句話說，沒有宗教還是一樣——你祇「向善」就好了！

現在，我們在討論上述五項衝突之前，有一個基本的前提要解決，也就是「人性與宗教」（一切宗教）在基本上就是衝突的，我們以這種衝突，來作爲討論問題的前奏。這一衝突是什麼呢？

我們要了解，社會上各層面可以看到不同的人，有不同的思想，不同的說法；有的是擁護宗教，有的則反對宗教；其實，史前時期的人類，根本無所謂善惡，無所謂道德，無所謂理性。卽使今天世界上仍有若干「蠻荒」地區的「類原始民族」，還是憑藉本能行事。他們不但沒有文明，沒有知識，也沒有善惡是非。人類的知識、理念，對他們全然是一片空白。原始人本身旣無所謂道德、善惡、宗教，那麼他們憑什麼來支配自己的人際規範？是憑著單純的生物本能。他們第一要滿足自己的是「吃」——活下去。其次是「欲」，生兒育女，延長種族及個體生命。

這是他們與生俱來的兩項強烈基本欲望。在這一情境支配下，不用說，道德意識、宗教信仰，是沒有用的。但是，道德意識從何處來呢？——這是由於原始社會緩慢地、逐漸地進步到初度文明，再由初度文明發展出人類「道德意識」，跳一級，再產生宗教信仰。

原始人在本能支配下，無一切理性活動與良知。當他們看到宇宙一切「不按牌理出牌」的現象，令人死亡、覆滅、苦痛，遭遇到不可知、不可想的毀滅；他們恐懼、逃避、祈求，爲的是生命安全。古人有言，「千古艱難惟一死」，死的問題，不但威脅現代的文明人，當然也無情地籠罩著遠古時期的人類。所謂「千古蒿萊共一坵」，古今同然。

原始人由於害怕死亡，逃避死亡，祈求安全，便靈光一閃，發現「愛人」也是一種逃避死亡的方法之一。因此，「道德意識」在混亂中萌芽。「道德」竟然成了死亡的庇護所。——基本上，道德由死亡產生。

人怕死亡，怕被殺害，怕安全受威脅，怕一切茫然的壓力。因爲每個人死亡的情境不同，有的「自然死亡」，有的橫死，有的死於天災、人禍、傳染病以及野獸的侵害等，當他們遭遇到這些噩運時，就想到如何去設法保護生命。

然而人類由於對宇宙間的災害無法絕對挽救，由於死亡無法完全避免，加以自身對於自然知識的懵懂無知，因此想像到這龐然無限的宇宙之背後，必有一不可知、不可測、擁有無形的支配生死的大手，來操縱一切。是它，使我們生，使我們死，我們要維護生命安全，是否可以透過祈求它，來延綿生命，來活得好一點，來避免噩運。由於逃避死亡的企望，因此引申到，一個人必須做好事；由自己怕死，推演到不可傷害他人的這一概念，而建立善惡二元的理性觀念，再演化爲具體道德模式，然後進入文明的晨曦初期。

在文明初期，有些先知（思想家），深知文明萌芽期的初民對於大自然感到茫然、恐懼，而提出一簡陋的道德範疇，來約束人類行爲，進而成熟爲一種完整的倫理哲學，於是文明因「道德」成型而大放光芒。說到宗教，古代思想家對於宇宙現象，能夠用知識、思想、行爲加以解釋的部份，發展爲科學。例如：雷電、颶風、水火在先民而言，都已建立一套「神制」系統，並且井然有序。但是先知們卻冷靜地觀察、判斷，把它發展成爲胚胎期中的電學、空氣力學、磁場學……。這些思想家並不一定透過實驗得知，宇宙的自然現象不一定是「神的作用」，但只經過「推理」、「觀察」，即已肯定，那些先民不可解的，他已可解了。在地球越來越可解的部份，成爲科學；由於人類逃避死亡，發展爲「道德」；最後——宇宙太神奇了，不管先知們如何睿智，宇宙間畢竟還有許多不可知的奧秘到今天依然無法了解。使孔子、亞里斯多德到愛因斯坦都一籌莫展。這些不可解的玄奧，變成了哲學家以及宗教家們所追尋的對象。因此，這也是哲學與宗教的根源。

現在由於人類歷史，已數千年，宇宙間很多問題，已逐漸經過求證了。所以在人類思想上與宗教的距離，也愈來愈遠了。文明人對「上帝」的信仰也愈來愈薄弱了，進教堂的人也越來越少了；即使進了，對上帝的虔誠已經沒有了。由於科學的發展，也使人類對宗教的疏離感，逐漸加深。但在基本上，還是由於人類的「本能」。「本能」這東西，有一部份是附合宗教，而另一部份則背離宗教，也即是反宗教。所謂「祖宗不足法，道德不可崇」。其中原因，除了由於文明發展之累，造成人與宗教的脫節，最大因素是人性的黑暗面——過度強烈的欲望。宗教本身除包括「道德意識」之外，同時還包括「生命永恒」問題。本能既是外爍的、反宗教的，因此本能所要求的與宗教所要求的不同。宗教要求人類的生命，是昇華到「絕對」的層次；人類的道德意識被要求到「至聖」地步，但是「人非聖賢，孰能無過」？由人到聖，這是一段遙遠的路程。

人欲是永遠無法塡滿的。生命的胃囊，原是如此。在黃春明的「莎喲娜拉・再見」一書裏，提到日本商人來臺灣，下飛機就直奔「礁溪」（另一個北投），這一夥七個人：馬場、落合、田中、田村、上野、佐佐木、竹內——「千人斬倶樂部」的成員，他們除了自己太太之外，絕不跟同一個女人睡兩次覺。他們訂有規約，以一千個爲目標，他們一出國，南美、韓國、臺灣、東南亞……都是他們獵艷之地。他們似乎也有一套「淫欲哲學」，那是日本武士道式的：

劍道——乃是人道，

劍在——人乃在，

劍亡——人乃亡。

他們斬的是女人的白肉。

人類天生是「人盡可妻」，所以「千人斬」是道德上的陷阱，是文明社會的罪惡。但如果一任本能發言，也就無所謂罪惡。試問虎狼吃人，牠是不是犯罪？那麼對原始先民言，殺人無罪，「罪」是文明人的律令。原始人一如嬰兒，他對罪惡不負責任，而善惡是後天——道德世界的產品。

王陽明悟道偈云：「無善無惡心之體，有善有惡意之動，知善知惡是良知，爲善去惡乃格物。」當文明世界尚未建立，本能當道，此時祇有介入宗教與道德，才能驅除人類的野性。「爲善去惡」，作爲一種「良知」，昇華爲聖哲，毋寧是人性的純化。人性在基本上有反宗教的素質，而宗教提撕人向美、向上，而本能相反，偏偏猶水之就下。要它向上爬，是失敗多於成功的。佛家用「戒律」來規範出家人，如比丘二百五十戒（實際上二百四十八戒），比丘尼五百戒（實際是三百四十八戒）。居士們的五戒、菩薩戒。「戒」正等於文明社會的法律。受戒容易，守戒困難，它不僅純粹針對人的具體行爲，而且包括心理行爲。一個學佛人基本戒，破了一戒，很可能戒戒都會破；人類的心理堤防不能崩潰，一旦決堤，也會像黃河的水一樣，盲目地一瀉千里無法收拾。佛家的戒律在建立一個完整的道德模式，其基本論點在此。事實上它比儒家的以「仁」爲中心的倫理規範，嚴密得多。儒家只叫我們這樣做，但是太抽象，而佛家則用「成文法」要我們去實踐。

所謂人性的成色，絕對無法用刀一分爲二，左邊是人性，右邊是獸性。人性毋寧是混合的剖不清的東西，因此你斷定某人是絕對好人，某人是絕對壞人，非常不可靠。因此，人生是七長八短的人生，人性也是高高低低的人性；一個凡夫俗子，不透過宗教情操，是無法升高到良知的一定水平的。所以很多優秀的作家描寫人性，絕對不會塑造一個絕對聖的人物，相反地也絕不塑造一個絕對惡的反面人物。在庸俗的世情中，總是好好壞壞，善善惡惡，二分法的人物畢竟太少，而且「好人」很可能在某一特定的因素下做一件「絕事」；而「惡人」也可能在某一契機中，做一件「大善」，絕對的「聖」，是歷史上的奇葩；絕對的惡，是人性中的異數。

今天談到人性之反宗教——如果我們捫心自問，讓意識流狂放奔馳，恐怕世界上沒有幾個可以稱之爲「人」的。老實說，人類之所以沒有讓自己意識流牽著鼻子走，我們沒有讓行爲去代替「妄念」，是因爲人類文明給我們的「道德情操」，來拉住我們，不要我們向下墮；向下墮，像對不住自己的靈魂一樣；不，不是對不住自己的靈魂，而是另一種透過文明發展的道德模式來框住我們，如果不是文明，沒有宗教，不信宗教的話，我們很可能像野獸一樣，今天要淫這個，明天要殺那個，後天要搶那個；平時有些人會自言自語：「如果我不信宗教，我要殺盡天下人」，這不是兒語，也不是氣話。

我們常常看到有些人家驅除白蟻，婦女們將汽油往白蟻窩上一倒，然後點上一把火，千萬隻白蟻與牠們的卵便化爲一陣青烟，彷彿宇宙要毀滅一個星球一樣。但是那個燒白蟻的人，焚燒千萬隻「未負罪惡責任」的白蟻，而一無愧色，一無悲憫之情；人，只是爲「自己」。看看，人性多麼可怕？

人，生而不一定就具有「悲情」，悲情從何處來呢？它是人類文明與宗教道德產生的，而不是「本能」。人如不能服膺道德規範與宗教理念，人性與獸性實在無法加以區分。人性之反宗教，由此可見端倪。

前面講的是「泛宗教」問題，每個宗教皆已肯定了道德框框，宗教若無道德支持，那是什麼宗教呢？救什麼人呢？

現在，談到這裏，歸入到佛家的個別問題。首先談——

一、出家與在家的問題

佛教自從公元六十七年（東漢明帝永平十年蔡愔回國）到中國以來，在思想上受到儒家杯葛得最大最深，其次是道教的黨同伐異，也最受民族本位派中國知識份子所反對；中國「讀書人」，罵佛敎僧徒「不忠不孝不仁不義」，就是因爲他剃髮出家。

立論淺薄之流，慣常說「假使天下男人都出了家，面臨斷種怎麼辦？」在今天看來，稍有常識的人都知道，這種假設太荒唐。世界上怎麼可能每個人都出家呢？正等於孔子希望每個人都成爲聖人，大家也都讀過聖賢書，試問人人都成了聖人沒有？因此每個人都要當和尚，其不可信度，除人性因素之外，學佛人要出家，還要照「戒律」上辦才行。比如說：一個在家的居士要受五戒、菩薩戒，家裏有父母的要經過父母同意，有妻子的要經過妻子同意，而女性亦然。至於出家，問題就更嚴重；凡有父母家室之人，不管出家、受戒、素食，如家人不同意，而強行任性，都是嚴重地違反戒律；請問，一個虔誠入佛門的人，未入門先犯戒，這種人如何能學佛呢？有人說如果他的父母、妻子永遠不同意他出家，那麼他就鐵定終身了是不是？這種話是一位純無佛學素養的淺薄之調，佛家講因緣，有時好緣會轉變爲壞緣，有時壞緣也會轉換好緣，這有待人爲。天地間那有一成不變的事？即使鐵定了，你也要「隨緣」啊！

由此可見，出家實在並不單純，這還是客觀的問題；而主觀的問題更多。今天社會上出家的比丘愈來愈少，可見出家的問題也越來越嚴重了。你還擔心天下人都會剃光了頭嗎？現在社會上信佛羣衆之間的比例，比丘已更形單弱了。今天中國大陸的比丘，已被共黨政權消滅乾淨，而臺灣的出家比丘、比丘尼總數八千人，如包括香港、新加坡、馬來亞、美國，以及世界其他各地的中國比丘，總數也絕不會超過一萬五千人，以全世界而言，自由地區的各國出家衆（日本的娶妻住寺僧不算，——其中以泰國爲最多），合計大約不超過五十萬人。世界如今以四十億人口計，只有五十萬佛教出家衆，其比例是八千分之一。

我們回憶，三十年前，中國內地的深山叢林，出家衆五百到一千人，不在少數；而全國中級以上寺院，達五十萬座，每寺以僧平均三十位計，也有一百五十萬比丘、比丘尼。我這是最保守的估計；加以各地僧衆十人以下的鄉鎮寺院，以每寺十人計，大約也有一百五十萬人（西藏、蒙古的喇嘛不計），合計有三百萬出家人。今天的自由世界佛家僧衆與當年的景況比起來，可說明僧寶已凋零殆盡，而衆生發心承傳佛陀法統之人太少了；何況還有主觀條件限制，如此擔心男生都出家了怎麼辦，豈不多餘？事實上，我們爲佛法著想，不是擔心男子出家了怎麼辦，而是應該憂愁，比丘從地球上消失了，佛法怎麼辦？

我們再看大陸來臺的法師們，由於「主觀信仰」而出家的較少，他們大多是由於家庭「傳統」因素，命中尅父尅母，或者註定多災多病，由家人捨寺爲沙彌；另一客觀原因，是因爲家境極爲貧寒，父母無以爲活，只好捨子出家，除此無第二條路可走。

文學博士聖嚴法師在他「歸程」一書中提到，他在常熟的家，貧得山窮水盡，無隔宿之糧，在父母淚眼婆娑裏，走上出家之路，才不過十三歲。聖嚴法師出家後，到上海讀佛學院，三十八年大陸變色隨軍來臺，在軍中堅持素食，十年後，還其本來面目，並依佛制再行剃度於東初長老座下。法師由於家境貧寒而出家，但在出家過程中，卻肯定了佛家的眞義，等到他「有能力還俗」時，他毅然選擇出家之路，畢竟佛家思想對一個強者，有它的高深義理存在。

復次，出家不出家，是一個「人各有志」的問題，我想決不在於第三者的強人同己。現在，社會大衆幾乎都有了一定尺度的知識水平，普通的佛書，並未構成否定佛理難入的理由；我們想想，天主敎徒，也不是人人都是神父修女，「我之立志獻身於眞理」，在自由社會，應該是理直氣壯的行徑，我們又何畏人言？在家與出家，任人選擇，釋迦牟尼並未強人所難！

二、欲與無欲的問題

佛家基本理論上有一種肯定的量境，即「愛」的第一義，便是「欲」。有情生命祇要由於異性而引起的愛慕，都是「欲」。欲是人類生命的根源，生死煩惱的根本。佛經上說，「不斷淫欲，如想成佛，就如用沙子煮飯一般的困難」，事實上它永遠不會成功。

在這裏，我們要案一下：「欲」在中國儒家，是天經地義的；所謂「飲食男女，人之大欲存焉」，「食、色，性也」。「夫妻男女，人之大倫」，在儒家的眼光裏，這是常道，相反地，它視佛家的斷欲，卻是「異端」，並且要「火其書」、「人其人」的。

佛家思想，在這裏遭遇到無情的痛擊，因此，在人情上，這是非常大的敏感地帶。佛家面對這個問題，態度依然是堅決的；斷欲是很「艱難的事」，人在欲中，如蛆附骨；男女相悅，有些小說家形容「欲仙欲死」。經過淫欲的糾纏，沒有幾個人逃過這一關；而佛家這種快刀斬麻，那麼完了。

佛家爲什麼這樣堅決呢？照這樣說人類眞要斷種了？出不出家倒不成問題，那是少數人的心向；要我們斷欲，那太過份了。而佛家正是如此，如想成佛，欲必須斷，不僅行爲要斷，連念頭也要斷。有人認爲：我們選擇佛理，祇因它太深博契機了、太完美了；吃素倒還可以，如不結婚、不要太太，那絕對不可以。因此有些宗教，尤其是儒家頑固派，以這一問題，來杯葛佛家。

因此，對「斷欲」的問題，我們用上一節的方法，一分爲二。一方面是出家必須斷欲，你要爲你的誓願犧牲到底，而你的收穫，比這大千萬倍——成佛。另一方面，在家做居士，要不要斷欲呢？——對這一點，我們要知道——釋迦牟尼，是先知型人物（大思想家兼宗教家、哲學家、行爲心理學家）」，難道他對「男女大欲」的問題都不明白嗎？釋迦也結過婚、生過子，他不知道愛河難渡嗎？我們如果涉獵過「戒律」方面的佛典，我們必然會知道佛家對「人性」的透剖，已超過任何解剖心理學以及心理哲學、犯罪學，而歎爲觀止。釋迦對「人類」所發生過的事情，彷佛都歷歷在目（可參看聖嚴法師著「戒律學綱要」），所謂「佛觀一瓢水，有十萬八千蟲」，距今天二千五百多年前，他憑着「直覺經驗」，來證明宇宙衆生，無央無數，爲了慈憫，不殺生，作爲修道的助行，作爲成佛之途中的一種幫手，他要弟子們建造濾水池來解決「飲水問題」，事實上，也消除一部份傳染病的問題；而就現代人的眼睛來看，一瓢清水中也沒有蟲呀，除非用顯微鏡來觀察。所以釋迦對人性可能發生的罪惡，眞可說是見微知著，他根據人們犯過的罪疚，來制訂戒律，而不是先用一種僵硬的律法，來框住每個人的行爲。並且對出家（比丘、比丘尼）、在家的學佛者，分別訂定不同的律例，來適應不同的對象；戒律中，從犯意，到行爲，以及何種程度的犯行，將獲得何處的罪相，都剖析得十分嚴密清楚。

我們在家人學佛——做「學者」、做居士都可以不必出家，「在家」一樣地可以做「維摩詰」。佛家的學派、方法很多，像禪宗、淨土宗、天臺宗、華嚴宗、三論宗……可適應各種根基不同的人們所需要，研究學理也可，實踐力行也可。由於斷欲，徹底地了斷，那是非將相所能爲的——比丘們的事，但是也有少數「居士」，不出家，也不結婚，因緣別具。斷欲，不僅在形式上去了斷，而意識上斷不斷沒有人知道；這純粹是自身「人天交戰」的事，意識不斷，還不行。

人類的「欲」（愛），與生命同存在，所有生命，都是如此。無始以來，這種力，便限制生命的昇華；它是「魔」，你道高一尺，它魔高一丈。你說，那我不學佛算了，那麼誰又勉強你呢？佛法本來是講因緣的啊。有一位老法師，曾在一篇文章裏道出：他出家修行六十多年，今年已七十多歲，但遇到美麗的女人，還會爲之砰然心動。他很坦然道出愛欲的糾纏。可見這不是「要斷不要斷」的問題，這完全是修道的功力問題。你對那個如鬼魅般隨形附體的魔影，能不打妄想嗎？能沒有念頭嗎？除非你死了不想，吃一天飯，就是一個摔不脫、躲不掉的「存在」，你會想，你會入魔，你會無端地陷入「地獄」。人與欲，是一元的混沌。八十歲老翁與十八歲女孩結婚，實在大逆不道，但是老者不如是想，他只站在情欲的一面，那種東西牽引他下墜，那是「罪惡」嗎？只有天知道。這「無明的根」，紮得這樣地深，怎麼辨呢？

假如我們是「居士」，沒有人限制你斷欲，斷不斷欲，要看你對佛道的實踐工夫深淺來決定。比丘呢，有「有形的戒」，和「不到源頭死不休」的意志來解決；不斷欲，你能入定嗎？不能。「財、色、名、食、睡，地獄五條根」，不斷，怎麼能成佛呢？——佛是光明清淨身啊！

對於泛無遮蓋的欲底處理，對方外人，佛家先用「戒」。（你要犯戒，那是另一回事，那是你道力不堅，還俗也罷。）對在家的佛弟子，經典規定了夫妻互惠的忠誠保證，凡是溢出彼此的契約行爲，都叫「邪淫」，邪淫在居士也是犯戒的。

佛家並沒有叫我們做兩個住在一間房裏的「阿難與摩登伽女」，讓彼此的魔來互相勾引對方，因此不要爲「斷欲」問題發愁，金鋼是要經過千錘百鍊的，我們對佛理瞭解圓融了，對佛道的工夫深刻了，到某一階段，自然會水滴石穿，湛然不動，心如明鏡，如月在天，從凡夫情境，逐步地從體認情欲的因緣，調節情欲，直到了斷這一念。到這時候，你已大夢初醒，天地惟你獨尊。

三、葷食與素食的問題

二十年前，我三十六歲，七葷八素什麼都吃。二十年來，透過生活上實踐，感覺素食除了在社會上比較不方便之外，體力、精神與一般人並沒有差別。我在素食以前，因來臺後，氣候不適應，把胃弄壞了，感覺既然壞，乾脆讓它壞下去算了。吃素，讓你更壞；而事實證明，並沒有更壞，一天工作十小時八小時，埋頭苦幹，也無所謂，而且恢復體力很快。每天回家，再累，休息二十分鐘之後，也不累了。這不是說我故意渲染素食的偉大，因爲時間已考驗我二十年了。可是——素食，除了一般人在「營養」上杯葛佛家之外，在世俗的論調上，有很多宗教這樣講：豬啊，鴨啊，本來就是生給人們吃的，不吃的話，畜生不是遍佈全世界了嗎？我們人都要被牠們淹沒了。這話問的，看起來很有道理，但是實實在在很沒有道理。現在，我們的世界——非洲地區沒有佛教，難道他們被畜生淹沒了嗎？世界上，有許多高度繁殖的生物（像黃鼠狼），人類沒有去殺牠、吃牠，牠們並沒有充滿世界。天道很奇怪，有很多族類，常會透過種種方式，轉彎抹角地自己消滅自己。有些族類，每繁殖到一定的階段，便會集體自殺一次，北歐的一種鼠類、鯨魚，都有這種紀錄。

素食問題，除西方宗教鐵定認爲所有家畜，應該被人吃掉，否則猪羊鷄鴨遍天下。在佛家言，祇是在生命價値上，把一切有情，都提到同等的地位，基於此一因素，才告訴我們不要肉食，同時在理論基礎上，「羊死爲人，人死爲羊，人羊互噉」的因果定律，也支持這種素食的地位。老實說，誰不喜歡吃葷菜？葷菜的花樣多，色香味強烈嘛。因此，有些老先生，吃了幾十年的素，到臨死邊緣還要開齋呢！有些比丘還俗之後，依然大魚大肉，不亦樂乎？況且你一朝素食，總不能每天上素菜館吧！要上素菜館，一碗名實不副的淸風陽春麵，惹得堂倌們吹鬍子瞪眼，沒有勇氣的素食者，遇到這種景況，連頭都抬不起來。

今天，我們學佛人，要考慮的，不是素食方便不方便、好吃不好吃的問題，而是原則與世俗是否衝突的問題。如堅持原則，就不要考慮世俗之見，以及自己的「口腹」；要素食便素食，不素食便不素食，今天號稱信佛的人上千上萬，而素食者不足百分之一。這是「意識」決定「存在」，與別人無干。釋迦並未強迫何人素食。很多老居士學一輩子佛，看起來專一又虔誠，就是離不了葷腥，並且無肉不下飯，但是講起道來，卻天花亂墜。反過來說，大家都素食了，但是你的心比肉食之輩還骯髒，素食又何用？你嘴裏不殺生，心裏殺生，沒有意思。素食不素食，是一種「人格完整」的行徑。如果出家，你沒有選擇。中國佛教原則是如此。

佛法到日本一變，娶妻、食肉，連鈴木大拙禪者，也有太太。日本的「比丘」非比丘，住寺作住持，實在是「心淨口不淨，道淨身不淨。」日本佛教的學術夠偉大，豈奈「素食何」？今天「素食的佛教」很可憐。純素食，已經危險到祇剩臺灣、香港、星馬、菲律賓，以及美、澳等地零星的中國籍法師和在家居士了。可見人類堅持原則是一件多麼「艱難困苦」的事。

「吃素」會短壽嗎？早被醫學家否定了，壽命與素食無關，但是你過分刻苦自己，做「苦行僧」，也許有點影響，可是很奇怪，苦行僧倒是長壽的。

再說回來，原始佛教、南傳佛教、密宗佛教，都是非素食的。佛法到東方來，中國人是第一個佛教的素食主義者。日本人把佛家的獨身、素食主義打消了，穿着出家的僧袍，蓄妻子，但是莊嚴的佛家生活也壽終正寢了，這與高度的學術成就，得失之間，是千秋難定的。不過我覺得：中國佛教已經淪落了。它們已受到日本佛教負面的強烈污染，以前中國寺院，從無現在這種每況愈下的現象，觀之今日中國佛教寺院裏，祇住單一比丘或比丘尼的已經很少，而嚴守比丘不爲比丘尼剃度，比丘不以比丘尼爲灑掃的又幾希？——流風所至，歷史之變轍，能不令人浩歎？

過去，大陸佛教有心理上的約束，比丘祇爲比丘剃度；比丘尼由尼師剃度，在戒律上才有「清淨」的憑藉可依，否則，這種隨緣，是否犯戒，已有問題了（經云：釋迦曾爲姨母大愛道等比丘尼剃度，因當時沒有比丘尼，是從權措施，此後，則不容續作規範）。今天，能找一間「清淨」的寺院，已經很難，惟一例外，卽是「一個出家人一個廟」。佛經說：末法時代，就是這個樣子。佛法走下坡，最後連比丘也沒有了。其次是居士傳法，接受弟子，一如出家人建立法系，比丘拜白衣，佛經之寓言，都一一出現在我們眼前。佛陀透過慧眼，親證境界，看到宇宙無限長的未來所發生的事，看得人不寒而慄。釋迦佛能說什麼——法爾如斯。看過許多經典，以及戒律學的書，才覺得人心之可怕！但是，請記住，這是「世間法」的常態。今之僧寶無辜，我們不要以爲某位法師的寺裏住着比丘尼，某位法師爲比丘尼剃度過，就生輕慢心，要知道，這是形勢，個人在這一末法時空的壓力下，是大海的浮漚，連釋迦佛自己，也要慨歎衆生難以盡渡；如果你眞能力挽狂瀾，重建佛門興廢，那你就是一時之聖了。

信佛的人，尤其我們在家居士，要將「信仰」與眞理活用，而不必以出家或素食問題，作爲一種心理障礙；另一點要知道的是，釋迦牟尼佛當時在雪山修道，並未以「素食」爲惟一的生活方式。因爲印度很熱，當時的比丘們都是過午不食，寺裏也不蓄糧；多是清晨出門托鉢，乞回來的飯菜，也不一定全是齋菜。因此，原始佛敎「純素食」問題並不嚴重，他們祇是不殺生，而他們遵守的是「不是我殺，不爲我殺，我不見殺」的三淨原則。佛經上告訴我們，「素食」是一個佛弟子堅持修道的起碼條件；而人心不淨，念頭不斷，即使勉強素食，要想把自己的境界，提到「佛土淨」的水平，是有問題的。「素食」，是一次「考驗」，一項「水到渠成」的行爲，不是情緒衝動的後果。西藏蒙古「活佛」（當然不一定是得道的「活佛」）牛、羊肉什麼都吃，那麼他是不是永絕金剛法界之路呢？這我不知道。我祇知道他們的地域難爲純素，等到他們離開那山高冪寒的荒涼之地，也就想不起素食了。卽使他會念咒爲死者（他吃的那些）加持，又何補於物我同悲之理呢？

一個人旣立志學佛，生死都可放下（你必須有這樣勇氣才成），又何況乎「素食」這點小事。你爲素食而發愁，又偏要脫離苦海去學佛，恐怕也學不出什麼道理來吧！

像西方人——蕭伯納、鄧肯、密勒，甚至甘地們素食，他們另有一番解說，道不同不相爲謀。我們不必去西化自己；一貫道、五斗米教、同善堂，這些中國雜神教也素食，他們是撿佛法的牙慧；祗有以佛法來「立命」的釋迦牟尼座下善男子、善女人，才以生命同體爲目標來實踐「素食主義」。而素食祗是整個佛道上的小事，卻是學佛人的第一關。

我們莊嚴生命，不可隨俗，大道當前，鬼神讓路，還有甚麼比素食更爲神聖的事？

四、靈與物的二元問題

一般的宗教都把生命區分爲三個層次：上層是「天」（天堂、上帝、眞主……），中層是「人」（死後爲鬼），下層爲「地」（爲惡入地獄受苦）。這三個層級，以中間層的「人」級爲主軸，爲善能升天堂，爲惡則下地獄；而「中庸的人」，就只有死後爲鬼，然後再轉化爲人。

這種生命觀與佛家相比，他們缺少三道。佛家的生命層級是依「造作善惡」形態，而分化爲「六道」。一是天道（三十三天），二是阿修羅（屬於天人之間的生命），三是人，四是畜生，五是餓鬼，六是地獄。前三道是由於「善業」牽引，爲「三善道」；後三道是由於「惡業」蓋覆，是「三惡道」。這六道，都是「輪廻之內的衆生」。

在六道之外，超出三界（欲界、色界、無色界）之外，是四聖界。一、絕對頂層是「佛境」，二、塵沙無明未斷是「菩薩」，再下來是獨悟生命之理的「緣覺」，最後是因感生死之苦而成四果的「阿羅漢」。這是佛家的因緣果報輪廻論，它較一般宗教思想爲廣泛。我們現在衹談「靈」與「物」的對立問題，暫不作宗教上的比較研究。

我們在這裏所談的物，指的是「世俗世界」。「靈」，是指有意志的精神世界。

現在由於科學文明愈來愈發達，事事講求證，卽使一般標榜人文科學的學者以及哲學家，對鬼神的存在問題也沒有公然肯定。一般人情對「靈界」掌握不住，恍恍惚惚，中庸派又相信又不相信，相信它卻又抓它不到，不相信吧又怕它到處「顯靈」。他們一致的論調：我沒有看見，我就不相信。有些「阮瞻派」中言，我假使看見了，還是不相信，是幻覺嘛！——難道看見了還眞地不相信嗎？我就看到過這種人，而且很普遍，也許我們的朋友中間很多人都是這一派。

現在人與「靈」變成了一個對立的問題，今天我們「承認」它還是不承認？爲甚麼世界上有這樣多的人親見廬山面目，還依然不相信？在器世界，我們就生物的行爲環境而言，誰也不能在青天白日之下看到鬼神佛菩薩；因爲他們是一羣不佔有空間與時間的「能合體」。我們看不見的話，是不是代表他們的不存在？它之存在與不存在，對於人的世界而言，究竟會不會產生一種難以肯定的後果？我們無視於它底存在——如果它肯定地不存在，宇宙間萬物是一團屍骨，經過一度大毀滅，便成了一陣烟，風吹雲散——那麼，這一心態、這一事實展現人們之意識間，人們就可以隨著自己的本能亂來，可以無視一切所謂的「良知良能」、「因果定律」，可以不受一切宗敎、靈界的約束，心裏怎樣想，行爲就怎麼做。既然沒有道德規範、沒有宗教意識來約束人類這顆萬惡的人心（或者說善惡不分的心），那樣，人類的災害，恐怕實在就難以估計——就像洪水猛獸的災害一樣了。

假使沒有「靈」的世界在暗中提持我們的話，那麼人性不知要變成那一種恐龍的後裔了。那麼目前幸好的是，一方面文明的演進造成了科學，另一方面人對宇宙（一切有情）究竟了解得還太少。不說別的，近來若干年出現在世界各地的「幽浮」現象，就把我們弄得七葷八素，何況到處還有許多鬼故事、狐狸故事、通靈的故事、轉世的故事，如泣如訴。這是信不信由你的問題，都是普遍存在人類心靈間的事實。因此，小心點吧！睜著眼的世界看不到鬼，看不到神，也見不到佛；但你那脆弱的心裏，依然在尊重這一層的「精神世界」。這一世界，是無需求證的「存在」世界。它是一種超越的絕對存在。這一世界我無法拿給你看，尤其科學家說，我沒看到，我就不承認——這一問題如何解決？

我告訴你：我看到過，我同他們交談過。大家一定以爲我在這裏演文明戲，開科學家們的玩笑。

——有一次，是民國五十七年吧！在北投的丹鳳山、情人廟下坡，路邊的一座寺院——觀音院（不信你可以去查訪），寺裏的住持，比丘尼修圓師，與我在街上相遇。

他說：「陳居士——」

我說：「老法師好，很久不見了。」

他說：「你要不要看一位老和尚放光？」

我說：「放光？我倒沒見過。人會放光嗎？——好像電燈那樣放光？」

他說：「我們選一天開『放光法會』，你去不去隨喜？」

我說：「去。」

——下面因爲情節很長，我現在簡明地說。

那天我去的時候，在一間寮房裏，見到那位老和尚。「放光法會」本來不是秘密的，老和尚並沒有任何條件，祇不過是「結緣」罷了。

在上午九點左右，我們一進寮房，一位朋友的孩子，便大嚷：「我看到法師身上一遍光！」震得我們成年人都瞪著眼睛，那裏有光？沒有。這是一個茫然的無知世界。

法會開始，老和尚說：「光是人人有的。看光，要用『直覺』去看，看我的光，不要胡思亂想，要凝神定志；萬一看不到，也不要灰心，我再唱梵音爲大家加持。你們把念頭集中，如果你不集中，就看不到了（這種方式，就與「定」有關）。」

老和尚說過之後，便坐在院子裏放光了，大家屏息凝神，向他身上看。過了片刻，老和尚說：

「你們有沒有看到光？」

「我看到——我看到——」底下一片嗡嗡聲：「像燈管一般，鑲滿一身。」有人說。

我呢，沒有看到。很奇怪，爲什麼看不到光呢？我拼命揉眼睛，大家都在低聲討論「光」。有人看到滿天霞光，遍空瑠璃雨；他們越講我越著急，這幾乎不是「著急」的問題，而是自己「靈魂」的問題。

老和尚問：「各位看到光的請舉手！」有十來個人舉手。

怎麼辦呢？總有個補救的機會吧！

最後，老和尚唱一首從未聽過的佛歌，加被這幾位看不到光的迷途者。——這時候，我突然地看到老和尚全身放出白色的光環。老和尚說：「向這邊看！」他一面擺手，一面大聲說，手指間的紫色光芒，如電直射天空；看到光之後，內心一片驚奇與迷惘，而生命更加落實了。也有些朋友，認爲「放光」不足爲「道」；不過我的想法「自有天地」。

經上說，佛菩薩有光，而且佛像上都繪有後光；這正是一項鐵的印證，這是給癡迷衆生一項「眞實的證據」。老和尚的道究竟到那一層界，我們不敢加以批判，因爲我們沒有「道」。如果我們也會放光，那麼就會有權爲這位老和尚加以「評估」了。

老和尚說，光是人人有的，光也是「平常法」，因此，他沒有用「神通」嚇人，我們也就用不着大驚小怪。我以爲天地間多一個能從自身放出「靈光」的人，那倒是一樁吉祥的事。

在不放光的時間，我也曾與老和尚隨緣請敎，他與平常人一樣，性情直樸，不見痕迹。但在「放光法會」上，則莊嚴攝人，光霞閃耀。

過了一個星期，又與家人去看一次光之後，老和尚便回到他的龍潭小廟。

第二件事，是我另一次親身經驗。民國二十八年四五月間，當時十六歲，學校因抗戰而解散，所以回家念私塾。因爲整天謠諑滿天飛，說日本鬼子要到我們鄉下燒殺，我們那位做鄉長的堂兄，便請來我們熟悉的中醫李先生來畫符請神，爲鄉人卜吉凶，看日寇究竟會不會來？人，祇有無可奈何之時，才會呼天，才會求之於那抽象得「虛無飄渺」的靈。卽使科學先進的國家，包括科學家在內，也不例外。李醫生畫符，不是他的職業，而是基於他的血肉相連之情。而我，則擔任執行的「乩童」，連我自己也不相信，會請來神仙，這是不可思議的事。有些知識份子說，扶乩是「乩童」導演的戲；結果，我們還是把呂洞賓請來了。他在鋪得均勻的香灰上，簽上「呂純陽到」四個字，然後寫下很多首詩偈。過了一年之後，我與另一位堂兄，又擔任第二次執行工作，把「觀世音、關公、土地公」全請來了。我與當地「土地公」暢談一小時之久；這都是在光天化日之下的「面對面」接觸，我以至誠宣誓，我完全在自己的控制之下，進行這一件實事求是的「請靈」工作。那些靈，究竟是不是他們「本人」親駕，我不知道，但是他是科學家所不承認的「第三世界」的人物，確實無誤。

六十八年七月十五日中央日報副刊，發表一篇「鬼的糾纏」文章，作者蕭展把十年來受到「鬼的糾纏」——令人毛髮聳然的故事，公諸社會。那個鬼，竟是他遠在故鄉髮妻的亡魂。中副是一份非常嚴肅的文藝兼學術味的副刊，平時連宗教性的東西都很少刊載，而荒誕不經的「鬼語」，是從沒有的，這次是一個例外。

我所根據的，是自己的親證。我們可以肯定：世界除了看得見、抓得着的有形之物以外，「靈」的存在，到此時此地，已經無法再加隱諱了。

譬如以「人人都有光」來說，即使你能看到別人的光，而你自己卻不能放光。這很重要。多年前，我曾聽張鏡影先生（法學教授）說過「人有光」，我不相信；後來等我親眼看見，才「俯首」承認。

至於「靈」，我相信每人都或多或少聽到過這類傳說，或看到過這種書籍，可是大家究竟沒有目睹，大多數是間接的經驗。而我，是直接經驗，今天叫我不相信「另一個非物世界」，我無法昧著良心說他們是「野叟曝言」，正如同它附加予我們的因果報應的規律一樣，我們無權否定。

既然「靈」已活在我們的經驗之中，如果要想面對他們，我們「修定」，無疑是一個最好的方法。有一位著名的中國哲學家說：「實體的人與抽象的靈，不過是結構的轉換而已。」

越過靈界，我曾承教過的呂純陽先生、以及土地公他們，還不是絕對的——最永恒的妙明眞性，那是「佛身」。佛已超過絕對這一層，至於如何超？以甚麼條件超？——這都是透過他們漫長的時間，以堅苦卓絕的修定生活，苦磨苦練，打破物質與精神這二元的分水嶺，使之淨化，篩去一切可能墮落的因素，而成爲一靈界的至聖。

現在，我們既然能證明「靈的——非物質」的世界存在，鬼神是有的，向上推一步，佛的世界自必也有。人，本身就是被物質限住的靈，我們向下推，鷄犬魚蟲之屬，也不能說它們是一羣「化石」；在「生靈界」，人寧是最少數的一羣。靈的個體單位，比人多；那麼佛的世界，也將是一個無法計算的數字。我們肉眼雖沒有能力看到，也可以用簡單的邏輯，加以證明；也因此，我們對佛家輪廻的觀念，自必沒有理由否決他們。

五、善的層次問題

所有的宗教皆講勸人爲善做好事，行好事就行好事好了，那何必信宗教，何必信你們的佛教呢？一般人口頭如此講；另一方面大家既然做好事，不信宗教也一樣。何必呢？這就有得研究了。

「善」，一是「範疇」不一樣；一是「層次」之不同。

在儒家言從孔子以後，論語裏說，他也能仁民、愛物；他淸楚地告訴我們，他射鳥不射睡覺的鳥(無防衞的)，而不睡覺的鳥就可以射——這是孔子。而孟子談到「遠庖厨」的問題，他說：「見其生不忍視其死，聞其聲不忍食其肉，是以君子遠庖厨也。」——我沒有看見牠死，吃了沒有關係；我沒有聽到牠死時的悲慘叫聲，那麼我吃了也沒有關係，不過離「厨房」遠一點也就夠了，眼不見爲淨。

善的範疇，僅僅到達動物的邊緣，也表示自己還有一點點愛心，到此爲止。——這是儒家的善。

至於其他的宗教，包括中國一般神教，對人類這個層次，不可殘殺是毫無疑問的；所以對於宗教——善的概念，所謂的同情、互愛，僅僅到達人類本身爲止。

在西方國家法律上也有些保護動物的規定，例如鷄鴨不可倒懸，不可塡沙塡水，以及保護野生動物，不使之滅種，開闢國家野生動物園；定期不准射獵。這些保障動物的行爲，等於和孔孟思想差不多，僅在使牠們死的痛苦減輕一點而已，但並沒有絕對戒絕「殺戮」；比如說加拿大以及日本人在白令海峽，每年冬季殘殺海豹海狗，動輒數十萬頭，試問他們愛護動物之心何在？祇要利益當前，什麼愛心、同情、原則，老早扔到九天之外了。所以他們都是認爲野獸是天生給我們吃的，這是天經地義，毫無懷疑。因此，其他宗教善的最高點僅到天界——上帝這一層，而最低點，僅祇到獸類邊緣。

而佛教的善，則已擴及全面的性靈，超出人類自身以外，含蓋了所有的生命，包括飛禽走獸、魚蝦、昆蟲……等。大家一定很懷疑，蚊蟲、蟑螂、老鼠、毒蛇、狼虎，這些有害人類生存的物類，不殺怎麼可以？如果我們不消滅牠們，牠們要滅我們、害我們。這話是沒錯，今天的社會生活條件理應如此。但是釋迦在世時，就吃濾水池的水，規定比丘、受菩薩戒的居士不可蓄貓狸；釋迦在他的經典裏，主張「預防重於殺戮」。教導你不可造殺業，另外還預先防止牠們不被殺；其實人類除了殺生之外，實在還有活的充實條件。怎奈，今天衆口同聲，咬定科學萬歲，滴滴涕、農藥、殺蟲粉，是爲人類造福的（當然也造禍，比如說癌症、自殺等），如果不殺那些小東西，植物就不會增產，動物供人口腹，農作物要大量生產，都要由「殺」來處理；可是既站在「生命的立場」，什麼命都是命。不要說人命高一級，狗命低一級，貓命再低一級，鼠命再低一級……，像下樓梯一樣，推下去。

而釋迦的生命水平線，生命就是生命，不管是什麼生命。你要殺——見蚊蟲打，見老鼠打，見野貓打，……什麼都打都殺。人類的根性，不光是「貪欲」的問題，還有「瞋恨」的問題。還有執著——自以爲是，對一切的價值判斷總以爲自己對，別人都不對。「貪欲、瞋恨、癡執」，常常是互有關連的。爲什麼呢？當你打蚊蟲、打蟑螂……打什麼玩意的時候，那種咬牙切齒之恨，不到趕盡殺絕就不甘心、不痛快。

人類當造殺業時，都是充滿無比的瞋恨，沒有一個人打那些蒼蠅、蚊蟲之時，會面露笑容，充滿了愉快之情，會說一聲：「眞美！」

我過去不是說不打蚊蟲、蟑螂，但是打時自己明明想慈悲一下，就是慈悲不起來。當你「殘殺」時，愈殺便愈會點燃你無明的怒火，恨不得把它擰成灰，才一洩心頭之恨。對小生物的殘殺，心態上是對「殺業」的延長及擴展，而增長仇恨之心。將來殺你的同胞，也就會像打蚊蟲、蒼蠅、老鼠那樣，把悲情消滅得一乾二淨。毛澤東屠殺大陸千千萬萬人，我們對他的心態實在無法了解；如果不是由於「瞋恨」之根性便沒有第二種解釋。

「救國救民」、「平均財富」，甚至於恢復「原始共產制度」，爲什麼非要透過「殘殺」才成呢？明太祖朱元璋之毒殺所有功臣，株連了成千成萬的患難戰友；明成祖朱棣，滅方孝孺之門十族；董卓挾漢獻帝東遷，臨走時還殺光所有長安的老百姓，這些歷史上的狂徒，以狼虎之意，度手無寸鐵者的心，怕別人搶了他的權位，懷疑天下一切人都是他的對頭，而陷入幻想狂，終至殺人殺紅了眼，人類的瞋恨心，眞是沒有止境。

殺心如果沒有從最「微小」處斷起，就永遠無法產生悲情，永遠消滅不了你的恨心。所謂「愛之欲其生，惡之欲其死」，你恨心爆發時，便希望你恨的人變成灰。釋迦對人性看得太徹底了；其實佛家對「殺」的戒絕觀念，其重心在「人」。然後以人爲焦點，將慈心向外延展，一直擴展到一切生物，令人培養悲情。那麼悲心從何處培養呢？那便是從消滅瞋恨的「念頭」做起。

瞋恨之念不除，會像癌細胞一樣，蔓延到你全身，令人寢食難安，一分一秒過不去。世界上有許多殺妻案、毒夫案、滅門案……都在無比的瞋恨之下進行。你說釋迦牟尼叫人不要殺蚊蟲，不要殺螞蟻，好笑！現在生物學家說螞蟻都是害蟲，老鼠就更不要說了。你殺牠，沒有關係，但釋迦以人類爲基點，要你以慈心代替恨意，應從最低層做起，這最低處你都沒有勇氣做，你還談什麼「衆生平等」？

你要知道，由於你的恨心，你對人的恨意，也會像升級到殺畜生、殺害蟲那樣烟冒七丈。古今所有的獨裁政權、暴君，以「救世主」自居，在沒有救人之前，先殺他一個痛快再說。他們對人沒有慈、沒有悲，祇以權力支配、君臨一切，他們以「該剷除的必須要剷除」的一股決心，來支持他對異己的瞋恨，結果造成生命的無窮浩刼。何況，你說你能把全世界的蚊蟲消滅光，那我們就不要做人了！何況你根本無法把蚊蟲消滅光，把老鼠殺光，蟑螂毒光，那何不從清淨環境著手呢？在生活條件上限制牠們的蔓延，不是比較「好」得多嗎？

因此，佛家的「善」，是從人性深處、根源處伸展，從心念處，慢慢斷除人類的瞋恨心，那種「無始」以來的「瞋恨」化除了，你才能「運同體大悲，與無緣大慈」，你才能把宇宙一切生命當作自己的生命，你才能「我與萬有同體」。否則，你憑什麼吹牛，什麼「仁民愛物」，什麼「莊周齊物」，你連老鼠都討厭，蟑螂、蚊蟲、螞蟻也忍耐不住，恨不得踩牠幾腳，你還「宇宙同體」嗎？笑死人了！

這些還不要講。那麼「善」的問題，一個是「範疇」不同，佛門的善，擴大到這樣；佛家對任何人性的問題以及戒律的施設，都已介入到生命最深最深層，由那裏培養一顆心，將人類的劣根性磨光，磨到「心如明鏡」。這是它底範疇。

善，本來是一種「道德意識」支配的行爲。善的本身祇能在人類社會上發生效力；也能使人類歷史文化走上「正常的軌道」。但對人類「生死」問題，卻解決不了。就佛家來說，要使一個人能通過「證悟」而進入生命的「眞如」，與「善」的關連，卻不算完全密切。「善」在佛家講是一種「資糧位」，所謂「資糧」，就是善行擴大到無限，可以幫助你對生命的悲情增發同體之感；但是如果你沒有按佛家修道方法去實踐，在人間就祇能算做一個「善人」、「好人」，甚至「賢人」；至於超越到「聖人」（這一關），歷史上還沒有幾個，其他便談不上。這就是說，「道德意識」與「生命層次」，未能作橫的連結，善則善矣，但對「死亡問題」，還是茫然！

事實上，人類一切知識、學問、理性，全是由於原始人類怕死而誕生。因此，善本身代表的道德意識，在道德本體上，有廣度、有深度；而它在解決生命永恆問題上，卽是將「靈與物」整個溝通的問題上，卻無補於事，亦卽是將「人」升等到「佛的層次」，幫不上忙。但是它也有一部份功能，就是作爲你通過人界、進入佛殿的旅途中之重要助力；另外一種助力，就是「修道」。你既不參禪，不念佛，也不打坐。善是善，它不代表「道」。

現在我們再來談一談儒家「道德」的最高層次。儒家談到「止於至善」，人類道德意識的最高點——至善，也就是「聖」。依我看，孔子講的「道」的問題，也祇到「聖」；而這個聖，並不代表佛家的「佛」。我們看孔子遺留下來的一部論語，論語裏講「道」的地方，重要的：一是

「吾道一以貫之。」一是「夫子之道，忠恕而已矣。」及「朝聞道，夕死，可矣。」另一個是表達孔子的道的第三者陳述：「仰之彌高，鑽之彌堅，瞻之在前，忽焉在後……」，又如：「仲尼、日月也，無得而踰焉。」

這「朝聞道，夕死，可矣」的道，是指什麼道呢?歷史上沒有一個人作精確的估定。孔子也沒有用任何方式來解釋「朝聞道」是個什麼道?因此，後人把這個「道」懸得很高，很玄學化，與中間層次脫了節；也就是說，沒有一把梯子把孔子的道與人類現實生命銜接起來。換句話說，從做人的底層，到「朝聞道」的高層，中間缺少一層。便成了上「聖」下「凡」。由凡到聖，沒有個程序，那是非常困難的邏輯構架。其次「忠恕而已」，則是爲人之道，沒有玄虛。等到弟子讚美孔子那兩節，便可以看出，是對孔子人格的極度圓滿的仰佩，我不相信孔子是另一種方式的「佛陀」。

孔子的道在什麼時候，才開始在哲學上、倫理學上形成有系統的東西呢?當「大學、中庸」時代，最少晚於孔子一百到二百年後，中庸裏才有所謂「天命之謂性，率性之謂道，修道之謂教；道也者，不可須臾離也；可離非道也。」然後加以方法化，便有了「知止而后能定，定而后能靜，靜而后能安，安而后能慮，慮而后能得。」有了「定、靜、安、慮、得」，後代儒家便找到孔子的道的階梯了。漢以後中國儒生、思想家，便把「定、靜、安、慮、得」與佛門的「參禪打坐」並列起來，最後成了儒門的「佛祖」。

我認爲，中庸之「道」，是先賢對——孔子情境的判斷，而非出自實踐。儒門自韓愈以下，都在「判斷」上做工夫，換句話說，對孔夫子之道，用思想多於用實踐；到宋儒，才在「實踐」上找「中介」；於是他們有了「心性」之學，透過「靜坐、默想」，來彌補孔門「道」的眞空。但是他們「行」的，都是佛門的改良物；甚至連改良物也不是，只變了個名稱而已。因爲根據孔子的思想，無論如何也找不出「修道」的痕跡。因此，我們冷靜地看，孔子講的「道」，絕不是佛家的「道」。後人有很多「牽強附會」的說法，認爲中庸的「止」就是佛門的「觀」，「定」就是佛門的三昧，——到「靜安慮得」——，就有了果位，實難苟同。相信孔子也不會同意這種說法。

我們要知道：孔子的道，是在人倫日用上下功夫，絕對沒有錯。孔子希望人，透過冷靜的反省、思考、檢束，使人格層次提高到「純善」，從「知過能改」，到「從心所欲不踰矩」；而不是「生命」之質的結構改變，昇華爲「有意志」的永恆佛位。現代人所謂「精神不朽」，也不是「生命」（靈魂）的不朽，而是知識分子心意中的「立言、立德、立功」的不朽，而佛家的不朽，不光如此。佛家不但要在道德層次上，到達孔子的「至善」，無明滅盡，貪瞋癡斷完，同時生命（靈魂）也要淨化到那一境界。道德與生命，兩面結合，「外王內聖」兼至，品德與生命雙重圓滿，這才是「佛果」。

而眞正的儒家道德層次，一直到宋明理學家才慢慢發展得比較有系統，但「知見」較前則更深，用「意」也更切。孔子的道，到了朱熹、王陽明、陸象山、二程手裏邊，走「心性」路線以後，他們的方法，是「打坐」，結果又回到佛家來了。因爲他們都想從佛家得到些什麼，再來變更一下儒門的素質，也就是說他們先存著「光大儒門」的心願，再一游佛殿，最後，於是才開了「援佛入儒」的濫觴。此後凡「爲先儒立命」者，莫不如此，近人熊十力、梁漱溟、張東蓀、牟宗三、唐君毅諸人，都是此式。

我們由此可以肯定：孔子建立的是「入世」的聖道，可見他是「倫理學」的道！社會上有許多注釋孔子之「道」的書，多如汗牛。所謂「福禍吉凶、人倫日用、不可爲而爲」，無不是一位「完人」的面目。至於老子的「道非道，可常道；恍兮惚兮，惚兮恍兮」的道，不可言傳的道，以及莊子面目，可以近禪，但也非禪！它們究竟缺乏程序，思想游離度太大。

孔子是人間之「聖」，在「人格」上做工夫，與佛家不是同等的道。佛家的道，是道德與生命、一切有情平等的結合；孔子的道，是純粹求人格的圓滿。這是我們在「善的層次」上能兼論的最後結論。

今天，我提出的這五項問題，有不周之處，還要請諸位指正，並希望諸君子明教！

——六十八年九月二十六日講於臺大晨曦學社

論佛家思想對世緣的批判

佛家思想，常透過「無常、空」的理境來批判世緣，本文用來考察佛家如何透過批判世緣來建立自己體系；這是佛家思想的正面問題。

一般人對佛家思想不了解，常常認爲佛家作略與人情世俗相抵觸，尤其過去儒門的保守派，現在的西化派，都是一脈相承。他們認爲佛法會導致人類精神的老化、枯化。其實剛好相反，佛家思想由於它底超乎凡俗，立於高卓，所以才與世俗表象看似衝突，而實質卻與生命一體兩面血肉相連；上篇我們解決了「佛家思想與世情衝突的問題」（在義理上這樣肯定），現在，我們再從人生高層來體認「佛家思想與世緣差異」之處。

今天，我在這一課題下，也提出五個論點，來共同窮究：

第一是「人道尊嚴與佛家基本主旨」。佛家的思想是出世的，但是它底出世是完全建立在人世的構架上。這種人世構架，便是「人本主義」的「平等」思想。

第二是「佛性之光使生命成爲永恒」。世界上只有西化論的唯物主義，才認爲人一死，便一了百了；所有的「毒」都得今生發光，所有的惡要在今生作完；這種「斷滅論」，給人類靈魂帶來的災害，比洪水猛獸還可怕萬倍。

第三是「**佛道的實踐使衆生脫胎換骨**」。佛家思想的立論，絕不放言高論，一片空談；它底一切經驗，完全建立在釋迦牟尼走過來的實踐過程之上。它排除一切狂妄的玄想與盲從。

第四是「**佛家的空義確定生命的偉大實象**」。生命不是一堆炭水化合物和金屬元素的構成品；生命的實相是甚麼？佛陀告訴我們，生命便是「眞空妙有」。

第五是「**對等的生命須要超越底佛法之統一**」。凡天下事物，一旦落於兩極，陷於雙邊，那世間就永無寧日？世界那一天能沒有戰爭呢？——那是神話？

「我們沿着五條線索，來探討佛家思想，究竟在何處才是我們人類所需要的、所迫切祈求的、與人生契合、而非玄想的、片面的意願。

人類——在這一篇論文裏面，我們的要點——只講人類。人類面對着「食、色、名、利」，需要的是滿足血肉砌造的胃囊和內分泌系統；但是當他面對着「深奧的宇宙，孤寂的人生，無限的苦痛，有情之渺小」，他便會感歎「生自何來，死歸何處」？這種天地間的大疑大惑，困擾了他；即雖是哲人，也有難以言宣的苦悶。人生是一個千古難破的大葫蘆，我們有待釋迦牟尼來爲我們擊破；這種一拳粉碎天地的手筆，便是我們生命需要知道的景象。我們敢以斷言，所有的宗教、哲學、文學的立場，都不足以承提這種解決「人生之謎」的困境——除了佛家的大智大慧！

現在，就讓我分項提供個人最粗淺的見解，以供朋友們參考！

一、人道尊嚴與佛家基本主旨。

釋迦牟尼，生於西元前六四四年，距今天是二千五百二十七年，他創始的佛教，對世俗所訂的教義，是「慈悲與平等」；這是佛家處理「生命平等關係」的主旨。

孔子，生於西元前五五一年，距今天是二千四百三十四年；由他所建立的中國儒家中心主旨，是「仁愛」；他底「仁愛」，是以「倫理學」爲中心的「仁民愛物」，是「人」爲中心的「人道主義」。

這兩位相差九十三年歲月的東方兩大聖哲；前者以「生命」爲核心，建立「慈悲平等主義」，由「人底基位」向所有生命羣擴散，並且基於這種「生命同體」的悲情，來組織它底救渡衆生的佛學大體系，這個體系，包括「宇宙建構的法則、生命與滅的眞理、返妄歸眞的方法、佛道統合的認知。」而「衆生平等」，則是他對世間所宣佈的佛道基本綱領。

佛道，在基本上是「出世」的；但是，請大家要認淸「出世」這兩個字，並不意謂着要脫離生活，摔掉「世界」，擺脫「社會」；出世，是佛家「脫俗」精神之所繫，是它的目標，與世俗的「悲觀、消極、逃遁」完全沒有關連。我們要知道，一個人精神如果不能「出世」，則此人絕難「犧牲自己」，「救渡別人」。

而孔子，則以「人命」爲核心，來推展他的「推己及人」的「大同理想」與「倫理的安和社會」；他所要解決的，是現實的人際關係問題，與釋迦的「在現實之中之超現實」理想是有絕大分野的；尤其，研究到孔子之「道」的時候，我們不能與佛家的「佛性」，等量齊觀。（當然，所謂五教合一，更是天下奇談。）這兩者是溝通不起來的；但是，在形下生活上，是可以互通有無的。孔子是眞正的人；釋迦是眞正的「道人」。

當我們研究「佛家基本主旨與人道尊嚴」論題時，在這一大前題上，我們是不可不求瞭解的。現在我們再就這一問題，加以列論：

㈠佛家的平等，是創造人際關係的平等。

凡是稍具歷史常識的人都知道，印度這個國家，在古代是個「階級分明」的社會；當釋迦牟尼開始宏道的時候，當時社會分別有「婆羅門」（僧侶）、「刹帝利」（王族）、「吠舍」（商人）、「首陀羅」（農夫、奴隸）四個階層，它們底壁壘極爲森嚴，貴族就是貴族，奴隸就是奴隸，從生至死，世世代代，永無變更；釋迦雖然出生王族，經過「出家」、「修道」、「悟道」、「傳道」之後，竟然提出「衆生平等」這種撼動社會的「反動」口號，對當時的貴族和僧侶，無異一顆炸彈，而佛教在社會上遭遇的阻力，我們也可以透過判斷，可以想像得到。

我們要了解，釋迦提出這種「革命性」的口號，基本的出處，不只是社會的不平現象困擾了他（這當然也是表象條件之一），彷彿像十八世紀末（一七九八年）法國大革命所推出的口號：「自由、平等、博愛」一樣；爲了人際關係的不平等起而革命；如果這樣，那麼釋迦就不是宗教家——佛陀，而是政治家了。佛經上說：「心佛與衆生，是三無差別」，這才是釋迦雪山悟道之後，提出衆生皆有「智慧德相」，而在他的佛教裏，才標出這句歷史上史無前例的口號。在釋迦所要求的平等，本是「生命本性」的平等，「生命價值」的平等；換句話說：肉等於肉，血等於血，靈魂等於靈魂，佛性等於佛性，不分你的和我的，也不分貧的與富的，不分狗的和人的；但是，我們要注意，在「平等」的意義下，不能說，觀念上平等就是平等；平等必基於實際「行動」，必基於表象之被承諾；否則平個什麼等呢？

釋迦帶着他的傳道羣衆（弟子們）走遍了二千五百年前的古印度，第一個說服羣衆的，得到廣大人羣支持的，就是「衆生平等」，而不是說「心佛與衆生，是三無差別」，這種理念上的平等。這種生命基質的平等，最後限度，是熟讀經藏，了解佛道以後的話。

無疑地，由於「衆生平等」這一普遍的，新鮮的，震撼性的口號，打入社會的胸膛，他之獲得廣大羣衆支持，是沒有問題的，而相反的（雖然，他以貴族——王子出家身份提出這樣口號，也冲淡了部份同階層人的敵視），畢竟爲他帶來很多思想上的敵人——婆羅門教徒和一些「外道」（這些人都是上層階級）。

釋迦的教團，包括他本人在內，全是剃除鬚髮——光着頭，披着黃色袈裟，偏袒右臂，在這一羣體裏面，不分貧、富、貴、賤、老、少、强、弱，都是「比丘」，他們住在同一樣的「精舍」，夏天來了，便安居修道，中午之前，到街坊討一鉢飯回來。身上不存金錢，精舍裏不存食物，生活上，他們沒有一個是特權人物。「平等」，二十世紀人們所要爭取的「政治地位」平等，在兩千五百年前，釋迦敎團裏的成員，每個人都得到了。釋迦在這個「生活、思想、行動」的集團裏，像中國孔子一樣，在傳播敎義時，是「導師」；在聚衆「羯磨」時，是「主席」；當他照顧他病苦弟子們的時候，又像是個母親。釋迦牟尼，把這一偉大平等思想，帶到現在，傳播到中國、日本、東南亞。

釋迦可不是「上帝」，不是「敎皇」，不是「主」。請大家讀一讀佛經，他的弟子向他「責難」的時機多的是，釋迦講經時，常常「十萬八千」聽衆退席，也沒有人阻止；釋迦說，這是他們根機不對。淡然處之。

釋迦，尊重別人的「尊嚴」，因爲，他自身是「佛」，而別人（雖未悟），也是未來之佛；他悲憫別人，因爲正如他悲憫自己一樣；「生命是同體的」，他透過證悟，實踐到生命之間的不可分性。「天下男子是我父，天下女子是我母；」世界上還有甚麼平等精神，比這些更平等的，更卑遜的，更爲尊重對方地位的？

釋迦以後（佛敎在印度是少數派），五百年間，它發展到南亞，到中國、西藏、日本，到一千多年後而它自己的國度卻逐漸湮沒了。是甚麼緣故呢？——因爲他是少數派，而歷史上根深蒂固的階級主義，使印度貧窮落後二千年，而佛敎卻成了這個國家中爲人民爭政治平等的殉道者，這眞是歷史的哀傷！

佛教到中國來，幾乎也同印度一樣，遭到中國道教與儒家圍攻，首先是這個「衆生平等」問題。試問，皇帝怎麼和人民平等呢？佛家的大和尚們，還有印度東來的「胡僧」們，爲了「衆生平等」這一大事因緣，在中國建道場，一方面在社會上求得了解中國國情，另一方面容納中國百家的思想，使它更適合中國人的生活與思想模式（例如禪宗），但是，它在「平等」這一條件上，是沒有妥協餘地的。中國歷史上人民敢於提出不拜皇帝口號的，祇有和尚。而中國人，不管你是那一階級的中國人，祇要做了和尚，就有不拜皇帝的權利。試問中國的道士敢不敢？中國的儒生敢不敢？道士敢於同和尚鬪法，儒生敢於向皇帝上表毀寺滅僧，但他們都沒有和尚的莊嚴偉岸，不拜皇帝（倒過頭來皇帝要拜和尚，像武則天、梁武帝）。中國歷史自孟軻以後，漸漸演變爲「磕頭」的歷史。深沈如司馬遷，強硬如韓愈，深邃如王陽明，被暴君們腐過、貶過、打過；可是思想上怎麼也突不破「我與衆生平等」這一關；試問，儒生們有甚麼條件來杯葛佛教的「出世」？

東晉慧遠大師敢於寫「沙門不拜王者論」向當朝抗議，隋朝彥琮法師寫「沙門不應拜俗總論」，可以筆之於史，皇帝能接受這一事實，如不是釋迦的思想偉大，還有甚麼原因？

這一事實之造成，最低限度，使中國歷史上有千百萬人，在「政治地位」上可以得到實質的平等。（注意：皇帝們對和尚都是很客氣的。）而「僧」在歷史上被置於三教九流的七流之下，這是中國讀書人的花樣，在中國純正的儒生眼裏，僧人都是「異端」，如何能讓他高居上流呢？儒生們思想裏，人分九級，地分八方；我們毋庸在這裏貶斥「先賢」，但是他們的心眼與知見，唐宋以後的儒生，實在是要負責的了。

(二)佛家的平等，是生命地位的平等。

上一節所講的平等，是佛家對人際關係的平等。這一節，佛家進一步把平等的範疇擴大到「衆生」生命，都應建立在同一代價之下的平等。

佛家建立生命理論之基礎，在三世因果，與輪廻業報；它承認所有「生命」，都有機會在「六道」之中「輪廻」（除證道者例外），也都有通過修道成佛的機會。因此他們在生命的份量上，不因形式改變（例如說：變人、變狗、升天）而有所不同，因爲他們既有最原始的「無明種子」，也有凡是生命同具的佛性，彼此的生命份量與價值都相同，而形式改變祇是流動的生命現象中千萬個環節中的一個，所以生命彼此間關係，便有了「同體、平等」的理論基礎。而不同族類的互殺、互噉、互仇，在這種邏輯架構上，是通不過的。而且也通不過「因果」這一關；佛家的「慈悲」，與它底平等，也因此緊密地連接起來。一個修道人，在積聚成道的資糧上，「慈心不殺」，是它底第一大戒，由不殺，推演出「不食」，不教人殺、不教人食；素食生活，在「平等、慈悲」的前提下，建立起來了。凡違背這一生活原則的，包括南傳佛教、藏蒙佛教，以及由中國傳出的日本娶妻肉食的佛教，這些改變了佛家理論素質的佛教徒們，在實踐釋迦遺訓上，都是極有問題的；如果說「一邊吃肉，一邊能成佛」，那眞是天下奇談。

戒殺與斷欲（淫），是修道生活中最重的兩大禁戒（此指五重戒中的兩大），這兩大禁戒，任何一條通不過，都難逃因果的判決！

衆生的生命，無論何類都是生命；你沒有慈心，又如何能妄圖圓成佛道呢？在地球上資生的糧食，除了「衆生肉」之外，還多的是；爲了吃，或者是爲了剷除異己而殺，恐怕已超越修道者的道德範疇之外。

歷史上的高僧大德，愛物如命，每當爲那些卑微的生命說法時，都帶著他們無比的虔誠，莊嚴地念道：「弟子啊！（願你）皈依佛，不墮地獄；皈依法，不墮餓鬼；皈依僧、不墮畜牲！」他們把那些「人」，都當作自己的女兒一般的呵護，加持；彷彿他們所要救渡的，不是一隻鳥，一隻狗，或者一隻狐狸……，而是一個活生生的，行將死亡的靈魂。世界上沒有人願意看見自己親人的肉，被別人吃，被別人殺；你以疼愛親人之心，推及到各種生命，你的「平等」，你的「慈心」，才能建立得起來；否則，說甚麼，你信甚麼敎，談甚麼道德，高唱甚麼生命尊嚴，人道主義，都是空談。

「人道主義」，該不是祗對「人」才有「道」吧！就我所知，人道主義，應該包括對整個生命的慈憫與同情。

「尊嚴」這兩個字，照佛家的意思，恐怕不光是人這東西才有：我們就看到美國人的狗，英國人的貓，法國人的鴿子都有尊嚴；我們也看到有很多感性的老婦人，把她們的狗、貓，親熱地叫聲「兒子」。所以人類必須透過「生活」，才能體會「悲心」的偉大。

人之愛物，多半建構在感性基礎上；祇愛自己的狗，自己的貓，自己的鳥；但是別人的就不愛；而且反乎道德面貌的動物、生靈就愛不起來。可是佛家的思想就掃除了這種「人我」的障礙，與「衆生相」的面目，極其莊嚴聖潔地去「等量生命」；在釋迦的天平上，沒有一種生命的份量是不同的，也沒有一種生命的渴望，是希求殺戮的；這種尊重生命價值的心地，才眞正是天地好生之德啊！比起那些供桌犧牲的血肉品，以祀天地神祇的儒家禮儀，是如何地不同啊！

㈢佛家的平等，是建構於基質相異的平等。

日本作家三島由紀夫曾寫過一本書，叫「天人五衰」。這本書的思想是根據佛敎的涅槃經，演繹出來；所謂天人，就是俗說的「神」。在佛家思想裏，神，是六道輪廻裏天道中的「生物」，凡是「化生」在天道裏的「人」，多是感「善業」而投駐的；但是，當他的善業在天道福報過程走完時，他的人道、餓鬼道、畜生道的業力再現，他依然得回到這些苦的「道」裏來受報；不是說神永遠就是神、神是宇宙第一因；如果有宇宙第一因，那麼人類的一切作爲都沒有意義了。神乾脆越俎代庖安排一切就是，何必要人來建立道德秩序與自然的因果定律呢？

因此，神有它一定的壽命，那就是等待天福完了，他是要「死」的！彷彿像人死一般，要改變一下「生」的形式。天人當他的福報快要享完時，在他的生活裏，便會發生下列五種現象：

一、他那美麗莊嚴的衣服，髒了、舊了、破了。

二、他頭上飾物——許多鮮美的花，都枯萎了。

三、他本來充滿著異香的身體，突然發出臭味，其味不可聞了。

四、他從不出汗的肌膚、腋下、排泄出汗液了。

五、他身體本來會放射出莊嚴光芒的，現在光沒有了，而且最重要的是——他自己厭倦於他的那個神仙寶座了。

不管你相不相信，正如「天龍八部」（金庸小說）一樣，「天人五衰」，是反映佛家思想到人類生命現象的一種思想合作。

「天人」五衰相現了，他就不神氣了，接著很快便會投生到另一形式的世界。事實上，「天人」在「天上」的樂享得多了，也把「神的道德任務」忘了，一種實踐「生命向上發展以至完成」的工作，他沒有興趣了。因爲他不知「苦」這回事，所以他也不想「出離」，論學佛、修道，在「人世」上才比較實際的。

這種理論，把神的地位也拉下來了。另外，地藏王菩薩，有「我不入地獄，誰入地獄」、「地獄不空，誓不成佛」的悲心大願，看來，地藏王菩薩，是把「地獄」裏的「衆生」都當作「人」來救的。

佛（包括一切佛、菩薩在內），他們都可能用化身，或「乘願再來」的方式，重新做人、做鬼、做畜牲，成爲那些東西的同類去渡化他們。

佛家的四聖：佛、菩薩、緣覺、聲聞；六凡：天、人、修羅、畜生、餓鬼、地獄——統合起來的十法界，這裏面的一切已成佛、未成佛的形形色色生命羣，在佛眼中，都是「平等」的。因爲他們的「質料」都是「佛性」；正如從蠶嘴裏吐出來的東西都是絲一樣。祇要都是絲，還有什麼異端呢？還有什麼不同的地位呢？

佛家的平等，不僅是包含不同的生命族類，上至佛菩薩、天人，下到畜生、餓鬼；同時也包括每一族類內部的「美醜、善惡、賢愚、雌雄、……」均視爲一體。在佛眼睛裏，天下的水，畢竟歸大海；大海的水，畢竟都是鹹的；所有的生命，其基型相異，而他的平等性不異。

佛家以其慈悲如海的心胸來容納衆生，這是如何地博大啊！可是，我們不要忘記，在佛經裏，橫說豎說，釋迦牟尼都是以「人」爲對象「說法」的，但望人類莫負佛陀大慈大悲的深意，及其對「人」的期望，上升是人，下降是人；成佛是人，成畜生也是人；平等，是以「人」爲中心，擴及衆生界的。平等是以「自由」爲基礎，來維護生命成長的；平等是以「利他」爲原則，來莊嚴生命的。

二、佛性之光，使生命成爲永恒。

釋迦牟尼三十一歲（一說三十五歲），在雪山夜睹明星悟道之時，不禁歎道：「奇哉奇哉！大地衆生，皆具如來智慧德相，只因妄想執著，不能證得。……」自從地球上有了宗教以來，宗教的「神祇」，不外「一神」與「多神」兩類。一神，指的是，宇宙由唯一的主宰，是創造宇宙的第一因；多神，則是玄靈界的多元制分權工作，以分權方式來署理人間的事，亦如人間的政府工作。這兩種「神」思想的來源，都不外是先民對「天」的敬畏，與混合自己經驗的判斷；而多神分權觀念，尤其是文明發生以後的事。

釋迦聖者，對「佛性」思想的提出（證悟），使宗教領域裏，開發了史無前例的遠景，使「宗教」不再是供人「求取」的形下的東西；而成爲「人生連續不斷發展到純聖境界」的目標。「佛」（Buddha）這個字，超越一切宗教神，是通過人性進入聖域的象徵。宗教神不再成爲人類以及宇宙的主宰，釋迦牟尼贊歎衆生之有「智慧德相」，是以人（與衆生）的立場發言的，而不是以神的立場來發號施令的。上求佛道，必需通過「人」這一關，才是捷徑；釋迦牟尼覺者將人的地位，提升到「上帝」的成分；人，在「世俗」的圈子裏，是神的崇拜者，但是在「出世」的佛法裏，一切宗教都變得平凡而可及了。

在佛法裏，宇宙間沒有「第一因」，沒有「主宰」；這「第一因、主宰」如果建立，因爲它之缺乏理性，而必然使得它自身無地可容。佛陀耶——是生命從茫然大惑的狀態中清醒過來的大徹大悟；釋迦牟尼在二千五百二十七年前，從尼泊爾迦毗羅衞王國的藍毗尼園出生時，左手指天，右手指地，宣言：「天上天下，惟我獨尊。」從此奠定了「人」在宇宙間的莊嚴形象；世間沒有比「人」更爲神聖了。

我們現在也分三方面來說明釋迦入世之後，他如何地體悟出佛性，爲世人帶來眞理之光！

(1)佛性之建立，改變一切宗教與哲學的素質。

當佛陀出世之時，正是印度九十六種外道橫行之際；其中最大的宗派，當然是印度原始宗教——婆羅門教六派哲學（含彌曼差等六派），除此之外，有順世外道（唯物主義、不信神、不修道），邪命外道（行苦行，即耆那教）、無慚外道（裸形）等多家，他們都有自己的哲學，其中尤以苦行主義最多。

釋迦雪山悟道後，首先遭遇的，是婆羅門教的五比丘——憍陳如、頞鞞、跋提、十力迦葉、摩男俱利。五比丘都是釋迦的姻親，卻是「婆羅門教徒」；事實上，佛陀本身也是信仰婆羅門的貴族，佛陀憑藉他徹悟後的大智大慧，渡他們成了「阿羅漢」。爾後釋迦的「教團裏」，充滿了各式各樣的外道與一神、多神、無神的教徒們，使「吾愛吾師，吾尤愛眞理」之徒，熔於一爐而成這位天人導師的弟子。

就以這種在外道圍困中，以「平等、慈悲、苦空、無我、無常、涅槃」法門宣揚佛道之際，無疑地，這位人間之聖，遭遇到無數次的攻擊、破壞與糾葛。可是，那些一神、多神、無神教的「天」整個崩坍了！佛法在釋迦牟尼四十九年說法的生涯中光芒照耀五印度，而他的「哲學」、「眞理」、「佛性之光」，一直綿延到今天的世界。

當它被傳播到中國的時候，正值東漢明帝永平九年（公元六六年），是從迦葉摩騰、竺法蘭到洛陽算起，（梁任公認爲這兩個人傳說不可靠，當另論。）到今天也有一千九百二十二年了。

我們不要以爲佛法到中國，便受到中國帝王崇信，風平浪靜、平平安安地渡過兩千年的太平日子，那就錯了。其實，佛教在中國，遭遇到土生的道教與儒家死硬派的圍攻、包剿、毀滅，其驚風駭浪，幾度面對「死亡」的邊緣，這都是歷史上斑斑可見的血的足印。佛教徒面對著那些魔鬼般的君王，比之基督徒在羅馬暴君尼祿的鐵蹄下，又不知苦難到多少倍了。

中國歷史上的「三武一宗」的法難，第一個起而「圍剿」的，是公元四四六年，佛教到中國不到四百年的北魏太武帝拓拔燾「太平眞君」七年，信道教的司徒崔浩夥同道士寇謙之，向皇帝進讒，殺僧毀寺，焚經燒像，消滅佛教徒；這次「滅佛」，到七年之後，他的兒子文成帝手裏，佛教才得到「平反」，佛法重建。這是中國歷史上佛教第一次遭遇的法難。

第二個發起滅佛的，是公元五七四年，距第一次滅佛一百二十八年之後，北周武帝宇文邕，聽信道士張賓妖言，認爲佛教是「不祥之道」，而周武其人，又迷信讖緯之說，他先在天和四年（五六九）三月十五日召集天下沙門，道士、儒生二千多人在文德殿舉行大辯論。又於建德三年五月聽信張賓讒言，揚道排佛，並於太極殿較量「三教」優劣。沙門智炫法師與張賓激辯，詞鋒犀利，周武惱羞成怒，命令天下「僧道」兩教二百多萬人一齊還俗。佛教與道觀的佛神像全部投入火窟。到建德六年十月又勒令僧尼三百餘萬還俗，寺院充作王公宅第；而這位暴君在次年六月染惡瘡死亡，其子宣帝卽位，佛教再度得到復興。（這次張賓也害了道教。一說周武聽信儒生之言，獨尊一儒而毀滅佛道兩教。）

第三個毀滅佛教的，是唐武宗李炎，他在公元八四五年（會昌五年）聽信道士趙歸眞妖言，下令毀掉四千六百多座寺院，勒令僧尼二十六萬五千人還俗，所有佛像，銅的改鑄爲農具，其滅佛原因，不過爲的是他家是「老子」後人，深信道教而已。其實李唐皇帝們滅佛的不祇他一人；唐玄宗——李隆基也是一個，除此二人以外，在心態上多少都與佛教不睦；根源他們是姓李，祇有天知道！

最後一個滅佛的，就是五代史上的周世宗柴榮。他在公元九五五年——顯德二年發動毀佛，距離「會昌法難」一百一十年。他一次廢了三萬零三百六十座佛寺，禁止人民出家，焚燒經像，尊儒滅佛，不過，當四年之後，卽是顯德六年，他在「北征」途中，胸部生癌症，一命嗚呼，天下到了趙匡胤手上，馬上下令復興佛教。

這「三武一宗」，他們毀滅佛教第一因——就是排除異己。都是道士與頑固派儒生作的祟。這是大慈大悲的佛教，在中國發展得最盛最輝煌的時期，所遭受的最殘酷、最無人道的報復。佛教的哲理，到道士與皇帝狼狽爲奸之後，還是要「慧光頓滅」。三武一宗之難，除了道士爲主角向佛法發動攻擊，不信佛的儒生們也揷上一腳；例如北周武宗的法難，儒生們便站在道士的一方，向佛教發難。

佛法到了中國，而且也是中國佛法的黃金時代，迭遭毀滅法難，殊難令人理解，爲的甚麼？這就涉及到民族本位主義思想，與排除異己，嫉妒心態因素在內。

那些排除異己的行動，由宗教形式的道士來主攻，但是道教祇能拿老聃、莊周做幌子，它本身無論如何也拿不出東西來。在思想上，就祇輪到儒家那些「爲聖賢繼絕學」的韓愈、歐陽修、司馬光、二程、朱熹來上陣了。（一九四九年以後，毛澤東當道，這是歷史第五次滅佛。）

在時間上連繫著三武一宗的，是公元四四六到九五五年，這五百年間，是佛法黃金時代，也是佛法的苦難時代，其中有苦有甜，有陰霾也有光芒；這五百年間，中國創造了「禪宗」；但是佛法也間或溶入了老莊素質；換句話說，佛家爲了投入中國社會，迎接貼身抗拒之外，在保持生存的條件下，受了老莊、孔孟的「文飾」，使佛法的形式受到某種程度的侵害。而道教，一些燒汞鍊丹、修精氣神、不學無術的道士們，再回過頭來，大量生吞佛家的經典與實踐方法（比如靜坐），來矇混低下階層的老百姓；誤以爲道教就是佛教（像民間流行的神教——一貫道、先天教、……多神教……）他們把金剛經、白衣咒、觀音菩薩、感應篇、南華經……放在一起唸。

中國歷史上著名的道士呂岩，便注過「金剛經」，他也寫過自己的「心經」，讀起來令人懷疑，不知他信的是佛還是道？而他的靈魂卻隨著各處的乩壇而奔走，又是勸人行善，又是參予飲酒之會，中國人眞妙，凡是有利可圖之處，從尿裏沖出來的影子，都可下跪祈求。

其實像呂岩一列的八仙，到明朝皇帝（大多信雜神教和妖道）手上，才正式得到名份。而它們的神話成份比事實多百分之九十九。

另一方面，佛家的著名大師，像憨山德清大師，也著過「易經禪解」、「莊子禪解」，以及

「中庸闡微」甚麼的；（其他以佛理注過「儒道書」的法師還有）這些附和道儒的書，又使道儒雙方混入佛教的素質。其實，在思想根源上，除了形式可以相通，而實質是絕無相同的，但這一形式上的融合，便表示彼此可以「和平共存」了。

自宋明理學家興起之後，不要說了，從佛家的心臟中吸收過去的血液，是足以供他們成長一個天才嬰兒了。中國的歷史，由於佛法之東來而中國化，而嚴肅的佛家大德，依然保持了自己的面目，像彌天道安、廬山慧遠、天臺智者、澫益智旭，乃至今天的印順論師。歷史的爐鍋，把「儒佛道」，放在一個爐裏熔鍊，道教、儒生的面目都變形了；而釋迦的金容仍舊，彌陀坐在蓮臺上微笑。

佛家絕不似初來中國的基督徒，除了傳教，還有軍事、經濟沙文主義的目的。佛教東來，是帶著一顆慈悲、平等之心到中國來的。

(2)佛性的建立，消除了一切情緒與邪見。

一切宗教神祇，到佛家哲學的鏡子裏，都顯得侷促而寒傖。我可以鄭重地說，在這裏並不是故意卑視佛教以外的一切宗教理論及其可敬的行爲；我是說世間的宗教神，多半是在形而下的前提上，供給人們「求福求壽求子求財求樂」的溫柔鄉，他們給予世人的，彷彿祇有一條途徑——那就是「滿足一些貪婪的兩條腿野獸之一張嘴巴」！而他們的靈魂是否得救呢？而那個靈魂又是不是能夠建立一種永恒的精神生命呢？——不知道；那一切，彷彿祇是神話、玄想。

我們要知道「邪知邪見」之產生，一是來自邪惡的認識（認識的滙集會形成心理慣力）；一是情緒的張狂。而佛性則是消除這兩方面的「愚闇」而獲得淨化的「鏡智」。

世俗的世界，在生物感官上影現，無一而非相待的「戲論」；凡是涉及相對的，都會落入形下的凡俗。

例如——

愛與恨的相對；美與醜的相對；善與惡的相對；

賢與愚的相對；黑與白的相對；男與女的相對；

大與小的相對；曲與直的相對；時與空的相對；

正與反的相對；一與多的相對；生與死的相對；

空與有的相對；來與去的相對；精神與物質相對。

二分法的世界，就是形下的、凡俗的、感官的混騙；而人底肉眼，卻看不到這層面世界背後的眞實景象；我們絕對掌握不了自己的命運；我們絕對控制不了自己的情緒；我們絕對無法認識自己的眞象。也正因爲世界是相對的，我們處理世間一切事務，都戴著「差別」的眼鏡；一個人一旦有了差別，便有了抉擇觀念，有了好惡取捨，我們都彷彿坐著一條沒有舵的船，浮在海上，浪怎麼打，我們怎麼浮；說起來，人生是很可笑的，我們不僅時時與別人對立，也時時與自己對立。

赫塞寫了一本「流浪者之歌」，可以幫助我們對這方面作感性上的溝通。我們自亙古以來，便是在二分法世界上的一個浪子。我們不知如何統一這矛盾的怪物；我們是投自己之所好，而且人人愛惡不同；因此世間一切問題，由焉產生。「情人眼裏出西施」，「醜漢偏騎駿馬走」，這都是戴著有色眼鏡過濾出來的畫面。

金剛經說：「無我相，無人相，無衆生相，無壽者相」；「凡所有相，皆是虛妄」；「佛說菩提，卽非菩提」。看起來，是非常彆扭的。我們如果沒有讀過佛經，對這種否定之否定的眞空（思想模式），一定會感覺吃驚，也很難了解。不過，你一旦進入情況，你就知道，你如能到達這一層，你就與「佛家面目」接近一層了。金剛經提出來的「認識」，便是請你泯除二分世界的絕好方法。

——試問，一個凡夫，你有沒有辦法對著醜惡不起厭；對著美境不動心，彷彿是一塊雲，在天空掠過？而你的心，就是那一片無罣無礙的天空？有人說：紅樓夢是一部偉大的佛書，它在「照見五蘊皆空」這方面，無疑是肯定的。

因此，感官的現象，都是非眞實的，感官的錯覺（包括心態）便是邪知邪見。佛家思想在刷清滌垢的工夫上，將爲你建立一面光潔的鏡面，以使你看到自己的眞容。

(3)不落言詮，便是佛道；一入文字，便成魔障。

佛法是絕對不容情緒的；但是它也絕不強著於理智；它兩方面都不著，它建立在一個不著兩邊的理境上，而這種理境也是假設的；但它畢竟是一種理境！

言語與文字，是一種「施設」，它都是為「方便」而呈現，對人生高級情境——比如說聖賢境界，佛涅槃境之描寫，都沒有辦法表現出來。但這也不是說「不可言狀」的情境，就是不存在；一個人在「甚深禪定」中的感受，不是沒有這種經驗的人所可了解；而那個有「定」的經驗的人，如用語言文字來描，最多狀得幾分相似，如用語言文字肯定，則很可能把莊周認作蝴蝶。

佛性是透過正面的道德要素與三昧之持續的長期的親證，到達天無片雲，地無隻履；有境亦不著，有情亦不動；才會顯露出來的。華嚴經把它整個實踐程序區分為「十地」；第一地—歡喜地，到第十地—法雲地。我是懷疑已故哲學家唐君毅先生的「生命存在與心靈九境」這本大著，其靈感與佛家修持過程之層次，是有啓發性之關連；唐先生受佛典之薰染甚深；從他的後期著作可看出佛理化的傾向是很重的。

佛性是需要經過「道德」與「實踐三昧」兩方面工夫得來，如空談一切，都有違實際。而佛家思想，在二十世紀以前，改變了中國儒道兩家的素質，進入二十世紀以後，佛學被哲學家所接受，而且使哲學界得以大開眼界，所謂「自從識得楞嚴後，不讀人間糟粕書。」所謂哲學也者，橫說豎說，也是不離「門戶」的。拿康德、叔本華來和佛家的「九住心」、「十地」來比，他們無論如何是「不黏」的。而哲學的土地，一旦溶入佛道，它是有了文章可做了。哲學家之不能成為宗教家，尤其無法成為佛教的大德高僧，就是因為他們太重視「語言文字設施」之故；而使他們對人生最極理境永遠不能登堂入室，面謁「金容」。

佛家之高，卽在它有實踐的基礎，「鏡智」不是知識的，尤非懸想，而是「親會」——覿面相逢。

有關佛家思想，能結晶成玉，可供之於聖壇，這有待我們以統合的方式來說明它底實踐方法，來對比於一切宗教的神話與形上的玄想。

三、佛道的實踐，使凡俗的生命，脫胎換骨。

記及印順論師在一部書裏曾說：「參禪、念佛、修定，並不是爲了使面孔紅潤，眼睛明亮，健康長壽，看起來『仙風道骨』；參禪修定念佛，是爲了脫生命的眞象，入佛智慧。……」而剛好相反，社會上流行的靜坐、瑜伽、通靈法、朝陽功、TM、守丹田，目的都是爲「這個」。這些形而下的求取美容、長壽，甚至於「養聖胎、見鬼神、白日飛騰」的玄想夢話，全是一個可憐的「人生不滿百，常懷千歲憂」的地球人，所期望的現實美景。修定的人，由於他的嚴謹卓絕的實踐工夫，可以得到健康長壽，是無庸置疑的。但是不要對一切「精氣神」期望得太高，也可能因爲弄那些鬼斧神工，而引發了精神分裂。正如修定的目的不在「神通」一樣，而它們都是實踐佛道過程中的副產品；世界上沒有一個人願意把蘋果的葉子當做蘋果來品嘗的！

佛家的一切功夫都是爲了一個目的——「了生死，成佛道」；在這個漫長過程中，卽使你獲得騰雲駕霧的本領，你能黑髮變白，老頭變天使，也是等於敗絮敝屣。因此一個有「甚深定力」的人，可以有神通（因爲他可以六官代用，打破宇宙二元的隔限。）但不必以「神通」陷己溺人；這是釋迦告誡佛弟子們戒絕故示「神通」的緣故。

現在，我們把佛家修道功夫，作一綜合性敍述。

「佛家的思想，不僅建立在它完整的體系上，同時也建立在它底實踐過程。佛家思想，毋寧是透過親自證到的經驗，才以語言文字設施，來表達它底義理。

它底實踐方法，在我們東方來說，不外「參禪、念佛、修止、持密」四大類，其實，每種修法，都是針對每一個人不同的「根器」，而任由他們選擇。以「人」而言，實在無所謂「頓根」和「漸根」；凡適合你的「法門」，你修得順利，你便是「頓根」；一個不識字的鄉下老太太，連念佛的意義都不知道，但是他卻能「打成一片」，得「一心不亂」，身後有「舍利子」；這不能因爲他不識字，認知層次低，就認爲是「漸根」。

佛家各宗修持方法，其目的，都是要透過悟道而成佛，除此毫無例外，如有其他所求，都是魔道，都爲「葛藤」。而各宗在實踐過程上的入處，也都是通過「得定」，來決定他是不是進入「情況」。像參禪的「破關」、念佛的「一心不亂」、學密的「開頂見佛」、修止觀的「三昧現前」，都是。其實，統而言之，這些方法祇是一個，就是要如何進入「定境」，也就是要獲得「三昧」。例如楞嚴經上的大勢至菩薩得道，是由「念佛三昧」入悟的；觀世音菩薩由「耳根圓通」；近代虛雲和尚則以「參禪」得見本來面目。

再換一個方式說，以「念佛」方法來作模式比類其他方法，也可以說各宗的實踐都先要求得妄念頓歇，「一心不亂」。

參禪，參「父母未生前是誰」，參「無」，起疑情，把自己心意識（妄心）逼到一個死角，最後一定是妄情俱失，這就闖入「一心不亂」境界，禪家稱之爲「開悟」，衝破疑團。學密觀「曼荼羅」，至三業（心口意）相應，心境合一，還是「一心不亂」；修止觀，心繫於一處，久久凝住，即照即觀，還是「一心不亂」；不過這些工夫，不是一句空話就可含混的，它得憑藉修持的精勤程度，以及各人的機栝而分出階段，但這些段落，又不是可用米達尺來按量的，這祇有修者個人知道，別人不可以代替你入道；而入道者也無法瞞得過「法眼」來認識的。一個有道行的人自別有一番氣象，有人以「道氣」來形容工夫具現的人；除非肉眼凡夫，遇有道者才會失之交臂。

參禪的情境，有三關，後有十牛圖用來區別火候的淺深；念佛可以去妄想，打成一片，證一心，無念而念，來切進「念佛圓通」；修止觀，可以用「九住心」來定層次。

參禪見分曉是什麼境界呢？古來禪宗大德常以「親見本地風光」、「本來面目」、「黑妖狐被捉」、「打破黑漆桶子」、「親見爹娘」、「天翻地覆」來形容統一的禪的世界；禪被參破，你會赤裸裸地一絲不掛，放下現實世界。我想，念佛見分曉的境地也是一樣。「無相」的風光與二元世界是如何地不同啊！這時你必然會脫胎換骨，抖下一身狐毛，自由自在，光灼灼地不沾一物。

我們在這裏講的是「概念」，不是細密的理論與細膩的描寫；要親自品嘗一番，你得先進這個門，親訪禪宗、念佛、修觀的大德，看看他們的「道場」；再不然，你可以看看有系統的書，在思想上找個「入處」。

學佛，不是茶餘飯後的事，不是軍書傍午之際，不是生命的餘唾；但是你說，你用全部的現實生活來換取抽象而不可及的遙遠的佛道，不來。這一點，我似乎忘了說，彷佛古人不吃飯不喝茶似的，彷佛修道者都是木乃伊。你不知道，佛門之內多少人有「秘行」，蘇東坡有兩句詩形容，生活和修道是兩不相障的。「竹密不妨流水過，山高豈礙白雲飛。」就是這樣。

「道」要專、精、一，遠離塵囂去修是沒有錯，但是不須「靜坐」的禪，不要固定空間的「念佛」，對於任何俗務都是無礙的。你了解它底思想義理，可以傳道；你了解它底實踐方法，可以由「親嘗」反芻人事的風光，這都是很短時間以內的事。

你一旦入了境界，事實上你已經變爲一個沒有研究哲學的哲學家；沒有鑽通思想的思想家；一個逍遙法外的道人。

佛道的親見，本是大自由、大開闔的境地，一個臭皮囊從此便套不住你，一切知見和情緒便苦不了你。我們很遺憾的是——發現社會上很多「高級」知識份子（就比如人文學科的所謂通家），對佛法的一知半解，道聽塗說，竟然連「佛」(Buddha)這個字的訓釋都不知道，而在報刊上大談其佛法，眞令人錯愕之至。我們竟無法了解，佛法自漢唐以來，流傳至今，它底皮毛對一個大學的知識份子竟如此地陌生？難怪今天一些自封於知識份子的一輩，如此缺乏思想，沒有深度！

試問：近代的歐陽竟無、熊十力、梁啓超、梁漱溟、張東蓀、張君勱、唐君毅、方東美、錢穆、牟宗三，這些大家，那一位不曾經過佛光底普照？如果沒有佛法的融治，他們的學術生命，不知是否能如今日熠熠生光？

本來，佛教學術與佛法之實踐，是兩件事。我們在這裏提示的，卽使你無暇去實踐佛道，如果你能浸染一下佛學，得聞法味，一沾法喜，一生也受用不盡了。難怪牟宗三教授曾表示：「佛法之博大精深，其思想義理，已到人事文字的盡頭了……」（大意爲此）他以一位新儒家的使命之承傳者來添美佛法，而撤去門戶之樊籬，他的胸襟比前儒已開濶多了。這是中國的學者們應該反省的！

佛道，在「人」與「學問」兩方面，都能使人重建自己面目，譬如「人入香室，衣屨瓔珞，皆遍染香。」（如染香人，身有香氣，此則名曰：香光莊嚴）不祗是你這個人而已。

四、佛家的空義，確定了生命偉大的實象。

「空」這個字，是這個繁華世界的掃帚星，那些整天在錢堆打滾、名裏翻身的才子佳人、名流紳士，如果落得「人財兩空」，那該怎麼辦？而佛家——釋迦牟尼佛，竟然稱之爲「空門」；稱爲「空王」，而人們兩條腿一伸，便成了「四大皆空」。難怪世俗人，談「空」就要發毛。「空」是什麼意思？

「空」(sunya)，也含有「空性」(sunyata)的意向在內。以前的中譯音，是「舜若多」。在南北朝時期，這個外來字，在「肇論」一書上譯爲「無」。雖然，在佛學裏，「空」與「無」這兩個字訓義有別，但在譯名未統一之前，也曾互代過。

在佛家「名相」羣裏，「空和有」、或「空和色」，是解釋義理兩大對立格。通常，將這個「空」字，都解釋爲「精神現象」，而「有」，則解爲「物質現象」。「空和色」，與這大致相同，像般若心經裏的「色不異空，空不異色；色卽是空，空卽是色」；其實，僅僅像這種特定的解釋，要表出其多方面的含義，是不夠的。例如「空王」，你就不能解爲「精神的領袖」，而「空門」則更不可解爲「精神的門路」。

「空」這個字，包括佛家全部思想義理，佛家理論及實踐基礎之建立，完全落實在這個「空」上。

爲什麼，宇宙現象、人生問題、生命過程，要用「空」字來概括呢？而且最後都要納入空海，成爲「空相」？你向佛家的思想去追尋、究極，你會發現它是如此地深邃、森嚴、精密；你會發現它底「甚深微妙」、「不可思議」、不可窺測；對「空義」，有時候唯能「入佛知見」，才能得究竟的。

「空」連繫著個體微渺的生命到宇宙的無限浩瀚；把空間和時間、有與無打成一片。

佛門寫「空義」的重要大經大論，有「大般若經」、「維摩經」、「金剛經」、「楞嚴經」、「阿含經」、「大智度論」、「中論」……。

而「空」底定義，可用「中論」觀因緣品的「三是偈」來說明：「因緣所生法，我說卽是空，一名是假名，亦是中道義。」

維摩詰經說：「諸法究竟無所有，是空義。」這個空字，旣非太空，亦非虛空，更不是空空。

金剛經說：「一切有爲法，如夢幻泡影，如露亦如電；應作如是觀。」這也是空義另一表達。

占察善惡業報經說：「所謂一切法，畢竟『無體』，本來常空，實不生滅故。」這是說，「空」是萬有之本體；本無所謂相對的有。

六度集經說：「夫有必空，猶如兩木，相鑽生火，火還燒木，火木俱盡，二事皆空。」這是空情竟處。器物的世界，如果用「眞實的」，「本有的」，「自存的」道理，來建立宇宙體系，無論爲何是建立不起來的。

佛家的「空」，是建造在「因緣所生法」，這流動、生滅、無常的現象上。「空」，是佛家思想的精髓，佛法的骨幹；離了「空義」，佛法便不能成立。佛法系統中的「唯識論」也談有，那不是談「物相」之有，而是假方便的「有」來證「勝義的空相」；它把空性轉釋爲「妙有」。因爲空的本體並不是「無」；那麼既不是「無」，必定有「一物」在，而這一物「非空非有」，便名之「妙有」、「勝義有」，再與「眞空」、「畢竟空」施設相配。其實，「妙有」也是「空相」的。

印順論師在「中觀今論」一書裏，對空義有簡明的闡述。他說：

「世間的一切事物，都是在『相依相緣』的關係下存在的；相依相緣的存在與生起，稱爲『緣起』。凡是緣起的，沒有不是受著『種種關係』的局限與決定；受著『種種關係、條件』而決定其形態與作用的緣起法，卽不能不是『無自性』的。『自性』，卽『自有』或『自成』；有『自體存在』或『自己規定自己』的意思。現在說：一切都是『關係』的存在，是依『緣所起法』，這與自性——自有、自成、自體存在的含義，恰好相反。所以，凡是『緣起』的，卽是『無自性』的，無自性的，卽名之爲『空』……。

「緣起卽空，是中觀大乘最基本而最扼要的課題。自性，爲人類普遍成見的根本錯亂；空，卽是超脫了這自性的倒亂錯覺，現覺到一切眞相。所以，空，是『畢竟空』，是超越有無而離一切戲論的空寂，卽空相也不復存在，這不是常人所認爲『與不空相待的空』！」

「空」的窮根究底，碧落黃泉，是佛家貫通大小乘佛法的基本義理，而不僅是「中觀論」的基本思想。

「空」的思想，也貫通佛家原典——四阿含經的「諸行無常，諸法無我，寂靜涅槃」三大法印。

我們從印順論師「中觀論頌講記」、「成佛之道」、「中觀今論」、「性空學探源」等書中，可理出佛家基本義理的整個脈絡。凡研究佛理者，都能在這些書中得到端倪！

我們知道：凡「緣起相」——萬物的「發生」，都是建立在「此有（因）故彼有（果），此生（因）故彼生（果）」的條件上；而它也必然歸結到「此無故彼無，此滅故彼滅」的環套中。一切的存在與還滅，都是循着這種法則推演；這種法則，是「無自性」的，因之宇宙萬有，成一大「空」！

至於宇宙、人生、生命的現象爲什麼會「空」呢？這就要追根到存在的本質問題。

唯物論，用「存在決定意識」來決定歷史及生命範疇；他們認爲「存在」是唯一的「價値」；生命無所謂三世，更不要說生存除了軀殼還有一個不屬於「存在」的「本體」了。因此，他們把精神面、形而上的東西，打下十八層地獄，永不翻身，否定一切唯心、唯識的理性世界，消滅一切宗教神以及一切反唯物的哲學面。

而佛學思想，卻是「意識（心）決定存在」。

宇宙萬有及人生現象，固然是一個存在，但不是永恒的存在與金剛不壞的存在；這個存在要「流轉」的，消滅的；而且正在「流轉、消滅」，再邁向存在。它無時無刻地都積極介入一種「轉換」的過程裏。一切現象都在分秒必爭中「生滅相續」。既然是「生滅不已」的現象，那裏又有眞實？何處又是存在？

我們的世界，不僅它底眞相如此，而且任何一物、一念之成立，也不是「自有、自生、自建」的，它的建立，也沒有主宰，沒有第一因；它是靠「因緣」成就的。

「因緣」是什麼東西呢？因緣不是「存在」，因緣是一連串流動的分合現象，它們相對、相成地分分合合；因緣，是不同現象、關係、條件、引力、反斥力的結合體，由這些「諸元」結合成「名相」，是「人」，是「一花一木」，是「生離死別」，是「星球歲月」。

任何一物、一事、一念，追到最後，都沒有一個最後的東西；因之名「空」。

那「美麗」的一朶小花，生長在「雨露、陽光、和一塊幽美的庭園裏」，它不是由石頭裏跳出來的。它是一個小女孩，從農夫手裏，拿來一粒種籽，撒在她底花園裏，她每天看着它，在陽光下，爲它澆水、疏土、除蟲，還念念有詞地——「啊！我可愛的美麗的小花……」這樣念大的，它發了芽，生了枝，長了葉，開出一朶美麗的小花。這裏有農夫、種籽、女孩、陽光、土壤、雨露的因緣，還有那女孩的心靈。當它長了蕾，開了花，那片刻芳紅過去，它底生命也就完了。那時候，「花謝花飛飛滿天，紅消香斷有誰憐」呢？其中由種子到凋謝，經過了「成、住、壞、空」的流動，然後化爲另一物質，將與世人以另一面目再見。那另一種東西，照着那一朶花的模式，再來一次，再來一次……。

因緣法，分析到最後，沒有誰是主，它是相依相存地推演，分分合合，合合分分。它是「不生不滅，不斷不常，不一不異，不去不來」的衍化下去。「空義」在因緣非定性中建立；宇宙照此規律生活，無始，無終；無造者，也無被造。

——一切，是茫然？還是驚訝！

五、佛家思想對「愛與死」現象的處理。

人生有兩大苦惱，便是「愛與死」，困擾着世間多少宗教家、哲學家、文學家。這可能成爲人類永遠解不開的鎖鏈？

其實，在佛家領域裏，這是「平常法」，凡涉及「愛」的，第一義都與「染」(佔有)有關。而「死」，則與生命之幻滅相連。

現在先談「愛」的問題。佛經上說：「愛」是生死煩惱根本。異見成憎，同想成「愛」。輪廻以「愛」爲本。於諸衆生，若起「愛見」大悲，卽應捨離。「愛」羅刹女，常欺衆生。諸煩惱中，「愛緣」所合，此爲最重。

佛經裏認爲使人沉溺苦海，最大兇手，就是「愛欲」。有了愛，就有恨；人際關係就有差等；衆生之間就有間架。「衆生藉淫欲以正性命」，有了愛欲這一副眼鏡，再也認不淸「眞理與邪惡」了。

以「男女之愛」來說，不管是「情人眼裏出西施」也好；「不是寃家不聚頭」也好；這種兩情相悅，必基於「異性」，尤建於「情欲」，否則是「愛」不起來的。而且這種愛，無論如何是難以持久的（要持久，則要付出大量的道德義務，已變爲平等心）；男女之「愛」，最爲惑人；這種情想越重的人，越難進入宗敎經驗。情是一種慣力，一項墮性，愈是貪戀，愈易沉溺。由於這種強大的慣力，凡是你得不到的，或是你「得而後失」的，都會變爲另一極端——恨。愛與恨的交織，其後果可知！

愛，是一種永難滿足的東西，如蛆附骨，佔有之強靭，而不以對象爲惟一條件，它常常超越理性，所以世間有許多風流的哲學家，也有許多自陷的宗敎家。

愛與欲，本是一對連體嬰兒，不僅男女相悅之情，即是對父母兄弟姊妹朋友，也會產生佔有形勢的。對異性之外的這種情感，表現不太極端的稱之爲「愛」，太極端了，便爲「覇」，還談甚麼五倫之道呢？

佛經上描寫「愛欲」，有令人不寒而慄的記載：

「大寶積經」「佛爲阿難說處胎會」說：

「——如是『中陰』（俗說靈魂，佛家言神識。）欲受胎時，先起二種顚倒之心。所謂：父母『和合』之時，若是男者，於母生愛，於父生瞋；父『流胤』時，謂是己有；若是女者，於父生愛，於母生瞋；母『流胤』時，亦謂己有。……」

楞嚴經第四品（卷四）也說：「見明色發，明見想成；異見成憎，同想成愛；流愛爲種，納想成胎，交遘發生，吸引同業，故有因緣，生『羯羅藍』（受精卵 kalala）、『遏蒲曇』（成拇指大胚胎Apuda）……」。

這兩節經意告訴我們，愛染的力量，是不依牌理（倫理）出牌的；而是照着彼此宿業的吸力共同傾向，以「染」爲基礎，而結合爲「生命體」的。

「當『靈魂』將要受胎時，有一片『光』領着他，投向他的宿緣受胎之處。此時所產生的，是兩種反倫理妄念，就是在父母『和合』的時候，如果是男胎，對懷他的母親生『愛染心』（相吸），對父親生瞋恨心（相斥）；父親排精時，男胎認爲是自己的；如果是女胎，對父親生愛染心（相吸），對母親生瞋恨心（相斥），母親遺卵時，也認爲是自己的……。」

這種男胎愛母，女胎愛父的原因，是基於生命無始的業緣之再現所染，彼此如磁鐵相吸，那顆靈魂便乘着一道光迅速地向母體投射，而父母之交合，不過是「助緣」罷了。心理學上「戀母與戀父情結」，是與生俱來的。但得後天的教育才得以平復。

說起來，生命的緣起，是顚倒錯亂的，是業力與因緣所支配，因此只有絕愛染，才能回清淨。

——從修道者立場看，不僅妻子障道，連父母兄弟姊妹兒女一切親情也都是障道的。這一番義理，是很深奧的！

佛家對愛的解釋，並不是叫人「不愛父母」，而是讓修道者冷靜的明白「愛」是「染緣」，其膠著性強烈，放不下，是無法成道！

佛告訴我們要「愛衆生如父母」，並非是「愛父母如衆生」。世人對父母的愛，是「愛見悲」，由愛而生之悲情，到達父母身上，多少與次一層的關係，是有所不同的。

衆生既然不離凡俗，在感性生活與認識上不能自主，當然對事相的觀察與肯定，都跌落於「差別」，而佛法正是讓我們把自己的思想層次，從「差別」提升到平等境界，從「凡俗」提升到「空滅」這一層。

佛性的天體上，沾不得一片雲，凡所有相，皆屬魔障。

現在，我們以佛法的立場，批判了世俗的愛，但是，凡人，並非意謂着棄絕了這層愛，毀滅了這層愛；我們處於「愛欲」世界，是要「隨緣」的，也就是說，要盡到我們作爲一個凡夫俗子的義務與職分。能放下的時候放下，該承擔的時候承擔；而不要以「純情」姿態，沉迷不悟。

愛，在佛法上，要批判、要放下、要覺悟、要清涼。

曼殊詩云：「禪心一任蛾眉妬，佛說原來怨是親；雨笠煙簑歸去也，與人無愛亦無瞋。」

愛與恨，都是一把烈火，能消毀一個強者的道心。愛是魔，是修道者心上的一根針；愛與無明俱來，不分男女老幼僧俗，它是一種強烈的存有，它沒有眼睛，缺乏理性。佛法對這種受貪染蒙蔽的感性的東西，向來是破而不立的。修道人不能以「石頭壓草」的方式來阻止它底生長，而是要透過「不淨觀、白骨觀、無常觀」的反省、觀照，來澄清這種生死與俱的貪著。

衆生，在「愛河裏」，不能自拔；重重的愛，密密如網。男女之貪、親子之情、手足之誼、朋友之義，在儒家都是倫理上的大章大法，而佛家轉變一個角度，作爲一個居士，生命上有幾分，承擔幾分；沒有的，不要再作繭自縛。但是，雖然如此，我們並不是說，佛家思想建立在反倫理上，佛家也講報恩；但爲了修道去縛，它底分際是必須劃定的。

愛，是人生一大煩惱，多少人爲它欲仙欲死，欲狂欲迷。死，則爲人生最大事件。死，是人生一大迷團，沒有人能解決得了。誤盡天下蒼生。我們下面透過佛法，來看「死」的問題。

如果照唯物論者說，死了就一了百了，那倒乾脆。這種說法，稱爲「斷見」。但事實上是否如此呢？人們很不甘心弄個如此空宕的結局。因此，宗敎家、哲學家想盡主意，在「死」上求「活路」。他們有的「上天堂」，有的「下地獄」，有的「浮在空中」。卽使如此，還是解決不了死亡的驚怖與茫然。

在佛家，死是「滅法」，與「生有」是相對的，但也是相成的；沒有死那有生？彷彿一隻手的兩面，手心與手背，看起來是如何地不同？

「人」也是「因緣」所生的「法」，說起來還相當「空」哩。而自己倒認爲蠻「肯定」的，這就是「妄見」了。事實上，世間最大的問題，就是「死」，這是凱撒和毛澤東也逃不掉的。既然逃不了，怕也就沒有用了。偏偏，人就是怕死的動物，明知道死亡之難逃，還是不到黃河心不死，能躲一時是一時。世間沒有一個人喜歡往死亡的坑裏跳。即使死了，也得要安排一個舒舒服服的死；死得六根俱全；其實，不管那一種死——比如說：作戰打死、投水淹死、吊死、服毒死、車禍死……這些所謂「橫死」，在整個「生滅法」裏，依然是「自然死」的一種；還是「六大分散」（地、水、風、火、空、識），該投胎的投胎，該下地獄的下地獄；因果不因如何死而有所改變，業力是自然安排的。因此，死亡在實踐佛道者的眼中，就很平淡了。

生死的序列，是如此地森嚴井然。但要逃出生死，並不像道士所說會「白日飛升」；你這個地水風火結合的肉體，坐着太空船也飛不出死亡之圈，又何況天堂？佛家之跳出生死海，是先排除這「緣合」的肉體，它是僞相。而跳出死亡，是跳出那個假借肉體而具有佛性的自在身。

儒家自孔孟以來，就少談生死；到兩宋以來則多談心性；因爲儒家之哲學在「人世」，在「現在」，而不及「未來」。佛家則透過「出世」來談「生死」。佛家的出世，實已涵蓋「世與出世」二重時空。佛家所以要「出世」，是因爲「生死事大，無常迅速」，這一瀑流，如不出離，則失人身時，如「大地土」，得人身時，如「爪上土」，到那種因緣難遇時，恢復人身，已經萬難，又何況修道？

因此，印光大師在生前，丈室床邊掛一「死」字，不是怕死，而是時刻不忘無常迅速，要精勤向道。

我們在這兒「談愛談死」，論「情節」沒有韓素英的小說「生死戀」動人；我們只是在思想上，來討論這個問題，批判這個問題。人生誰也脫離不了愛與死的滄浪瀑流；在此一巨流中，滅頂的多，登岸的少。但是我們不要悲觀，一千個修道者，有一個得道，也就夠了。我們人在世俗中都無法遠離形而上的玄想；人沒有玄想會悶死。我們事實上是「與魔同在」。但是我們依然要依佛家思想來提攜自己，否則，不僅我們死後的神識會墮落地獄，而我們這些活着的人，也會輕如鴻毛。

六、結　論

作爲今天的知識份子，除非你不思不想，又糗又賴；否則你便無法避免介入佛理的薰陶。

我們今天提出的這五項問題的探討，以及對世俗的批判，端在使你認清佛家的義理面目是什麼？佛法，不是報紙花邊記者筆下的「神祇鬼怪」，如果你從報紙上看佛法，便差之毫厘，失之千里；你將永遠不知佛法！

我們非常驚訝於許多高級知識份子，對中國佛家思想之茫然無知，而且隨時隨地發表高見批判佛法，頗令人目眩心顫；我們在這裏說了一千遍，不如請你自己到佛家殿堂裏看一分鐘有效。

佛家所批判後的世情面目，沒有差別，沒有相待，它說的是「一合相」。世情之際，在它而言，都是「空相」！

——一九八二年九月十六日晨重訂

論佛典的翻譯與佛理的評議

——兼評「佛心流泉」

一

佛學是一種特殊的學問。它不是哲學，因爲它是實踐的。它不是科學，因爲它不是分析的。它也不是「佛洛依德」式的心理學，因爲它不解釋心理現象。在學問的領域，它獨成一個門類。佛學是一種普遍地貫通於生命切面的學問，它的涵蓋面，極其廣大與奧邃。

我們很多朋友，在意識上也許認爲自己的思想很深，認知極廣，而一涉及佛學，便會輕薄無狀，一副批孔揚秦的模樣。其實佛學在東方與西方知識界，正在加速擴展之中，我們相信，這不是由於它的「迷信、消極、死歸極樂」的招致誤解，而是由於它的理性、精確，以及莊嚴地肯定生命價值的意義；它在哲學、文學、史學上的地位倒是其次的。

知識是一種權力，但也是一種矇蔽。常常彼此互不相容。人類的執著，常常會排斥異己，彷佛馬克斯主義排斥一切民主、自由的思想一樣。

談到佛學時，有些人便不免與朱程陸王沆瀣一氣，「沉空滯寂」一番。如此一來，極易流於「情見」與「戲論」，不是眞知識的態度。因此很少人會像熊十力先生那樣去精思殫慮、去臨淵履薄，對佛學加以描摹梳理的。

我們不管在整理古人遺珍，或發掘先賢之未得，謙沖、容忍的氣度，是不該讓古人專美的。

二

就佛經的翻譯言：在中國文化史上是一件驚天動地的事。中國第一部佛經的翻譯，是漢明帝永平十年（公元六十七年）迦葉摩騰、攝法蘭合譯的「四十二章經」，只有二千三百三十九個字。而中國歷史上第一次龐大的譯經事業，則是公元四〇一年鳩摩羅什到長安以後，由姚興支持的譯場，經常動員博學深思之學者，三千多人參與其事。

他們的譯經態度，據「晉書」說：「羅什持胡本，與執舊經，以相考校，其新文異舊者，皆會於理義，續出諸經三百餘卷，皆羅什所譯。」

什譯「大品經」時動員五百餘人；譯「法華經」時，動員沙門二千人；譯「思益經」時，動員僧衆二千多人；譯「維摩經」時，有一千二百人，皆諸方英秀一時之傑。「維摩經」總共三卷、十四品、二萬七千字而已。

譯經之難處，不論梵文中譯，還是古文今譯，有兩大關鍵：一是佛家名相的辨解難；二是微言與義證徹難；古人對經典的求解，只是疏註科判，不像現在人曖昧籠統，向自己交代了事。因此，有許多人反對佛經語譯。

陳援庵曾說：「——什公的功績，全在翻譯。但古今譯書，風氣頗有不同；今日識外洋文字，未悉西人哲理，卽可譯哲人名著；而深通西哲之學者，則不從事譯書。然古昔譯經之巨子必須先卽爲佛學之大師。……」古人譯經，譯出其文，卽隨講其義，而譯場助手，也都是聽受義理的高徒。羅什譯經，同時也在講經。慧觀的「法華宗要序」說：「——有外國法師鳩摩羅什，更出斯經，與衆詳究，什自手持胡經，口譯秦（華）言，曲從方言，而趣不乖本；卽文之益，亦已過半。雖復霄雲披翳，陽景俱暉，未足喻也。什猶謂語現而理沉，事近而旨遠，又釋言表之隱，以應探賾之求。」

這是羅什的譯經。而第二次譯經，便是唐三藏玄奘法師。

玄奘在貞觀十九年（六四五年）正月二十四日回到長安，三月卓錫京都弘福寺，開始譯經，直到高宗麟德元年（六六四年）二月五日，六十三歲逝世，做了二十年的譯經工作，總共主譯了七十四部經論，一千三百三十八卷，其譯事之盛，尤過羅什。而其譯事之嚴謹，譯場之組織，更爲詳密。整個譯場人事區分十部：①譯主，②助譯，③證文，④書字，⑤筆受，⑥綴文，⑦互校，⑧刊定，⑨潤文，⑩梵唄。

同時玄奘又創定了「五不翻」的準則。

一、秘語不翻：如佛經中的咒文。

二、一詞多義不翻：如「薄伽梵」等。

三、我國未見之物不翻：如「閻浮樹」等。

四、依古例不翻：如「阿耨多羅三藐三菩提（卽「佛心流泉」部一第七頁使作者孟祥森困惑的「無上正等正覺」之音譯等）。

五、爲使讀者生信仰心、莊嚴感之文字不翻：如「般若」、佛名等。

觀乎羅什、玄奘對譯經從事之隆重、莊嚴、細密，可以想見。至於歷代個人譯事，從漢代安世高以下，都是沐浴、薰香、觀想、廻向，淨意傾誠，無不「口陳筆受，言既稽古，義又微妙，凡所出經，類多深玄，貴尚實中。」此種態度，詢之今人，已不可求了。

譯作之事，迨嚴復出，提「信、雅、達」三端爲則，只就文字本身而言，與古人之細密相比，已是別有一番將事。今人譯書，如陳援庵所云，不懂哲學者譯哲學，不明歷史者譯歷史，不了文學者譯文學，混同江鯽；今人之西書中譯，按理也該遵法古人，可是時代之匆促，能兼備「信、雅、達」者，已如龜毛，而「不信、不雅、不達」的手筆，也就不知多少。一本書中，挑出成擔的錯處，千補百衲，自由心證，想當然耳，是如何地可怕！

本來，「翻譯事業，難於創作」，從古人譯經，可見其情；而今人之迻古，變文言爲語體，其實也不易。但最要者，也要「守死信道」，而「雅、達」爲其輔備。如果任意曲釋古人，支離前賢用心，連思想義理也可以塑造，那又何用乎翻譯？如果既翻譯之，又批判之，衡量自己超越前人，就不如立「一家之言」，來得痛快！

今人譯古，多用直譯，坊間習見的條例，大分為「本文、注釋、今釋、衍義」四端，如商務、三民的「老子、尚書、禮記、四書」等譯。這比古人注疏古書，又近一層，便於不諳文言者閱讀，這種譯法的好處，是章對章、句對句，你打馬虎，一眼就看出，矇蔽不了天下的讀者，而且也無法曲解書中義理。知識，是天下人的公器，你曲解，逃不了衆心誅伐。如果「自由創作」，把翻譯古書當小說來辦，無論如何，是於心有愧的。

譯古書，不尚意譯，不可各說各話，最大的好處，就是限制「廻避忠實」。卽使你存心忠於原作，也應該廻避這一事實。文章千古事，譯書亦然；領着廣大的求知者，是如何神聖的責任！

因見長鯨出版社印行的孟祥森先生譯作「佛心流泉」，虔心拜讀，非意料地發現，此書是平行發展的意譯，看了原文，不知譯文面目；看譯文，又忘了原文理趣；名相不僅無從對照，思緒也無從尋譯，翻來翻去，目為之眩。雖然譯文儘求淺白，因為這是佛經，又有它自身「難處」，從頭到底，再加上製作者自己的理趣，因此，一個入門人，對此書的思想，甚至於大意，就會混成一團霧。

我自己不會譯書，但覺得今人譯書，也該取法古人，信為第一。

因爲佛經的翻譯很難，同時聯想到對「佛理的批判」問題，恐怕更是重山阻隔，不是一般人可以任情下筆的！佛學的義理，在今天世界的知識界，似乎已經有了一個肯定的「承諾」，它不是「毒草」。

三

中國歷史上，批判佛家思想的最大公案，便是「宋明理學的興起」。至於韓愈的闢佛、三武一宗的法難，以及一九五〇年以後中國大陸的毀經滅佛，都是情緒的，思想定於一尊的現象，不足爲訓。

知識份子從義理上闢佛，由宋明諸儒開始，是師出無名，因爲他們也是從佛家屍骨上走過來的，雖闢也難免弄得自己一身「佛氣」，沒闢出一個什麼規模來。他們畢竟以「聖賢事業」相期許，但從無戲論。見了和尚罵禿子，像林語堂先生那樣幽默、那樣冷薄，他們不做。嚴格地說，從義理上批判大乘佛學的中國思想家，僅熊十力一人。他批判佛理，從不落情緒，不形顏色，莊嚴而敬慎，透澈而謙沖，不唯是「破」，而且有「立」。這種態度，連佛門中人也敬佩。這才是眞知識見地；才是哲人器度。

今人要評議佛家義理，最少對佛家大經大論要透徹，那是佛家思想所寄；如僅從事相去批，不可能落實。佛家基本義理核心，是「空性」(Sunyata)，由空性開出「空有」兩系，然後披出「臺、禪、賢、淨、密、法相、三論、律」八宗和小乘「成實」、「俱舍」。這八宗大經大論有「華嚴、法華、般若、楞嚴、維摩、深密、楞伽」諸經，「中論、百論、大論、攝論、瑜伽、成唯識」諸論。

古代的宗師、八宗皆通的，只有公元二世紀的龍樹，以下，到佛教傳入中國，專深者多，而兼博者尠。像今天在臺的大家，印順論師，深入經藏，專慮三論；南懷瑾教授，默邃禪宗。因爲人生有盡，佛法無涯，要深通三藏，何其之難？而要加以批判，闢空析有，出乎其外，入乎其中，蜉蝣渡海，即使有這份豪氣，也會淹死。

我並非是在這裏撫着別人的財富，夜郎自大；要批判佛理，不說精通三藏，在義理有超越的見地，最少也要有相等而不同的眼界，才有條件談批判；否則馬來驢去，從何說起呢！熊十力氏，秉其超脫的夙慧，出佛入儒，成「唯識新論」，建「新儒家說」，依然不言斥破，迴避「謗佛」的歷史汚痕，而其評處，只見義理，不着斑駁，是其高遠。

熊氏評佛，從「空」上着筆，認定佛家「蕩情滌妄，史無前哲，空非空無，寂非枯寂，是大解脫；惟是破破成空相，反礙生化之機」（並不是說佛家就眞的枉空枉寂），這是新儒家窺見佛氏義理的「偏處」，「不如大易無爲而兼有爲，體用一如，因此名爲『恆轉、功能』，以與佛家眞如相配。」熊氏的批評，有他深刻的思想體系在，可是熊氏「新論」一出，即有歐陽門下呂澂以「破新唯識論」應問，熊氏又以「破破」相答，兩氏以哲人論道之墨，針鋒相接之中，不捨慈悲，不及浮末，才是令人敬愛！

佛學思想最大功德，是蕩滅人性的黑暗面，直到「業盡情空」，回到生命最高聖境，這是古今哲人所共取的目標！

佛經雖多，雖然也以「出世」爲依歸，但它絕不是一味「出世」。它有一條通過「入世」的途徑，完成「出世」功德的理想。而且出世與入世，與我們俗見上的所謂消極與積極也無關。甚至與人生幸不幸福，也不可混談。因爲「幸福」這樣東西，隨人而異，實在沒有個準，只依人心而浮動。你認爲「性愛」就是幸福麼？那麼沒有性生活的兒童、老人、神父、殘缺者，就沒有人生之樂麼？老康德一生沒有娶婦，他活得如何？「出世」只要出得灑脫，不虧欠社會，也非惡事。偏偏這個世界出世的人太少，儘出些入世作惡太多的族類，把美麗的地球，弄得齷齪蒙羞。

如從事相上批判佛家義理，正如從蘋果上找斑痕一樣，植物界這種蘋果是批不完的。秀才是孔子的罪人，結婚的神父是天主的罪人；蓄午妻的男子是潔身如玉的妻子的罪人。萬類之中，每一類都有「異種」，把裹小腳的罪惡，記在朱熹頭上，是不道德。但你可以像胡適之那樣，認定「小腳的文化」，正是「中國的文化表徵」。事相千差萬別，而眞理古今中外哲人同證。

孟書的序列是：

(1)致讀者。

(2)部一：都是同樣的活泉。這「部一」是以自己的概念來批判佛家的義理，以「己心」所出，代替「佛心流泉」，在文義上是破而無立。

⑶部二：古經今譯。共八節，以「心經、金經、壇經」先後爲序，中插譯注。

⑷後記。全書二四五頁。

在上一節我說過，佛經之譯，以及義理批判之難。但也不是絕對不可批議；佛家門下自己也會同室操戈呢。問題在你的批評之筆，是否不帶情見，不着雜慮。

因爲，佛法的含蓋廣，事理透闢圓徹，你的眼界稍有不及，就難免墮入自己陷阱。在「本體」上，透過佛家親證的「光風霽月、言語道斷、心行處滅」的世界，你不能理會，你覺得障礙，你的批判，勢必是蜀犬吠日，而以「出世」、「遁世」作藉題，在今天大有商榷餘地。

孟書之評佛處否定多於肯定，對其所譯的經典，是很大的抵觸；而知解在了義與不了義之間，評事多於批理；批理落於餖飣，批事落於皮相，因此就難免構成所謂「戲論」。

四

在譯經部份，依一般體例來說，給讀者很大的不便，因此也使讀者很難抓到書中的概念。所抓到的，則是「部一」作者「自心的流泉」，而不是「佛心流泉」。這兩種泉，也絕不是「都是同樣的活泉」。

㊀孟書根據鈴木說「梵文沒有『度一切苦厄』，這句是玄奘加上去的。」在「部一」十五頁及

五〇頁註四文中，將「照見五蘊皆空」與「度一切苦厄」打成兩端，認爲兩者沒有關係。其實中國歷代學者，對「心經」這兩句話都有貫通的疏證。心經是般若系統的綱領，文極簡而意賅，在這兩句之間，並沒有作分解說明爲目的之必要。五蘊之分類也不專爲研究心理現象。因爲觀自在菩薩能「照見五蘊皆空」，就已證悟「諸行無常、諸法無我」，在主觀上他已圓成佛道，從一切苦中解放出來，而客觀面，他以願力去履行度一切苦的衆生，是順理成章的。五蘊之身，便是假合之身；受縛於肉體，自然不免「一切苦」。「照見五蘊皆空」，在理性上一切苦已成解脫。至於鈴木說：「度一切苦厄」是玄奘所加，焉知玄奘當時帶回來的梵本就沒有「度一切苦厄」這一句。經文說：「觀自在菩薩，行深般若波羅密多時，照見五蘊皆空，度一切苦厄。舍利子！色不異空，空不異色。……」就經義、文氣、文字結構言，加都比不加圓融緊密。在思想層次上則更爲深透。因此，我們不能因「未定案」而人云亦云。鈴木與玄奘孰深孰淺，實難定論。況且，日本與西方學界，對佛經文獻版本學討論很多，孟譯未能理會這些資料，而竟以鈴木之見爲意見（而鈴木又非這方面專家），顯有問題。

關於翻譯「壇經」，採用敦煌本，其目的存眞；但這個殘本究竟眞到何種程度，無人肯定。就義理言，敦煌本遠沒有「後起本」思想精熟。目前坊間可見的丁福保箋本比孟譯敦煌本「增益出」的「行由品」中，有幾節很重要的，列錄於次：

一、「——三鼓入室，祖以袈裟遮圍，不令人見，爲說金剛經，至『應無所住，而生其心』，惠能言下大悟。……」（見「丁箋十三頁」）

二、「——何期自性本自清淨；何期自性本不生滅；何其自性本自具足；何期自性本無動搖；何期自性能生萬法。……」（見「丁箋十四頁」）

三、「——不思善，不思惡，正與麼時，那個是明上座本來面目？……」（見「丁箋十七頁」）

四、「——一僧曰風動，一僧曰旛動，議論不已。惠能進曰：不是風動，不是旛動，仁者心動！……」（見「丁箋十八頁」）

五、「……獵人隊裏討生活一十五載——。」（同上頁）

在孟譯本一至十二節，也就是傳記部份，都不見收錄。孟譯係根據美國聖約翰大學陳文濟敎授「壇經」注解導論前言，說明後出本（丁箋如是）多爲後人增益，而這些增益的部份，卻都是今人認爲壇經中的精華部份。關於「壇經的諍議」，自民國五十一年以後，臺灣中央副刊上已有多次討論，其中包括錢穆、楊鴻飛、東初法師等人，印順論師後來也曾著文（見妙雲集）覆按。這些文字都有很重要的參考價值。

在佛家有幾條最客觀的肯定眞理的準則，即所謂「四依」。便是「依法不依人，依義不依語，依了義不依不了義，依智不依識」。在「依法不依人」項下，便是說，即使是釋迦摩尼，他說的法，有了問題，也不算佛法；相反的，一個賣牛肉麵的，講的道理，合乎佛理，也是「佛法」。可見佛法是見理不見人的。也沒有時空局限的。因此，「壇經」卽使後人追加、潤色過（心經也如此），追加的人也不是等閒之輩，追加部份，只要密合壇經義蘊，便不能認爲它不值得翻譯。論思想的水到渠成，敦煌本遠不及後加本。（「壇經」本身也不是佛說的，「老子」也不是初本。）

南京支那內學院歐陽竟無大師曾斷言「大乘起信論」是齊梁間小兒作。也有人認爲「楞嚴經」是僞經。但是這兩種大經大論其義理無懈可擊，今人依然視爲「佛說」，而「佛法」也不是釋迦一人獨說。孟書譯本取敦煌，顯然不及取坊間後起本來語譯，更能適應普遍的中國知識界。如果取後起語譯，份量超過敦煌本很多，可單譯；如果與金剛經合譯，可將敦煌本列作「附錄」，以爲對照。體例上則揚棄平行譯法，逐品逐節對譯，加注，分品述義，這較確實，也便利讀者。其實丁福保的箋注本，凡稍具文言基礎的讀者，讀後的觀念會比孟譯本更清楚。丁福保是佛學大家，文字踏實，沒有曲裂之處。

五

佛經語譯，本是十分周折的事，孟書如果不在自己見地上任意覆案，倒可以嘗試的。至於該書名相上的差距，由於篇幅，又由於它是「意譯」，已無從置喙。這本書，重要的是「思想問題」。名相的出入，尙爲次要。

關於孟書的思想問題，拈出重要幾點，加以列論。

一、孟書說：「唸佛號是後人設計出來的一個方法，用來求心的安靜固然不錯，但它對個人來說缺乏原創性的感悟，使人往往只顧唸佛號，而跟世界沒有直接生動的接觸，使淨土一法，往往變成了逃避世俗世界的辦法，或成了『積功德』以求不下地獄的辦法，數起唸珠來完全和撥算盤一樣……和『商人心態』一致……」（見部一第六頁）

「唸佛」不是後人設計出來的。它是一種方法，也是目標。有體也有用。它的思想源頭，出在楞嚴經「大勢至菩薩圓通章」（文長不錄）、法華「普門品」、華嚴「行願品」、以及「無量壽」、「觀無量壽」諸經，這些經典中都有出處。「唸佛」有兩方面的意義：一方面同「參禪」一樣，都是透過一種方法，達到心志純一的（三昧）境界，然後親證佛性。禪家話頭，不過是「刺激」人起疑情，大疑大悟，小疑小悟，從疑中凝心集志，頓破關障，同唸佛之滌情盪妄，沒有不同。唸佛等於「攻堅」，也是手段。唸佛對個人是否「缺乏原創性的感悟」，因為他不是禪宗，卽是要啓廸一種感悟，也不是目的。念佛只要求「一心不亂」，所謂原創性感悟，該是禪家目的，談到只顧唸佛，與「世界有無生動的接觸」，這不能憑判斷。這個社會究竟誰跟世界有了「生動」的接觸？至於「數起念珠如撥算盤」、「積功德」、「商人心態」，這不是義理問題，有人念佛求福求壽，生這種功利心，是單一現象。因此，從事上批理，難免見山不見嶺。

二、「——我必須用我自己的領會來解佛經，否則佛經對我便沒有意義。——我對佛學的看法是不是佛學，並不重要；重要的是它忠不忠於我自己。——佛經中有我不同意的地方，有我認為矛盾的地方，有我認為虛僞的地方，有我認為觀念不清的地方，有我認為調子太高、架空的地方，……我必須把它拉下來！……（這是蚍蜉撼樹）

「——說眞的，這些年來，『無上正等正覺』和『自性』兩個名詞一直讓我困惑。我不知道那究竟是什麼（我必須承認，我也沒有做過特殊的努力）？

「當我想按照傳統某些解釋法那樣解釋時，或按照某些經文前後對照那樣解釋時，我立刻察覺到跟我自己的感覺不貼切。那是架空的，是勉強的，是虛僞的。那不是我的，跟我沒有關係，這時我便了無興趣，覺得糟糠一片，因此不得不有一種想造反和革命的感覺。譬如：『步行騎水牛，空手把鋤頭，人從橋上過，橋流水不流！』這種詩句不管多深妙（或再明白不過），都是不必要的，都是玩把戲，我不喜歡的！」（部一第七、八頁）

——對思想層次較深的理念，由於各人領會的程度不一，自然到某一層便產生「心障」。由此製造出來的「喜歡不喜歡」，是一種情緒，不關乎義理。任何人按自己的心態解釋佛理（除非已悟眞諦），使佛理適合自己的框框，都是「情見」。佛理不是任何按照自己方式來解釋的一種心理現象。你認為「矛盾、虛僞、觀念不清、架空、想革命造反」之處，剛好就是熊十力、唐君毅他們肯定佛理精深博大之處。佛家的公案，不過是工具而已。不必有此一縛。熊十力氏所謂大一中的小一，人人同具、人與狗子同有。即使你為它悶得想革命，正是你桶未破、你縛未解，在

「悟前」（或者說知解未達）的黑暗狀態。

那個「正覺、自性」，我們相信不是製作者的名相不了，而是「理障」；對「佛性」的懷疑，歷史上有許多人都曾發生過。王陽明在格竹子的時候，恐怕也有這樣的心態。

有時我們遇到老子的「恍兮惚兮」，孔子的「無聲無臭」，也會驚人。用情緒看形上世界，也眞是——。辛棄疾「青玉案」：「——衆裏尋他千百度，驀然回首，那人卻在燈火闌珊處。」也都是蠻驚人的；王國維說它是大詞人的第三境。非眞正大學問、大生命難入此天地。用文字相比類，「見山見水」、「橋流水不流」，都可以一概吧！

凡本體之學發爲文字（因爲不該以文字道斷），所以表現起來總是隔了一層，不能直接呈現；就只有讓它「橋流」而「水不流」了，如此「戲論」，也是無可奈何。

三、「——佛教兩千多年所講的『無生死、無心、無我』之論是徒勞無益的，不收實效；因爲它否定了生命的事實，頂多爲遁世者提供一些自我安慰和自我矇蔽的藉口而已。

「心經中說『照見五蘊皆空』（明白物質與精神皆由組合而成，沒有不變的實質），然後接了一句『度一切苦厄』便是這樣跳過來的（案：孟書根據鈴木說有此一跳）。那意思就是說，當一個人了解到一切事物（包括自己的生命和自己的我），都是組合而成的時候，他就不再痛苦、有恐懼、有留戀了。他就解脫生死，甚至不生不死了。這是多麼安慰人的話。但又何等阿Q！……」（「部一」十五頁）

孟書同頁又說：「『照見五蘊皆空』在『認知』領域中只是跟虛無主義同一階段。『照見五蘊皆空』若沒有伴隨着『欣然於五蘊皆空』，則立刻會產生絕望和痛苦，……可怕病症。……」（在「苦」字下註云：「當然印度人由於視生命爲苦，懼怕輪廻，如今照見了五蘊皆空，當然就知道原來沒有輪廻，自己來生也不必受苦了。『因爲根本沒有來生』。因此『照見五蘊皆空』，究竟使人是解脫或絕望，端看『愛生』與『避死』而定！……」）

孟書這一番高論，形似而實非。不依義理而尋章摘句，支離構妄。佛家講的「無我、蕩執（無心）、不住生死（無生死）」，這都是佛學思想中心部份。孟書否定二千年來的佛家中心理論，陷之爲一種矇蔽，陷之爲不顧生命事實，在經典上完全沒有根據。除非他把「無我」妄解爲「我沒有」。「無心」，就是我「沒有心」，「無生死」就是「沒有生死這回事」，要如此飽飣，三歲兒童也不會上當，不要說中國二千多年的歷史。佛家基本思想，透過「空觀」，使生命導入一個更無限的自我；因爲生命永恒不滅。經過佛法上的實踐，而親證到那個「無限的自我」，把生命擴展，生命有了無限的光景，人類精神便不再枯寂，不再物化，這又如何算是否定了生命的事實。所謂「遁世」，隱居山林，自耕自給，存赤子之心而養其本然之性，在形體上退居物質生活的第二線，把生命與自然結合，比那些欺世盜名、男淫女娼、營私苟詐的市井僞學之徒又如何？「遁世」，是一種思想上的淡泊；你能說陶淵明的生活是「遁世」嗎？「遁世」說不上是尋求自我安慰與矇蔽，在實踐佛家生活的人尤其如此；他們絕不會像孟浩然以隱居鹿門作爲進階的手段，一個人只有欲望無法滿足時才產生「絕望」。一個人如果沒有體驗過佛家的實際生活，實在無從了解他們的生活內涵。

今天你批判佛家義理，在中國歷史上是徒勞無益的，那是「絕招」，不知有幾個人能同意？何況這種「有益」與「無益」，只是你一個人的興趣。

孔孟思想，在中國大陸遭遇一千條一萬條理由來批判，有人以文字魔術來批判佛理，也不足爲奇的。孟書對心經之曲解、妙論，恐怕古今少見。其實「心經」、「金剛經」、「壇經」，都是空性系統的大經，只看禪宗以「金經、壇經」爲他們主要的常課，便知它們在思想上的互關性。孟書肯定「根本沒有來生」（十六頁註），此種科技派的「斷見」在其心中凝結，則一切宗教，一切生命永恒現象的價值，一切形上論、一切天人合一思想，都可毀棄。而他對「壇經」的肯定（所謂「中國佛教到『壇經』才不講苦、不講脫苦，不以生命爲火宅，而只講清純的安定與智慧（部一第七頁）。……佛教的生命到壇經，才有了生機」），也自我矛盾，成爲不必要。

佛家的義理，自始至終便是講的「生命的安定與智慧」，何以到「壇經」才發現？佛家之「談世間苦、談脫苦」，有「談苦脫苦」的書，壇經只是未及而已。般若系統的經，幾乎都很少涉及事相。它們只在建立「生命的智慧」，這不是特別有了壇經，佛教才別有生機。所謂「法不孤起」，壇經的思想淵源，是「金剛經」，也可說是「心經」。

孟書對佛經「人生如火宅」的譬喻，認爲是導源於印度的地域與生活條件貧乏，由於早熟、多產、貧窮、早衰、痛苦而導致禁慾、苦修、阻斷男人性生活，而產生出世、悲觀思想，乃至與人生脫節。

又說：如果佛陀活在今天臺灣，他會向我們講寂滅之道嗎？他豈不會欣然於醫學的發達，節育的可行性，兒童的健康，老人的……。悲感是有深度的，但歡悅於生命更有深度。（「部一」二十五頁）。

孟書對佛家思想之了解，至此令人完全無法置信。

因爲幾乎是所有宗教皆「出世」，皆有「來生」建立，佛家的義諦，當然建立在「因果、輪迴、業緣、空性、眞如」上。要說印度人由於早熟、貧窮、痛苦，而導致禁慾、早衰，而產生出世思想，這種自由想像，實匪夷所思。現在的非洲正如印度一樣，多產、貧窮、災荒遍地，爲什麼沒有哲人出現？爲何不產生出世思想？徵之古代歐洲，古之中國，人民的生活都不是怎麼美滿的。如以古代印度來證之今天的貧苦印度，恐怕不盡相同。古之印度階級森嚴，奴隸盛行，猶之古代歐洲，釋迦在行動上用「慈悲、平等」來號召世人，以對抗當時婆羅門社會，那何嘗不是一種思想上的革命？

一種出世思想，並不必然產生於早衰、貧窮、痛苦的社會；釋迦的出世、對情愛的超俗觀，毋寧產生於他對生命多次層面的客觀徹悟。由於「愛慾」，無疑地帶來許多痛苦，解決這種由愛慾連帶產生的痛苦，只有透過出世、斷欲生活，才能達到「寂滅」的情境。那是他在雪山菩提樹下夜睹明星時所君臨的幡然大悟；他在一種滌情蕩執的凝定狀態下，領悟生命——除了性欲、感官之樂、相對的好惡之間——還有另一層不爲凡夫俗子所知的世界，那便是「佛性」。

在「斷欲」這一層，最爲孟書所批評的尖銳點。因爲這一點，連帶在某一關鍵下產生了局部的被「犧牲」的一面，也由於這一層，孟書肯定了釋迦和弘一大師的拋妻別子是一項自私、殘忍、不人道——他們的心會不安，最後會逃過一死嗎？——這種批議，任何人都會道得！可是當時的釋迦、弘一大師的情境沒有幾個人會得。在這種遭際下也沒有幾個人能「放下」。他們大捨大割，不僅是割親情、割身家，也是對自己的一切私欲、肉身作一次千古一時的決戰。在佛理言，這是回小向大。當那個契機之下，除此而外，別無選擇。當他們誓志求證另一個亙古長新的生命之時，他只好忍淚絕「愛」。到此時，你「責備」他「自私、殘忍、不人道、不能逃過一死」，他們也只有垂目悲憫了。

「愛是生死煩惱根本」，釋迦、弘一大師是兩千年來佛教歷史上極少數的拋妻訣子出家的例子。但是，你別以爲佛學是一種「同歸於盡」哲學，它不能採取正視的態度來對待「愛情與性」，那你錯了。學佛的人絕不只是和尙。而且佛家在棄俗絕欲上是一個層面，在兩性的倫理生活上，又是一個層面，並非是兩個層面對立。因爲釋迦知道，生物這種東西，絕不可能淸一色都是雄性，因此，卽使天下人都皈依了佛教，家庭會依然存在；你依然過你愉悅的夫婦生活好了。對父子之情，朋友之義，夫妻之愛，以及世俗的情誼，佛家從未否決。它否決的是「淫慾氾濫、娼妓與登徒子橫行」的社會，在佛家戒律學裏，都有條文可證，這不是曲意廻護。如果佛學禁不住這一點小風小浪，它早在中國歷史上翻船了，豈待現在？

孟書在「後記」中說：「……要從目前的世界火宅中走出來，什麼佛教都不再重要；他認爲要關懷切身的面臨地球自殺問題，比所有宗教、政治、經濟、文學、藝術都重要得太多——」問題是，人類是否會放棄一切理性與感性的知識、理想，而心無傍鶩地去返璞歸眞，專一從事於「自救」？孟書指出人類自殺的因素——「競爭」這兩個字，恐怕永遠沒有法子消滅；競爭的局面，也永不會終止。那是人性中「向上」的一面，執着的一面，貪欲的一面。是與生俱來的根性。那倒正是佛家所要澄清的一部份！

孟祥森寫這部書，忠於他自己，可能是事實；對他的作品已盡到製作的全力。但是批判佛家事相、思想的趣向，剛好也批判了他所語譯的兩部經的基本思想，這種寫作方式，是很少見的。

我們自由社會，不容思想定於一尊，是我們生活的可貴處；但是也無需越俎代庖，強作解人。強不知以爲知，只可稱之爲「佞人」！

——一九七九年春

滄海叢刊已刊行書目（八）

書名	作者	類別
文學欣賞的靈魂	劉述先	西洋文學
西洋兒童文學史	葉詠琍	西洋文學
現代藝術哲學	孫旗譯	藝術
音樂人生	黄友棣	音樂
音樂與我	趙琴	音樂
音樂伴我遊	趙琴	音樂
爐邊閒話	李抱忱	音樂
琴臺碎語	黄友棣	音樂
音樂隨筆	趙琴	音樂
樂林蓽露	黄友棣	音樂
樂谷鳴泉	黄友棣	音樂
樂韻飄香	黄友棣	音樂
樂圃長春	黄友棣	音樂
色彩基礎	何耀宗	美術
水彩技巧與創作	劉其偉	美術
繪畫隨筆	陳景容	美術
素描的技法	陳景容	美術
人體工學與安全	劉其偉	美術
立體造形基本設計	張長傑	美術
工藝材料	李鈞棫	美術
石膏工藝	李鈞棫	美術
裝飾工藝	張長傑	美術
都市計劃概論	王紀鯤	建築
建築設計方法	陳政雄	建築
建築基本畫	陳榮美 楊麗黛	建築
建築鋼屋架結構設計	王萬雄	建築
中國的建築藝術	張紹載	建築
室内環境設計	李琬琬	建築
現代工藝概論	張長傑	雕刻
藤竹工	張長傑	雕刻
戲劇藝術之發展及其原理	趙如琳譯	戲劇
戲劇編寫法	方寸	戲劇
時代的經驗	汪琪 彭家發	新聞
大衆傳播的挑戰	石永貴	新聞
書法與心理	高尚仁	心理

滄海叢刊已刊行書目(七)

書名	作者	類別
印度文學歷代名著選(上)(下)	糜文開編譯	文學
寒山子研究	陳慧劍	文學
魯迅這個人	劉心皇	文學
孟學的現代意義	王支洪	文學
比較詩學	葉維廉	比較文學
結構主義與中國文學	周英雄	比較文學
主題學研究論文集	陳鵬翔主編	比較文學
中國小說比較研究	侯健	比較文學
現象學與文學批評	鄭樹森編	比較文學
記號詩學	古添洪	比較文學
中美文學因緣	鄭樹森編	比較文學
文學因緣	鄭樹森	比較文學
比較文學理論與實踐	張漢良	比較文學
韓非子析論	謝雲飛	中國文學
陶淵明評論	李辰冬	中國文學
中國文學論叢	錢穆	中國文學
文學新論	李辰冬	中國文學
離騷九歌九章淺釋	繆天華	中國文學
苕華詞與人間詞話述評	王宗樂	中國文學
杜甫作品繫年	李辰冬	中國文學
元曲六大家	應裕康 王忠林	中國文學
詩經研讀指導	裴普賢	中國文學
迦陵談詩二集	葉嘉瑩	中國文學
莊子及其文學	黃錦鋐	中國文學
歐陽修詩本義研究	裴普賢	中國文學
清真詞研究	王支洪	中國文學
宋儒風範	董金裕	中國文學
紅樓夢的文學價值	羅盤	中國文學
四說論叢	羅盤	中國文學
中國文學鑑賞舉隅	黃慶萱 許家鸞	中國文學
牛李黨爭與唐代文學	傅錫壬	中國文學
增訂江皐集	吳俊升	中國文學
浮士德研究	李辰冬譯	西洋文學
蘇忍尼辛選集	劉安雲譯	西洋文學

滄海叢刊已刊行書目(六)

書名	作者	類別
卡薩爾斯之琴	葉石濤	文學
青囊夜燈	許振江	文學
我永遠年輕	唐文標	文學
分析文學	陳啓佑	文學
思想起	陌上塵	文學
心酸記	李喬	文學
離訣	林蒼鬱	文學
孤獨園	林蒼鬱	文學
托塔少年	林文欽編	文學
北美情逅	卜貴美	文學
女兵自傳	謝冰瑩	文學
抗戰日記	謝冰瑩	文學
我在日本	謝冰瑩	文學
給青年朋友的信(上)(下)	謝冰瑩	文學
冰瑩書柬	謝冰瑩	文學
孤寂中的廻響	洛夫	文學
火天使	趙衛民	文學
無塵的鏡子	張默	文學
大漢心聲	張起鈞	文學
回首叫雲飛起	羊令野	文學
康莊有待	向陽	文學
情愛與文學	周伯乃	文學
湍流偶拾	繆天華	文學
文學之旅	蕭傳文	文學
鼓瑟集	幼柏	文學
種子落地	葉海煙	文學
文學邊緣	周玉山	文學
大陸文藝新探	周玉山	文學
累廬聲氣集	姜超嶽	文學
實用文纂	姜超嶽	文學
林下生涯	姜超嶽	文學
材與不材之間	王邦雄	文學
人生小語(一)(二)	何秀煌	文學
兒童文學	葉詠琍	文學

滄海叢刊已刊行書目㈤

書　　　名	作　　者	類　　別
中西文學關係研究	王潤華	文學
文開隨筆	糜文開	文學
知識之劍	陳鼎環	文學
野草詞	韋瀚章	文學
李韶歌詞集	李韶	文學
石頭的研究	戴天	文學
留不住的航渡	葉維廉	文學
三十年詩	葉維廉	文學
現代散文欣賞	鄭明娳	文學
現代文學評論	亞菁	文學
三十年代作家論	姜穆	文學
當代臺灣作家論	何欣	文學
藍天白雲集	梁容若	文學
見賢集	鄭彥棻	文學
思齊集	鄭彥棻	文學
寫作是藝術	張秀亞	文學
孟武自選文集	薩孟武	文學
小説創作論	羅盤	文學
細讀現代小説	張素貞	文學
往日旋律	幼柏	文學
城市筆記	巴斯	文學
歐羅巴的蘆笛	葉維廉	文學
一個中國的海	葉維廉	文學
山外有山	李英豪	文學
現實的探索	陳銘磻編	文學
金排附	鍾延豪	文學
放鷹	吴錦發	文學
黃巢殺人八百萬	宋澤萊	文學
燈下燈	蕭蕭	文學
陽關千唱	陳煌	文學
種籽	向陽	文學
泥土的香味	彭瑞金	文學
無緣廟	陳艷秋	文學
鄉事	林清玄	文學
余忠雄的春天	鍾鐵民	文學
吴煦斌小説集	吴煦斌	文學

滄海叢刊已刊行書目㈣

書名	作者	類別
歷史圈外	朱桂	歷史
中國人的故事	夏雨人	歷史
老臺灣	陳冠學	歷史
古史地理論叢	錢穆	歷史
秦漢史	錢穆	歷史
秦漢史論稿	刑義田	歷史
我這半生	毛振翔	歷史
三生有幸	吳相湘	傳記
弘一大師傳	陳慧劍	傳記
蘇曼殊大師新傳	劉心皇	傳記
當代佛門人物	陳慧劍	傳記
孤兒心影錄	張國柱	傳記
精忠岳飛傳	李安	傳記
八十憶雙親 師友雜憶 合刊	錢穆	傳記
困勉強狷八十年	陶百川	傳記
中國歷史精神	錢穆	史學
國史新論	錢穆	史學
與西方史家論中國史學	杜維運	史學
清代史學與史家	杜維運	史學
中國文字學	潘重規	語言
中國聲韻學	潘重規 陳紹棠	語言
文學與音律	謝雲飛	語言
還鄉夢的幻滅	賴景瑚	文學
葫蘆・再見	鄭明娳	文學
大地之歌	大地詩社	文學
青春	葉蟬貞	文學
比較文學的墾拓在臺灣	古添洪 陳慧樺 主編	文學
從比較神話到文學	古添洪 陳慧樺	文學
解構批評論集	廖炳惠	文學
牧場的情思	張媛媛	文學
萍踪憶語	賴景瑚	文學
讀書與生活	琦君	文學

滄海叢刊已刊行書目(三)

書名	作者	類別
不疑不懼	王洪鈞	教育
文化與教育	錢穆	教育
教育叢談	上官業佑	教育
印度文化十八篇	糜文開	社會
中華文化十二講	錢穆	社會
清代科舉	劉兆璸	社會
世界局勢與中國文化	錢穆	社會
國家論	薩孟武譯	社會
紅樓夢與中國舊家庭	薩孟武	社會
社會學與中國研究	蔡文輝	社會
我國社會的變遷與發展	朱岑樓主編	社會
開放的多元社會	楊國樞	社會
社會、文化和知識份子	葉啓政	社會
臺灣與美國社會問題	蔡文輝 蕭新煌 主編	社會
日本社會的結構	福武直 著 王世雄 譯	社會
三十年來我國人文及社會科學之回顧與展望		社會
財經文存	王作榮	經濟
財經時論	楊道淮	經濟
中國歷代政治得失	錢穆	政治
周禮的政治思想	周世輔 周文湘	政治
儒家政論衍義	薩孟武	政治
先秦政治思想史	梁啓超原著 賈馥茗標點	政治
當代中國與民主	周陽山	政治
中國現代軍事史	劉馥 著 梅寅生 譯	軍事
憲法論集	林紀東	法律
憲法論叢	鄭彥棻	法律
師友風義	鄭彥棻	歷史
黃帝	錢穆	歷史
歷史與人物	吳相湘	歷史
歷史與文化論叢	錢穆	歷史

滄海叢刊已刊行書目(二)

書名	作者	類別
語言哲學	劉福增	哲學
邏輯與設基法	劉福增	哲學
知識・邏輯・科學哲學	林正弘	哲學
中國管理哲學	曾仕强	哲學
老子的哲學	王邦雄	中國哲學
孔學漫談	余家菊	中國哲學
中庸誠的哲學	吳怡	中國哲學
哲學演講錄	吳怡	中國哲學
墨家的哲學方法	鐘友聯	中國哲學
韓非子的哲學	王邦雄	中國哲學
墨家哲學	蔡仁厚	中國哲學
知識、理性與生命	孫寶琛	中國哲學
逍遙的莊子	吳怡	中國哲學
中國哲學的生命和方法	吳怡	中國哲學
儒家與現代中國	韋政通	中國哲學
希臘哲學趣談	鄔昆如	西洋哲學
中世哲學趣談	鄔昆如	西洋哲學
近代哲學趣談	鄔昆如	西洋哲學
現代哲學趣談	鄔昆如	西洋哲學
現代哲學述評(一)	傅佩榮譯	西洋哲學
懷海德哲學	楊士毅	西洋哲學
思想的貧困	韋政通	思想
不以規矩不能成方圓	劉君燦	思想
佛學研究	周中一	佛學
佛學論著	周中一	佛學
現代佛學原理	鄭金德	佛學
禪話	周中一	佛學
天人之際	李杏邨	佛學
公案禪語	吳怡	佛學
佛教思想新論	楊惠南	佛學
禪學講話	芝峯法師譯	佛學
圓滿生命的實現（布施波羅蜜）	陳柏達	佛學
絶對與圓融	霍韜晦	佛學
佛學研究指南	關世謙譯	佛學
當代學人談佛教	楊惠南編	佛學

滄海叢刊已刊行書目(一)

書名	作者	類別
國父道德言論類輯	陳立夫	國父遺教
中國學術思想史論叢(一)(二)(三)(四)(五)(六)(七)(八)	錢穆	國學
現代中國學術論衡	錢穆	國學
兩漢經學今古文平議	錢穆	國學
朱子學提綱	錢穆	國學
先秦諸子繫年	錢穆	國學
先秦諸子論叢	唐端正	國學
先秦諸子論叢（續篇）	唐端正	國學
儒學傳統與文化創新	黃俊傑	國學
宋代理學三書隨劄	錢穆	國學
莊子纂箋	錢穆	國學
湖上閒思錄	錢穆	哲學
人生十論	錢穆	哲學
晚學盲言	錢穆	哲學
中國百位哲學家	黎建球	哲學
西洋百位哲學家	鄔昆如	哲學
現代存在思想家	項退結	哲學
比較哲學與文化(一)(二)	吳森	哲學
文化哲學講錄(一)(二)(三)(四)	鄔昆如	哲學
哲學淺論	張康譯	哲學
哲學十大問題	鄔昆如	哲學
哲學智慧的尋求	何秀煌	哲學
哲學的智慧與歷史的聰明	何秀煌	哲學
內心悅樂之源泉	吳經熊	哲學
從西方哲學到禪佛教 —「哲學與宗教」一集—	傅偉勳	哲學
批判的繼承與創造的發展 —「哲學與宗教」二集—	傅偉勳	哲學
愛的哲學	蘇昌美	哲學
是與非	張身華譯	哲學